A Scorpione ed Elisa, che hanno rinfocolato la passione per i Cavalieri... e questi sono i risultati. Sotto sotto (sotto) vi si vuol bene.

A DocManhattan, che ha piantato il seme da cui è nato questo libro. Grazie per tutte le dritte!

A tutti gli addetti ai lavori, autori, doppiatori che mi hanno concesso il loro tempo mettendosi a disposizione nelle interviste. Senza di voi, il libro sarebbe stato molto più banale.

Ai fan dei Cavalieri che seguono il canale YouTube Dragon Shiryu, commentano il forum e continuano a bruciare i loro cosmi. Questo libro è per voi!

I Cavalieri dello Zodiaco: la guida finale

© 2023 Roberto Branca per i testi

Tutto il materiale grafico, come foto e scansioni, usato in questo volume proviene dalla collezione privata dell'autore. Il materiale è da intendersi di proprietà dei rispettivi autori ed è qui utilizzato a scopo puramente illustrativo e con carattere divulgativo.

Tutti i loghi, nomi, marchi, prodotti e personaggi appartengono a Masami Kurumada/Akita Shoten/Toei Animation/Bandai.

Per Episode G © Megumu Okada/Akita Shoten

Per Lost Canvas © Shiori Teshirogi/Akita Shoten/TMS

Per Saintia Sho © Chimaki Kuori/Akita Shoten/Toei Animation

Per Dark Wing © Kenji Saito/Shinshu Ueda/Akita Shoten

Per Rerise of Poseidon © Tsunugumi Suda/Akita Shoten

Per Time Odyssey © Jerome Alquie/Arnaud Dollen/Kana

ROBERTO BRANCA

I CAVALIERI DELLO ZODIACO: LA GUIDA FINALE

Dovete spiegare a qualche stolto conoscente perché *I Cavalieri dello Zodiaco* sia la serie più bella della storia e siete a corto di argomentazioni? Eccovene ben sette!

1. E' una serie ricca di valori umani e morali, dove amicizia, onestà, senso del dovere e difesa della giustizia la fanno da padrona.

2. E' una serie con personaggi profondi e memorabili. Da Pegasus a Sirio il Dragone, da Orion di Asgard ai leggendari Cavalieri d'Oro, chi non ha visto almeno una volta o non si è identificato in uno dei mitici eroi in armatura?

3. E' una serie che fonde la cultura occidentale a quella orientale, ricollegandosi alla mitologia greca, nordica, indiana, al buddhismo e al cristianesimo.

4. E' una vera pietra miliare che tra combattimenti fantastici, scintillanti armature e affascinanti nemici ha ridefinito un genere, catturato l'immaginazione dei giovani di tutto il mondo e creato schiere di fan che non hanno mai dimenticato le epiche avventure degli eroici Cavalieri della dea Atena.

5. E' una serie che si fregia di disegni tra i più belli di sempre grazie a Shingo Araki e Michi Himeno.

6. E' una serie che ha influenzato l'animazione per decenni a venire, diventando dichiarata fonte di ispirazione per opere di successo come *Naruto* o *Bleach*.

7. E' una serie doppiata con recitazioni sopraffine che insegna l'italiano ricco e forbito, con qualche spruzzatina di citazioni letterarie. E a tal proposito *se è tanto vero come d'ognun di noi si dice che chi è causa del suo mal piange se stesso...*

... non vorrete perdervi questo libro per per riscoprire un franchise che oltre trent'anni più tardi è ancora più vivo che mai, con numerosi spin-off cartacei e animati, reboot, videogiochi e persino un film live action.

Avventuriamoci quindi anche noi su per le Dodici Case e riscopriamo insieme il mondo di *Saint Seiya*, dagli albori all'epoca d'oro prima di proiettarci verso il futuro.

Siete pronti alla lotta, Cavalieri?

PRIMA PARTE: LA STORIA DEI CAVALIERI IN DODICI CASE

LA CASA DELL'ARIETE: MASAMI KURUMADA E LA NASCITA DI SAINT SEIYA

Non sappiamo se fosse una notte buia e tempestosa, ma di certo Masami Kurumada nasce a Tokyo il 6/12/1953, figlio unico di un operaio di cantiere e di una venditrice al mercato del pesce. Attività umili, ma con un piccolo vantaggio: l'assenza di quello che definisce "un lavoro ancestrale", ovvero di un'attività cui la sua famiglia si fosse dedicata per generazioni, lascia infatti Masami libero di scegliere la sua strada senza particolari imposizioni.

Studente senza infamia e senza lode, il giovane Kurumada era irruento e ribelle. Da bambino, rivelò subito una passione per il disegno scarabocchiando le strade fuori casa con i gessetti, ma era poco più di un passatempo e non certo una vera inclinazione artistica. Da adolescente si appassionò al judo e conseguì rapidamente il primo grado, ma poi per pigrizia mollò tutto, anche se per anni il suo maestro rimase una figura di riferimento. A quell'età gli interessi erano altri: in un'intervista, ricorda di essersi arrampicato sul tetto di un edificio per sbirciare in uno spogliatoio femminile, e nella sua autobiografia a fumetti *Indigo Period* racconta di aver inizialmente ammirato la Yakuza – criminalità locale – rischiando persino di entrarvi a far parte, finché le parole del suo maestro di judo e in seguito la morte di uno dei suoi più cari amici d'infanzia in uno scontro tra gang non lo indirizzarono sulla buona strada. Contemporaneamente incontrò i manga di Hiroshi Miyamoto e ne rimase folgorato, notando quanto i disegni fossero diversi da quelli delle altre opere che invece considerava per bambini. Il fatto che Miyamoto avesse un background normale e non fosse per esempio un dottore come Osamu Tezuka – celeberrimo creatore di *Astro Boy* – lo incoraggiò a tentare quella strada.

Fu l'inizio di un lungo percorso in salita, durante il quale Kurumada presentò più volte i suoi bozzetti negli uffici editoriali e venne continuamente rifiutato, finendo costretto a guadagnarsi da vivere lavorando in cantiere. Alla fine, dopo aver partecipato invano a un concorso con il manga *Otoko Raku*, grazie a un colpo di fortuna e a una buona dose di persistenza riuscì a diventare assistente del mangaka professionista Koo Inoue, iniziando a guadagnarsi da vivere con la sua passione.

Lo sbocco avvenne finalmente nel 1971 quando, a ventun anni e dopo oltre due di apprendistato, riuscì a pubblicare la sua prima opera addirittura sulla celebre rivista *Weekly*

Shonen Jump della casa editrice Shueisha, la più letta e famosa del paese in quel ramo, sulla quale venivano pubblicati a capitoli i cosiddetti *shonen*, ovvero manga per giovani ragazzi. Il suo lavoro, *Sukeban Arashi*, espandeva un po' il target narrando le avventure di una ragazza, leader di una gang tutta al femminile, ma pur vincendo il premio dei lettori non fu un gran successo commerciale e a causa dell'aumentare del costo della carta dopo una crisi petrolifera nei paesi arabi venne concluso anzitempo in soli tre numeri.

Si trattava però solo di un preludio: ispirato dalla lettura di *Ashita no Joe* (*Rocky Joe* in Italia), celebre manga sulla boxe, nel 1974 Kurumada realizzò finalmente la sua prima opera di successo, nonché quella che, per sua stessa ammissione, è la sua serie preferita e quella che gli diede popolarità in Giappone: *Ring ni Kakero*.

In questo manga sulla boxe, chiaramente ispirato proprio ad *Ashita no Joe*, Kurumada introdusse alcuni degli elementi che poi lo avrebbero contraddistinto: un protagonista principale affiancato da compagni del suo stesso livello e combattimenti al limite dell'umano, in cui si affrontano tecniche di lotta speciali e ad alto potenziale distruttivo. *Ring ni Kakero* andò avanti fino al 1981, contando alla fine 25 volumi e rendendo Kurumada un autore famoso in patria, con uno stile unico che lo contraddistingueva.

Era il momento di cavalcare l'onda e dal 1982 al 1983 Kurumada realizzò *Fuma no Kojiro*, incentrato sulle avventure di un piccolo gruppo di ninja del clan Fuma, che gli permise di affinare ulteriormente le dinamiche di gruppo derivanti dall'avere numerosi protagonisti caratterialmente diversi tra loro. L'aspetto dei ninja di Fuma era volutamente simile a quello dei pugili di *Ring ni Kakero*, e non a caso: sostenitore del metodo Tezuka, Kurumada ricreava in tutte le sue serie personaggi dalle fattezze più o meno simili, che favorissero i suoi lettori regolari e permettessero loro di intuire subito le caratteristiche generali di chi avevano davanti. Un esercito di cloni che, decenni più tardi, creerà bizzarri siparietti nel manga celebrativo *Hero of Heroes*.

Tutto sembrava andare a gonfie vele, ma purtroppo per Kurumada il fallimento era dietro l'angolo. La serie che seguì *Fuma no Kojiro* fu *Otoko Zaka*, manga iperrealistico che Kurumada ancora oggi considera la sua opera emotivamente migliore, ma forse era troppo per i giovani lettori di *Weekly Shonen Jump*, e a causa dell'assenza delle tipiche dinamiche degli *shonen*, come per esempio i colpi speciali, la serie non incontrò il favore del pubblico. *Otoko Zaka* venne cancellato dopo soli due numeri e la carriera stessa di Kurumada si trovò improvvisamente in pericolo: nello spietato mondo dei manga settimanali, due fallimenti consecutivi spesso portavano alla fine di un autore, e nei corridoi della Shueisha lo si dava già per spacciato. Gli squali avevano fiutato l'odore del sangue.

Attribuendo il fallimento di *Otoko Zaka* proprio al suo eccessivo realismo, Kurumada dedusse allora che i lettori preferivano leggere storie che gli permettessero di volare con la fantasia, e decise di impegnarsi a creare un manga pieno di emozioni e colpi di scena, senza lesinare sulle idee.

NASCE SAINT SEIYA!

L'intenzione di Kurumada era molto lontana da quel che sarebbe diventata. L'autore voleva infatti creare un manga incentrato sulle avventure di monaci guerrieri; giovani combattenti che usassero tecniche di karate con "effetti speciali" e vivessero le loro avventure tra i monti del Giappone, con il protagonista determinato a vendicare l'assassinio del padre. Una storia che lui stesso, anni dopo, definirà "banale". A sua insaputa però, le cose nel mondo del fumetto e dell'animazione giapponese stavano cambiando.

Qualche anno prima, l'enorme successo di *Mobile Suit Gundam* in patria aveva rafforzato al massimo il rapporto simbiotico tra manga, anime e merchandise, spingendo alla spasmodica creazione di giocattoli e modellini posabili che riproducessero i personaggi delle serie più in voga. Ma la seconda serie di Gundam – *Mobile Suit Zeta Gundam* – era vicina alla conclusione e presto sarebbe servito qualcos'altro per portare avanti questa partnership vincente. In quegli anni in cui il genere fantasy com'è inteso oggi non esisteva ancora, Hideyuki Matsui – editor di Kurumada presso la Shueisha – ebbe l'idea di protagonisti che combattessero indossando speciali armature, che potessero essere assemblate a formare dei simboli personalizzati e vendute come modellini che ricordassero in qualche modo i robot di successo. La sua speranza era che i fan delle serie robotiche si divertissero ad assemblare le armature sul corpo dei guerrieri e sul totem come si erano sempre divertiti ad assemblare i loro robot preferiti.

Kurumada inizialmente era perplesso: storicamente tutti i personaggi dei suoi manga indossavano uniformi scolastiche con le maniche arrotolate, un'immagine ribelle potente nella rigida e conformista società giapponese, ma gradualmente lui e Matsui iniziarono a concepire una serie del tutto diversa. Ispirato da un viaggio in Europa, Kurumada decise di servirsi della mitologia greca, già occasionalmente sfruttata in *Ring ni Kakero*, mentre Matsui lo convinse a spostare parte dell'ambientazione proprio in Grecia nonostante storicamente i manga ambientati fuori dal Giappone vendessero male. Il titolo iniziale, *Jinga no Rin*, venne trasformato in *Saint Seiya*, ovvero "Il Sacro Guerriero Seiya", dove i kanji del nome di quest'ultimo significavano "Freccia del Cielo". All'inizio si pensò a un protagonista del segno del Leone, ma poi Kurumada optò per una costellazione diversa, prevedendo in qualche modo di usare le costellazioni zodiacali per qualcosa di importante più avanti, e il simbolo del protagonista divenne Pegasus. A questo punto venne concepito il resto del cast: cinque protagonisti, come da tradizione del teatro Kabuki, con personalità e caratteri abbastanza diversi da non renderli sovrapponibili.

In quegli anni, i quintetti di protagonisti erano solitamente composti da un personaggio principale con i colori bianco e rosso della bandiera giapponese, un rivale, un bambino, un personaggio molto legato alle tradizioni e una donna. Kurumada mantenne e nel contempo rivoluzionò questa struttura, creando il suo cast principale: il saggio e pacato Shiryu del Dragone, il freddo Hyoga del Cigno, il dolce ed effeminato Shun di Andromeda, l'aggressivo e taciturno Ikki della Fenice. Per Jabu dell'Unicorno, inizialmente concepito come parte del quintetto principale, non c'era più spazio: la sua personalità era troppo simile a quella di Seiya e venne retrocesso tra i personaggi di supporto. Per i loro design, Kurumada si ispirò a tutto quel che gli capitava davanti: dalle leggende cinesi ebbe l'idea per l'armatura del Dragone, dal successo di *Star Wars* il concetto del Cosmo, sostanzialmente simile alla Forza dei Jedi.

Alla fine la serie era pronta: nel numero doppio 1 e 2 di *Weekly Shonen Jump* del 01/01/1986, uscito in Giappone il 26/11/1985 venne pubblicato il primo capitolo di Saint Seiya. I Cavalieri dello Zodiaco erano ufficialmente nati.

LA CASA DEL TORO: L'ANIME E L'ESPLOSIONE DI SAINT SEIYA

L'AVVENTO DELL'ANIME

In *Saint Seiya*, Kurumada riversò tutte le lezioni apprese nei decenni precedenti. La storia procedette sin da subito con un ritmo incalzante, che puntava più sui sentimenti e le emozioni dei personaggi che su una trama ben strutturata e articolata. I *Saint*, contrazione di *seitoishi* ovvero Sacri Guerrieri gridavano, piangevano, ed erano sin da subito pronti a mettere in gioco la vita per le cause in cui credevano, che si trattasse di onorare il maestro ritenuto moribondo o di ritrovare la sorella scomparsa. Era lo spirito dei *Nekketsu Manga*, letteralmente "manga ardimentosi", che coinvolgono il pubblico trascinandolo emotivamente, anche a costo di allontanarsi dal realismo di *Otoko Zaka* e da temi più maturi.

Kurumada si dedicò anima e corpo a rendere i combattimenti i più belli possibili, e per scrivere correttamente il nome di un colpo segreto di Hyoga del Cigno venne persino coinvolta l'ambasciata russa in Giappone, ma gli sforzi vennero premiati e il pubblico rispose in massa. Pur pubblicato in diretta concorrenza con due serie lanciatissime come *Dragon Ball* e *Hokuto no Ken* (*Ken il guerriero*), *Saint Seiya* riscosse un successo immediato e quando poche settimane dopo l'avvio venne pubblicato un sondaggio per eleggere l'armatura più bella, già oltre ottomila lettori indicarono le loro preferenze. Destino volle che la più brutta risultasse proprio quella di Pegasus, che venne rapidamente ridisegnata.

Il successo di questo nuovo manga non passò inosservato e quanto profetizzato da Matsui si avverò. *Mobile Suit Zeta Gundam* terminò a febbraio 1986 e c'era urgente bisogno di una nuova serie che venisse trasmessa sul canale televisivo Asahi TV per colmare il gap sia nel palinsesto che nei negozi di giocattoli. Yoshifumi Hatano, produttore della celebre Toei Animation, venne a sapere di *Saint Seiya* e lo propose a Moriyoshi Katou, produttore di Asahi TV, che a sua volta prese contatto con Masami Kurumada e la Shueisha. Kurumada inizialmente esitò, sarebbe stata la prima volta per una sua opera di venir trasposta in animazione e temeva di perderne la "paternità", paragonando l'esperienza addirittura al dare in sposa una figlia, ma alla fine acconsentì, consapevole che la maggior diffusione del mezzo televisivo poteva solo far bene alla sua creatura.

Il passo successivo fu la scelta dello sceneggiatore che ricadde su Takao Koyama, che già si era fatto notare per la stesura *Yattodetaman* della serie *Time Bokan*. Per non lasciar vuoto l'ambito slot televisivo di sabato alle 19.00 i tempi di produzione furono molto più stretti di una normale trasposizione in anime e la prima sceneggiatura fu presentata già a luglio 1986, appena sette mesi dopo l'inizio del manga, quando le avventure di Seiya e soci erano ancora alla saga dei Cavalieri Neri. Per i disegni invece come da tradizione si contattarono vari studi, con il *character design* principale affidato allo stile elegante e raffinato dell'affermata coppia Shingo Araki e Michi Himeno, già coinvolti in numerosi anime di enorme successo, come *Kyojin no Hoshi* (*Tommy la stella dei Giants*), *Ufo Robot Grendizer* (*Goldrake*), *Versailles no Bara* (*Lady Oscar*) e persino *Ashita no Joe* (*Rocky Joe*), ovvero la serie che aveva ispirato il *Ring ni Kakero* di Kurumada. La colonna sonora infine venne affidata a Seiji Yokoyama, già distintosi su *Space Pirate Captain Harlock* (*Capitan Harlock*).

I produttori dell'anime dovettero rapidamente affrontare delle scelte difficili. Le armature originali di Kurumada erano troppo striminzite per poter essere adattate in giocattoli con buoni margini di vendita quindi lo sponsor Bandai, che avrebbe prodotto poi i vari giocattoli dei personaggi, ordinò che venissero ridisegnate, mantenendo però un design che permettesse la creazione dei totem con i simboli dei personaggi. Vennero contattati vari freelance e sperimentati vari look – alcuni molto fedeli al manga di partenza, altri smaccatamente robotici – fino alla creazione di una versione soddisfacente ad opera dello staff che aveva lavorato sui modellini di Gundam. Questo look venne ulteriormente modificato dalla coppia Araki – Himeno, che lo alleggerì e inserì alcuni elementi classici, come i cinturini frangiati ispirati ai chitoni dell'antica Grecia.

Anche la trama subì delle modifiche, in parte mirate ad alzare leggermente il target di riferimento, e in parte necessarie perché, con così poca distanza tra la creazione del manga e la produzione dell'anime, quest'ultimo avrebbe raggiunto e superato rapidamente il fumetto. I protagonisti vennero smussati, alcune delle scene più violente vennero modificate, e già dai primi episodi vennero introdotti nuovi personaggi, a partire da un trio di monelli che servivano a far identificare i giovani spettatori.

Non tutti i cambiamenti furono felici, con alcune decisioni che finirono per contraddire elementi inseriti in seguito da Kurumada nel manga e necessitarono di complicati salti all'indietro per correggere in qualche modo il tiro, lasciando però una coerenza interna un po' pericolante.

Alla fine, dopo essere stato annunciato in pompa magna con promo televisivi e pubblicità su Weekly Shonen Jump, l'anime di *Saint Seiya* debuttò ufficialmente l'11/10/1986. Kurumada, che aveva potuto collaborare solo parzialmente alla produzione, ricorderà in seguito di aver visto l'episodio in TV come tutti, e di essere rimasto sbalordito dalla colonna sonora e dall'animazione dei suoi personaggi.

IL SUCCESSO DELL'ANIME

I primissimi episodi dell'anime, trasmessi a ritmo settimanale come da tradizione, performarono un po' sotto le aspettative. Il pubblico, confuso da una serie così diversa da quelle che l'avevano preceduta, inizialmente sembrò perplesso e gli ascolti non furono sfavillanti. A dar fiducia ai produttori ci pensò però il destino, nei panni di un bambino che Hatano incrociò una sera tornando a casa e che stava imitando il Fulmine di Pegasus del protagonista. Gli dei, a quanto pare, sorridevano su *Saint Seiya*.

La serie stava evidentemente iniziando a far breccia nel pubblico, e il passaparola fece rapidamente il resto, alzando lo share degli episodi oltre il 10%. Di riflesso, aumentarono anche i lettori del manga, con oltre 50.000 bambini che parteciparono a un concorso indetto per progettare una nuova armatura, producendo in alcuni casi bozzetti incredibilmente simili ad armature che sarebbero davvero apparse in seguito.

Bandai capitalizzò subito e nel giro di poche settimane nei negozi uscirono i modellini di *Saint Seiya*, la cosiddetta *Saint Cloth Series* nota anche come *die-cast*, dal nome del metallo usato per le armature. Si partì nel 1987 con i cinque protagonisti principali, ma quando arrivò il momento di proseguire Bandai esitò, temendo che gli antagonisti avrebbero venduto poco, e mise in commercio i cinque Cavalieri Neri solo come edizioni limitate a tiratura ridotta. I cinque però vendettero benissimo e i produttori Bandai si mangiarono le mani per non averne fabbricati di più. Venne così ordinata la creazione di tre personaggi nuovi ad hoc: fu la nascita degli *Steel Saint*.

Sin dall'inizio, l'anime aveva introdotto nuovi personaggi per permettere al manga di andare avanti. Guerrieri come Docrates, Geist (Morgana), il Crystal Saint (Maestro dei Ghiacci) e l'Ennetsu Saint (Cavaliere della Fiamma) non avevano un riscontro cartaceo, creando in alcuni casi contraddizioni come la figura del maestro di Hyoga del Cigno, ma i Cavalieri d'Acciaio furono un caso diverso e vennero concepiti per sfruttare il continuo appeal dei robot tra i giovani giapponesi. Economicamente, si rivelò una mossa vincente: i personaggi spopolarono tra gli spettatori della scuola materna – una fascia d'età che fino a quel momento non si era avvicinata a *Saint Seiya*, concepito soprattutto per bambini degli ultimi anni delle elementari – e i loro modellini battettero ogni record di vendite. Si ipotizzò persino di far indossare anche a Seiya un'armatura d'acciaio, magari fusione di quelle dei tre, ma gli autori non erano d'accordo e la storia si stava allontanando progressivamente da quel tipo di ambientazione moderna, così alla fine si decise di mettere il trio da parte.

NON È TUTTO ORO QUEL CHE LUCCICA

L'enorme successo dei modellini dei Cavalieri d'Acciaio incoraggiò Bandai a procedere con gli antagonisti principali della serie: i Gold Saint. Dopo qualche esitazione iniziale, Kurumada aveva infatti deciso di creare personaggi basati sui segni zodiacali, presentandoli come i Sacri Guerrieri più forti di tutti, nonché avversari finali della prima parte della storia. Culmine della guerra tra i protagonisti e il Santuario è l'arco narrativo più famoso e celebre di *Saint Seiya*, la scalata delle Dodici Case che vede i nostri eroi affrontare nemici all'apparenza invincibili. Potenti e carismatici, con personalità, look e poteri sempre diversi tra loro, i Cavalieri d'Oro sono ancora oggi i personaggi probabilmente più amati e memorabili del franchise, nonché uno dei segreti del suo successo.

E amati lo erano anche nel 1987, quando a stretto giro di vite la saga delle Dodici Case esordì nell'anime e i primi modellini uscirono nei negozi. Le vendite furono talmente stratosferiche che Bandai esaurì le scorte di metallo dorato e dovette procurarsene dell'altro in tutta fretta, aumentando la produzione per far fronte alla richiesta. Anche Asahi TV gioiva, grazie a uno share che ormai superava quasi stabilmente il 10%, con un record del 12.7% nell'episodio 51 durante la casa del Leone.

Talmente grande era la popolarità dell'opera che nel luglio 1987 uscì nei cinema giapponesi il primo mediometraggio di *Saint Seiya*, onore all'epoca rarissimo per una serie televisiva. Il titolo era un banale *Saint Seiya - The Movie*, ma poco importava. Intervistato anni dopo, Kurumada ricorderà ancora la gioia nel vedere l'entusiasmo del pubblico davanti ai suoi personaggi. La produzione di questo film obbligò la coppia Araki-Himeno ad abbandonare l'anime regolare per molte settimane, ma il riscontro fu tale che un secondo mediometraggio venne rapidamente messo in cantiere, per poi uscire nelle sale nel marzo 1988 con il titolo *Kamigami no Atsuki Tatakai* (*l'Ardente Guerra degli Dei*).

Dietro le quinte del successo però si annidavano anche le prime crepe. Ormai sempre più a ridosso del manga, l'anime faceva fatica a non superare il fumetto ed era costretto a prolungare gli episodi con continui flashback, riassunti e occasionali puntate riempitive, finendo comunque per raggiungere il cartaceo proprio al momento della conclusione della saga delle Dodici Case. Per questo motivo, l'episodio 73 presentò eventi anche profondamente diversi rispetto al fumetto, generando un po' di confusione tra i lettori.

Messa con le spalle al muro, Toei decise allora di cautelarsi creando un'intera saga nuova che permettesse a Kurumada di procedere con il manga senza che l'anime fosse continuamente costretto a camminare con il freno a mano tirato. Per di più, per la prima volta la nuova saga non si sarebbe ispirata alla mitologia greca: dopo aver sperimentato con buon successo l'idea di sfruttare la mitologia norrena nel secondo mediometraggio, Toei decise di ambientarvi tutta la nuova storia e venne creata la celebre saga di Asgard. Ventisei episodi che vedevano Seiya e compagni alle prese con una nuova minaccia nelle gelide terre del Nord Europa.

Alla saga di Asgard non collaborarono né Kurumada, che fino a quel momento aveva messo mano al design della maggior parte dei nuovi personaggi, inclusi quelli del primo e del secondo film, né Koyama, spostato sull'anime di *Dragon Ball* e sostituito da Yoshiyuki Suga. Anche l'apporto della coppia Araki-Himeno fu minimo: i due realizzarono il primo episodio e adattarono il look dei personaggi principali – creato in larga parte da un ingegnere Bandai incaricato di progettare i nuovi die-cast, Masaya Sasano – ma vennero poi spostati a lavorare sul terzo film, che per la prima volta sarebbe stato un lungometraggio da ben novanta minuti. Questo film uscì nel luglio 1988 col titolo *Shinku no Shonen Densetsu* (*La Leggenda del Ragazzo del Sole*) e si rivelò un vero capolavoro audiovisivo, introducendo elementi che ispireranno lo stesso Kurumada andando avanti.

Purtroppo, sul ramo televisivo le cose non andavano altrettanto bene. Dopo un buon inizio, gli ascolti della saga di Asgard iniziarono a calare, sprofondando fino al 5.4% dell'episodio 89 (noto in Italia come "Le anime della natura"). Gli spettatori giapponesi, già poco propensi a seguire qualcosa che non aveva riscontro nel fumetto, trovarono i temi della nuova saga più difficili da comprendere, e anche Kurumada commentò che la storia era probabilmente troppo lunga e dilatata.

LA CASA DEI GEMELLI: LA FINE DI SAINT SEIYA

IL TRACOLLO DELL'ANIME

Il calo di ascolti della saga di Asgard si innestò all'interno di un calo di popolarità più ampio di tutto il franchise, ulteriormente aggravato dalla scomparsa di Hatano, il produttore principale della serie animata. Nel manga, Kurumada aveva introdotto e stava portando avanti la saga di Poseidone, arrivata già vicina alla conclusione nel momento in cui l'anime annunciava di essere finalmente in procinto di ricollegarsi con gli eventi cartacei. Tale collegamento avvenne con l'episodio 100, per l'occasione affidato di nuovo alla coppia Araki-Himeno. Per cercare di far riprendere la serie animata, si decise infatti di affidare il quarto film in programma – un mediometraggio come i primi due – ad un diverso animatore, Masahiro Naoi, liberando in questo modo Araki e Himeno per gli episodi regolari.

La mossa purtroppo non portò un sostanziale aumento degli ascolti, che si assestarono attorno all'8%, con picchi oltre il 9% ma anche episodi sotto il 6%. Di per sé, la cosa non sarebbe stata comunque un grosso problema se le vendite dei modellini fossero rimaste alte, ma nel 1988 anche loro iniziarono a calare sensibilmente, privando Bandai e Toei della principale fonte di introiti. Per replicare il successo dei Cavalieri d'Oro, Bandai provò a far uscire le versioni nere delle nuove armature dei protagonisti, la versione dorata delle prime, e convinse persino Kurumada a colorare le armature dei guerrieri di Poseidone in tinte arancio/dorate anziché blu come inizialmente previsto, ma fu tutto inutile.

La trasposizione animata della serie di Poseidone durò quindici episodi, dal 100 al 114, adattando così rapidamente il fumetto che per poco non lo raggiunse di nuovo. Con una grossa fetta di puntate affidate ad Araki-Himeno, la qualità finale della serie di Poseidone fu alta, ma ormai la decisione di concludere l'opera era stata presa. Proseguire avrebbe infatti richiesto un'ulteriore saga riempitiva, e né Toei né Bandai ritenevano proficua una mossa del genere. Così, il 01/04/1989, l'anime di *Saint Seiya* si concluse con l'episodio 114, al termine del quale una specie di epilogo faceva supporre la fine definitiva delle avventure di Seiya e compagni. Poche settimane prima, il 18/03/89, anche l'ultimo mediometraggio era uscito nei cinema con il titolo *Saishu Seisen no Senshitachi* (*I Guerrieri dell'Armageddon*) con un modesto riscontro di pubblico.

Il manga stava invece continuando con la saga di Hades e per un po' Toei e Bandai valutarono la possibilità di riprendere la serie attraverso il circuito degli OVA (*Original Video Animation*) a partire dal 1991, ma il progetto fu ritenuto economicamente svantaggioso e abbandonato nonostante le pressioni interne di chi stava iniziando a notare il nascente successo della serie fuori dal Giappone.

LA CHIUSURA DEL MANGA

Se Sparta piangeva, Atene di certo non si rideva. I ritmi pressanti di una produzione settimanale iniziarono infatti a pesare su Kurumada, che in diverse interviste e trafiletti lasciò capire di far fatica a sostenerli. L'editor Matsui, così importante nella creazione della serie, era da tempo stato sostituito da Akira Ohashi e poi, verso la fine della prima parta della saga di Hades, dal giovane Umeharu Machida. Kurumada sperava che l'entusiasmo di quest'ultimo gli desse nuove energie, ma lo sforzo di disegnare armature sempre più complesse e una certa stanchezza generale lo portarono a realizzare scontri sempre più piatti e monotoni. Come ammesso anni dopo da lui stesso, non aveva più le energie per continuare.

La popolarità della serie, già danneggiata dalla cancellazione dell'anime, peggiorò ulteriormente. Alla fine Kurumada si accordò con la Shueisha per terminare l'opera con gli ultimi dieci capitoli, concludendo tutto in maniera abbastanza sbrigativa e con un ultimo, inatteso, colpo di scena: la morte apparente del protagonista Seiya. Il 12/12/1990, dopo circa cinque anni di pubblicazioni e ventotto volumi, *Saint Seiya* chiudeva i battenti.

In realtà le intenzioni di Kurumada erano di prendersi una pausa solo temporanea, e aveva già diversi progetti per come portare avanti la storia: la morte di Seiya si sarebbe rivelata essere solo una specie di coma, e i Cavalieri di Atena avrebbero vissuto nuove avventure che li avrebbero portati ad affrontare Zeus e persino Urano, in una saga che avrebbe preso il nome di *Zeus Chapter*, letteralmente Il Capitolo di Zeus.

Quest'intenzione non era peregrina. Secondo gli accordi, Shueisha gli avrebbe infatti permesso di tornare su Saint Seiya dopo aver prodotto un'altra serie di successo, che sarebbe servita a rilanciarlo dopo il calo di popolarità dell'ultimo anno. Tale serie, però, non arrivò mai. Dopo *Saint Seiya*, Kurumada realizzò un manga speciale intitolato *Blue Myth*, durato un unico volume, e poi provò a rilanciarsi con *Silent Knight Sho*, serie in cui riprendeva l'idea di armature da indossare. Sho però chiuse dopo soli due numeri e l'opera successiva, *Akaneiro no Kaze* (*Il Vento Cremisi*) dopo tre, segnando la definitiva rottura tra l'autore e la casa editrice.

Dopo esattamente vent'anni, Kurumada lasciò la Shueisha e si accasò presso la Kadokawa Shoten, iniziando la pubblicazione di un nuovo manga stavolta dai capitoli mensili: *B't X*, storia ambientata in un futuro prossimo simile al mondo post-apocalittico di *Hokuto no Ken*, al cui centro ci sono i B't, una specie di robot con poteri speciali, capaci di pensare autonomamente e parlare, alimentati da sangue umano.

Saint Seiya sembrava destinato a essere dimenticato.

LA CASA DEL CANCRO: LA SERIE IN ITALIA

ARRIVANO I CAVALIERI DELLO ZODIACO

Il 26 marzo del 1990, mentre in Giappone l'anime è ormai concluso e il manga si sta avvicinando alle battute finali, in Italia i fortunati spettatori di Odeon TV si trovano per la prima volta davanti la sigla cantata da Massimo Dorati, che, con ritmi rockeggianti e assoli di chitarra, prepara il pubblico a incontrare "*Invincibili guerrieri, valenti condottieri*". In un'epoca in cui gli anime erano ancora un prodotto relativamente recente e i manga erano quasi totalmente sconosciuti, solo i titoli di coda collegavano quella nuova serie animata – dall'affascinante titolo *I Cavalieri dello Zodiaco* – al manga *Saint Seiya* di Masami Kurumada.

Come in Giappone, per l'arrivo della serie sulle sponde europee galeotti furono i giocattoli. Già nel 1988, l'intermediario AB Distribution fiutò l'affare e acquistò i diritti di trasmissione della serie in Francia, dove venne poi mandata in onda all'interno del contenitore Club Dorothée su TF1, uno dei principali canali del paese. Per evitare qualsiasi confusione con il termine cristiano *santi*, fu però necessario cambiare il titolo e anziché una più letterale traduzione in Sacro Guerriero si scelse di ricorrere al termine Cavalieri, più noto e immediato per gli spettatori occidentali. Per di più, si decise di puntare subito sul collegamento con gli astri e le costellazioni, e così la serie venne rinominata *Les Chevaliers du Zodiaque*. Fu una scelta azzeccata, destinata a dar vita a un brand noto con questo modo in praticamente tutto il mondo occidentale.

Il successo in Francia fu subito enorme, al punto che durante una puntata Club Dorothée si collegò telefonicamente con Kurumada in Giappone e lo intervistò. L'Italia, e nella fattispecie il gruppo Fininvest, non poteva restare a guardare, e nel 1990 acquistò un primo blocco di puntate per la trasmissione in Spagna, col nome *Los Caballeros del Zodiaco*. Ritenuto però un cartone troppo violento per le reti italiane, Fininvest inizialmente lasciò che ad acquistarlo per il Belpaese fosse Odeon TV, canale autonomo nato da circa un anno che si appoggiava a varie emittenti regionali, sul quale la serie debuttò come *I Cavalieri dello Zodiaco*. Accordi commerciali tra la Giochi Preziosi e la Bandai permisero di importare una parte dei modellini die-cast che tanto successo avevano avuto in Giappone.

DOPPIAGGIO E ADATTAMENTO

Acquistati i diritti per la serie, si rese ovviamente necessario localizzarla, adattarla e doppiarla in italiano. L'incarico venne affidato allo Studio P.V. milanese, con Stefano Cerioni nominato adattatore ed Enrico Carabelli scelto come direttore del doppiaggio. A sua volta, Carabelli scelse un cast di voci nel quale spiccavano Ivo De Palma (Seiya), Marco Balzarotti (Shiryu), Luigi Rosa (Hyoga), Andrea De Nisco (Shun), Tony Fuochi (Ikki) e Dania Cericola (Saori).

Ma c'era un problema, anzi due. Da una parte, Giochi Preziosi impose che i nomi venissero modificati e semplificati il più possibile, identificandoli in parecchi casi con quelli delle costellazioni. Non era una novità, sin dai tempi di Mickey Mouse / Topolino i nomi venivano riscritti come parte del processo di localizzazione di svariati prodotti, e nel caso dei Cavalieri le ragioni erano presto dette: c'erano i modellini da vendere, e si riteneva che i nomi originali fossero troppo complicati da ricordare per dei genitori spediti nei negozi ad acquistare i personaggi preferiti dai loro pargoli. In alcuni casi, si riuscì a scegliere un nome in qualche nome assonante con l'originale – Sirio per Shiryu, Ioria per Aioria – e in altri ci fu la libertà di inventare qualcosa di nuovo ma diverso – Cristal, Lady Isabel, Alman di Thule – ma nella maggior parte dei casi costellazione fu, e pazienza se ciò rendeva alcuni dialoghi e flashback un po' ridicoli. Nemmeno Seiya sfuggì a queste dinamiche: dopo aver suggerito i possibili Seiban e Seian, arrivò il *diktat* di Giochi Preziosi: il suo nome sarebbe stato semplicemente Pegasus.

Il problema dei nomi era però il meno grave, più preoccupante era infatti lo stato dei copioni che Cerioni ricevette. Tutti in inglese, erano spesso tradotti male o incompleti, con intere battute mancanti e frasi senza alcun senso. Rimboccandosi le maniche, l'adattatore fece buon viso a cattivo gioco, e seppe trasformare un problema in un punto di forza: man mano che scopriva la serie, Cerioni si rese infatti conto del suo potenziale e insieme a Carabelli scelse un linguaggio dal registro aulico e forbito. I Cavalieri occasionalmente citavano Dante, Foscolo o Leopardi, si struggevano con trasporto o ricorrevano a battute sarcastiche, e utilizzavano termini ed espressioni certamente non di uso quotidiano. *"Come osi rivolgerti a me in cotal guisa?"* chiedeva Vesta di Cerbero, mentre Pegasus sfidava la sorte mormorando *"Vuolsi così colà dove si puote ciò che si vuole"*. Frasi che ben poco avevano in comune con quelle originali giapponesi, ma che si rivelarono folgoranti per il pubblico italiano. Nessun'altra serie poteva vantare battute così, e i Cavalieri si distinsero rapidamente.

TORMENTO ALLA CASA DEL LEONE

Come in Giappone, in Italia i Cavalieri dello Zodiaco furono subito un successo. Nonostante la serie venisse trasmessa su una rete tutto sommato minore, frotte di bambini delle elementari e medie seguirono da subito con passione le avventure di Pegasus, ripetendone le gesta e scegliendo i loro eroi preferiti. I modellini *die-cast* vennero pubblicizzati in TV e su Topolino, oltre ad avere un ruolo di spicco sui leggendari cataloghi di Natale tanto in voga in quegli anni. Ignorando i Cavalieri Neri e i Cavalieri d'Acciaio, Giochi Preziosi puntò subito sui cinque protagonisti e sui Cavalieri d'Oro, prima in una normale confezione rettangolare tutto sommato simile a quella originale giapponese, e poi in un packaging del tutto nuovo, con scatole violacee che potevano essere adattate a tempio greco, perfettamente adatte a fare da sfondo alle avventure dei giovani eroi.

Per di più, come da tradizione in Italia, gli episodi non vennero trasmessi settimanalmente ma quotidianamente, da lunedì a sabato, anche se quest'ultimo giorno spesso la programmazione di Odeon TV tornava a essere regionale e sovente capitava di perdere la tanto agognata puntata sostituita da ore e ore di televendite.

La trasmissione quotidiana permise di appassionarsi più rapidamente e scavalcare i tempi morti, ma portò anche un problema: nel giro di due mesi, il blocco da cinquantadue puntate che era stato acquistato era già esaurito, e proprio nel mentre dell'appassionante battaglia delle Dodici Case, durante lo scontro tra Pegasus e Ioria del Leone. Il giorno in cui sarebbe dovuto andare in onda il cinquantatreesimo episodio, i giovani spettatori, pronti a vedere la conclusione di quell'epico cimento, si trovarono invece davanti a una riproposizione del primo: erano iniziate le temutissime repliche.

La ragione è presto detta: il successo di serie e modellini aveva sorpreso persino Odeon, che, temendo un inutile esborso, non si era mossa per tempo per acquistare e far doppiare i sessantadue episodi mancanti. Giochi Preziosi, che spesso collaborava con le reti Fininvest, fece pressione presso i vertici del gruppo convincendoli ad acquistare dal Giappone sia i diritti per i primi episodi e sia soprattutto quelli mancanti, che vennero dirottati su Italia 7, altro circuito televisivo che si appoggiava a varie emittenti regionali e locali e che nei piani di Silvio Berlusconi sarebbe dovuto diventare la quarta rete del suo impero prima che una nuova legge glielo impedisse. Tutti questi accordi non erano operazioni da pochi giorni e così, giunti di nuovo alla Casa del Leone, gli spettatori dovettero assistere per la terza volta alla prima puntata e ad un nuovo ciclo di repliche. Ancora oggi, il cinquantaduesimo episodio è un piccolo trauma per gli spettatori di prima generazione.

Alla fine però gli episodi mancanti vennero adattati e doppiati, mantenendo quasi inalterato il cast di voci originali (che, di suo, non sempre era stabile, con personaggi minori che spesso cambiavano voce da episodio a episodio a seconda di chi fosse disponibile in sala). Per distinguerla dalla precedente, la serie venne intitolata *Il Ritorno dei Cavalieri dello Zodiaco*, con tanto di nuova sigla sempre cantata da Massimo Dorati. Finalmente, anche i fan italiani poterono assistere alla conclusione delle Dodici Case, e alle saghe di Asgard e Poseidone o, come venne rinominato, Nettuno.

Con il manga totalmente sconosciuto, la vittoria sull'imperatore dei mari sembrava chiudere definitivamente la serie. Nessuno sapeva dell'esistenza del fumetto e della serie di Hades, ma anche questo era destinato a cambiare.

GRANATA PRESS IMPORTA IL MANGA

Era il 1989 quando, a Bologna, Luigi Bernardi fondava la Granata Press, casa editrice di libri e riviste che ben presto si segnalò per essere la prima a importare anche in Italia i manga giapponesi. In un'epoca in cui il fumetto italiano era principalmente un misto di produzioni locali Disney e Bonelli e comics americani, i manga giunsero come qualcosa di nuovo e per molti versi incomprensibile, sostenuti dal crescente successo degli anime e dal lavoro di quattro giovani redattori noti come Kappa Boys, oltre a svariati collaboratori.

Cercando di cavalcare l'onda del momento, Granata Press agì su più fronti, traducendo e presentando manga di successo come *Hokuto no Ken*, pubblicando interamente in VHS serie anime fino a quel momento andate in onda solo in TV, come *Conan il ragazzo del futuro*, e cercando persino di importare i tanti medio e lungometraggi animati usciti in Giappone sia per il mercato dell'home video che per il cinema, ma ancora totalmente inediti in Italia.

Non era un lavoro facile. La conoscenza del Giappone era così ridotta che spesso i lettori pensavano che i manga fossero una trasposizione cartacea degli anime anziché il contrario, ed era necessario capovolgere le pagine per permettere di leggere da sinistra verso destra – come da uso comune in occidente – e non da destra verso sinistra come invece si faceva e fa tuttora in Giappone, portando a bizzarrie e a tanti personaggi improvvisamente mancini.

Ciononostante, Granata Press perseverò e nel luglio del 1992 pubblicò il primo numero del manga di *Saint Seiya*, rinominato anche lui per l'occasione *I Cavalieri dello Zodiaco* visto che ben pochi avrebbero riconosciuto il titolo originale. I volumetti mensili costavano 2.800 lire (che poi diventeranno 3.000 dal numero 21) e corrispondevano ognuno a poco più di metà albo giapponese, così la serie arrivò a contare quarantadue volumetti finali. Venne scelto un adattamento ibrido, che mantenesse i termini Cavaliere o armatura e quei nomi diversi dalle costellazioni come Sirio o Crystal (qui con la y), ma per la prima volta vennero ripristinati anche tanti nomi originali, in particolare Seiya, Shun, Ikki e la maggior parte dei Cavalieri d'Oro. Non mancarono ovviamente i problemi, dalle tavole capovolte che rendevano insensati alcuni dettagli anatomici come la protezione per il cuore di Pegasus che improvvisamente era sul lato sbagliato del petto, alle lamentele dei lettori per i disegni brutti, le armature diverse, la trama striminzita e le copertine sempre dedicate a Seiya, con i poveri redattori che più volte nella rubrica della posta dovevano spiegare che quella era la versione originale e che era stato l'anime a cambiare tutto.

Ma pian piano la collana andò avanti, finendo per sbalordire tutti quando arrivò a pubblicare la sconosciuta serie di Hades, che per la prima volta anche i fan italiani poterono assaporare.

Granata Press non si limitò al manga, e nel 1993 iniziò a importare anche i primi due mediometraggi, finanziandone il doppiaggio che venne affidato allo stesso cast storico della serie TV, e commercializzandoli poi in formato VHS. Pur restando un po' di nicchia privi del passaggio televisivo, i due film furono un successo e spinsero Granata ad acquistare e doppiare anche il terzo nel 1994. Ma la tragedia era dietro l'angolo.

JAPAN MAGAZINE E EDIZIONI EDEN

L'esplosione degli anime in Italia non era passata inosservata. Gruppi di giovani appassionati erano spuntati ovunque nel paese e c'erano curiosità e sete di conoscenza per tutto quel che riguardava il Giappone, la sua cultura e ovviamente il mondo di fumetti e animazione. Questo terreno fertile portò alla nascita di numerose *fanzine*, ovvero riviste create e pubblicate da fan con mezzi più o meno limitati, che al loro interno affiancavano articoli e approfondimenti con inserti estratti da pubblicazioni giapponesi, quasi sempre ottenute senza alcun regolare contratto di licenza o pagamento di diritti.

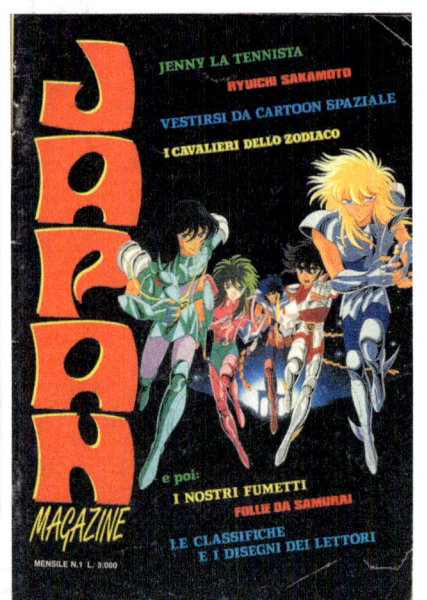

Per lo più innocue e distribuite presso edicole e supermercati, le fanzine permettevano ai lettori di scoprire tante verità sconosciute sulle loro opere preferite e sulla cultura giapponese, ma erano spessissimo anche ripiene di errori e imprecisioni, con testi tradotti in maniera approssimativa o del tutto inventati. Tra queste riviste, una che balzò subito in primo piano si chiamava *Japan Magazine*, pubblicata da Edizioni Eden, sul cui primo numero, uscito nell'estate 1991 al costo di 3.000 lire, spiccavano neanche a dirlo i cinque Cavalieri dello Zodiaco, con un disegno proveniente da una delle tante illustrazioni di Shingo Araki per il merchandise giapponese.

Japan Magazine precedette quindi il manga di Granata Press di circa un anno, e all'interno di quel primo numero, tra poster di *Occhi di Gatto*, un lungo fumetto tutto italiano su Mazinga e gli altri robottoni, e articoli sui bizzarri giochi a quiz della TV nipponica, c'era anche un lungo inserto dedicato *"ai Saint Seiya"*, con all'interno per la prima volta i nomi originali dei personaggi, le loro età e altre informazioni provenienti dai brevi databook inseriti in coda al manga originale. Tutto accompagnato da tante, bellissime illustrazioni di Shingo Araki, come le copertine dei vinili con le colonne sonore. Numeri successivi di *Japan Magazine* avrebbero pubblicato persino gli stupendi inserti del databook giapponese *Jump Gold Selection 2*, dedicati ai Cavalieri d'Oro e tutt'oggi mai usciti integralmente in Italia.

Era tutto materiale pirata presentato illegalmente, ma così ridotto e disparato da non rappresentare un problema, e anzi stimolare la curiosità dei lettori. Col passare dei mesi però *Japan Magazine* si fece più ardito, iniziando a pubblicare capitoli dei manga originali, colorati approssimativamente a pennarello e tradotti spesso inventando frasi a caso o utilizzando le onomatopee dei suoni all'interno dei dialoghi. Vista la loro fama, i Cavalieri furono i primi a essere sottoposti a questo trattamento, con lo scontro tra Sirio e Shura del Capricorno presentato sui numeri tre e quattro.

Quando Granata Press acquistò i diritti per la pubblicazione del manga le escursioni avventurose di *Japan Magazine* iniziarono a generare qualche attrito. Nella rubrica della posta del manga il redattore "Cosmo", pur non citandoli mai per nome, accennava spesso stizzito alla presenza di questa concorrenza illegale. Fu però nel 1993 che la situazione precipitò, quando Edizioni Eden, procuratasi in qualche modo una versione pirata del terzo film dei Cavalieri, decise di farla doppiare e metterla in commercio *prima* di Granata Press, pur non avendo sborsato una lira di diritti. Per il doppiaggio vennero contattati molti nomi del cast storico, spesso però spostati su altri personaggi, cosa che spinse Ivo De Palma a rifiutare indignato e andar via.

Il risultato fu un film privo della colonna sonora originale, che dovette essere sostituita da brani improvvisati, con un misto di nomi italiani e originali, il solo Marco Balzarotti su Sirio tra i membri del vecchio cast al posto giusto, e dialoghi totalmente assurdi al confronto dei quali il doppiaggio della serie TV era un modello di fedeltà. Tra passaggi come Aquarius che sferra l'Esplosione Galattica di Gemini e il ghiaccio scambiato per sabbia, è una versione che ancora oggi merita di essere sentita per poterci credere, ma venne comunque messa in commercio.

L'effetto economico su Granata Press fu devastante. Quando, dopo varie azioni legali contro Edizioni Eden, nel 1994 Granata acquistò i diritti del film dal Giappone e lo fece doppiare al cast storico, il pubblico, che non conosceva tutti questi dietro le quinte e non era disposto a spendere 40.000 lire per una nuova versione di qualcosa che aveva già, rispose appena tiepidamente, non bastando a far rientrare Granata nei costi di acquisizione e doppiaggio.

Con l'azienda già in difficoltà per altre ragioni non inerenti il ramo manga fu l'inizio della fine, e con i Kappa Boys trasferitisi nel 1992 alla nascente divisione manga della Star Comics e gran parte dello staff migrato alla nuova Dynamic Italia, nel 1996 Granata Press, ormai sommersa dai debiti, chiuse definitivamente i battenti.

Si avvicinava la fine del periodo di gloria dei Cavalieri in Italia. Il quarto film venne acquistato proprio da Dynamic Italia e doppiato nel 1996 con un cast misto tra Milano e Roma, ma la serie TV, un tempo regolarmente in onda, diventò sempre meno frequente e venne trasmessa per un po' a macchia di leopardo, persino con episodi dimezzati per riempire buchi di palinsesto, prima di svanire del tutto a metà degli anni '90.

Da quel momento in avanti, i fan dovettero accontentarsi esclusivamente di quel che erano riusciti faticosamente a registrare su VHS.

LA CASA DEL LEONE: IL RINASCIMENTO

LA SPERANZA VIENE DALLA FRANCIA

Kurumada e la Bandai potevano aver dimenticato i Cavalieri, ma i fan sparsi per il mondo non l'avevano fatto, e presto in loro soccorso sarebbero giunte due armi a confronto delle quali persino quelle della Bilancia son poca roba: i personal computer e internet.

Pur limitata da connessioni a 56K più lente di un rinoceronte artritico, nella seconda metà degli anni '90 la rete aveva finalmente iniziato a diffondersi tra le persone comuni, e migliaia di ragazzi avevano ben presto lentamente iniziato a esplorare e soprattutto costruire il mondo dei siti online. Portali sparpagliati su una mezza dozzina di host gratuiti, con una grafica che raramente andava oltre qualche GIF animata, ma nei quali venivano riversati passione e conoscenza. E per la prima volta, fan di varie parti del mondo scoprirono di non essere soli nel loro nostalgico ricordo di *Saint Seiya*. Il sottoscritto rammenta bene di aver cercato "Cavalieri dello Zodiaco" su un qualche motore di ricerca non più tardi nel 1998 ed essersi trovato davanti i primi siti francesi, tedeschi e anche italiani sull'argomento.

Realtà come saint-seiya.de di Stayka o saint-seiya.it di Deathmask, contenenti brevi profili dei personaggi, qualche sparuta informazione e soprattutto migliaia di foto. Scolorite, mosse, a bassa risoluzione e spesso rovinate dopo essere state importate da laser disc o altri supporti recuperati in qualche modo in Giappone, ma comunque dei piccoli tesori in grado di risvegliare ricordi ed emozioni. E anche se non esistevano ancora i forum o i social network, piccole comunità iniziarono a formarsi e comunicare, alimentando e risvegliando la vecchia passione accanto ai primi tentativi di fanfiction e a fanart a matita o pennarello. In questo panorama nascente, inavvertitamente sbocciarono i semi che avrebbero portato al ritorno della serie dopo tanto tempo.

Tradizionalmente un po' isolazionista e chiuso in se stesso, il Giappone non si era mai curato molto del successo delle sue serie animate all'estero, stentava a immaginare potessero interessare a chiunque al di fuori dei ragazzini e di certo non considerava i mercati stranieri un fattore importante nelle decisioni riguardanti la produzione o interruzione di un prodotto. Decenni dopo, Sasano stesso ammetterà che, se si fosse tenuto conto del riscontro europeo e latino americano dei Cavalieri, probabilmente l'anime non si sarebbe fermato con la saga di Nettuno. L'Europa però era intenzionata a fare la sua parte e nel 2001 si misero in moto una serie di eventi che potrebbero aver avuto – il condizionale, come vedremo, è d'obbligo – ripercussioni epocali sul mondo di *Saint Seiya*.

Come siano effettivamente andate le cose non è ancora chiarissimo neppure oggi, a oltre vent'anni di distanza, ma ecco in breve quel che accadde. Un talentuoso disegnatore francese all'epoca neppure trentenne, Jérôme Alquié, disegnò e realizzò un breve trailer (poco) animato della saga di Hades dei Cavalieri. Poco più di quattro minuti divisi tra la sequenza del primo incontro tra Pandora, Ikki e Shun e una sigla della saga sulle note di *Dead or Dead*, brano che era stato effettivamente inciso in Giappone per essere utilizzato nel progetto poi abortito degli *OVA* della saga di Hades del 1991. Animato soprattutto in *Flash* con immagini statiche a scorrimento e disegnato in uno stile il più vicino possibile a quello di Araki-Himeno, il trailer era essenzialmente un omaggio alla storica serie che tanto successo aveva avuto in Francia. Venne presentato ad alcune mostre del fumetto, e in particolare, nel novembre 2001, alla mostra *Cartoonist de Paris*, della quale era ospite anche Shingo Araki in persona.

La sua presenza non era casuale, ma sul trailer non erano riposte particolari speranze. Poche ore prima di vederlo, intervistato dalla rivista *AnimeLand*, il celebre disegnatore si era così espresso a riguardo: *"Tengo a precisare che non ho visto questo trailer! Mi rendo conto che un seguito come quello è molto atteso in un paese come la Francia, ma ci sono poche possibilità che possa essere realizzato perché per lanciare un progetto di tali dimensioni, sono necessari grossi sponsor e importanti finanziamenti da società come la Bandai, che, d'altra parte, non crede più in loro. In Giappone, molti fan di Saint Seiya si sono volti verso altre serie, sebbene siano ancora felici di trovare nuovo materiale sui Saint".*

Dopo la visione, però, qualcosa parve cambiare. Intervistato nel 2013 dal portale sudamericano *Grupo Next Dimension*, Alquié racconta: *"Shingo Araki lo vide e commentò di persona al* Cartoonist de Paris *del novembre 2001. Fu un grande momento per tutta la squadra. Portò l'unica copia fisica del film con sé in Giappone per mostrarla alla Araki Production. Poi, qualche settimana più tardi, ricevetti una mail che mi chiedeva il permesso di mostrarlo alla Toei. Non so se sia stato questo a dare la spinta alla Toei o no, ma credo che l'emozione generata da quel* trailer *nel 2001 possa aver rassicurato i produttori e mostrato loro che* Saint Seiya *aveva ancora veri fan sparsi per il mondo".*

Probabilmente non sapremo mai quanto effettivamente il trailer abbia pesato – tempo dopo Kurumada, intervistato, dirà di non aver mai neppure saputo della sua esistenza – ma, che sia una coincidenza o meno, pochi mesi dopo venne annunciata la notizia che i fan non osavano sperare: la saga di Hades sarebbe stata trasposta in animazione con una serie di *OVA* a partire da novembre 2002.

I Cavalieri stavano per tornare.

LA SERIE HADES SANCTUARY

Per un felice disegno del destino, in Italia in realtà i Cavalieri erano già tornati da un po'. Prima, nel 2000, Dynamic aveva ridoppiato i quattro film storici con nuove voci e un nuovo adattamento fedele all'originale sia nei nomi che nei contenuti. Poi, con una mossa a sorpresa, Mediaset a gennaio 2001 aveva ripreso a trasmettere la serie TV storica nientepopodimeno che su Italia 1 all'ora di pranzo. Contemporaneamente, Giochi Preziosi aveva lanciato una ristampa degli storici modellini con nuove confezioni.

Con Odeon TV o Italia 7 ormai quasi del tutto decadute, la trasmissione addirittura su una delle prime reti nazionali fu inizialmente vista come un regalo inaspettato, ma era una rosa che nascondeva parecchie spine. Priva della protezione offerta dall'essere in onda su reti "minori", la serie fu oggetto di pesantissime censure, con interi stralci di episodi completamente rimossi, lunghi fermo immagine di copertura e infinite scene alle quali venne applicato un filtro desaturante color seppia per nascondere la presenza del sangue. Mediaset se non altro mandò in onda anche i quattro film col il primo doppiaggio, in alcuni casi in prima visione TV anche se spezzettati su più giorni come se fossero normali episodi, ma questa riproposizione così maldestra allontanò rapidamente i fan storici e non seppe vincerne di nuovi, finendo mestamente relegata alla domenica mattina dopo un drastico calo di ascolti. Neanche i modellini andarono bene, privi del traino televisivo e qualitativamente pieni di pecche rispetto a quelli degli anni '80, mentre il ridoppiaggio Dynamic dei film fu accolto con freddezza o disinteresse.

I sostenitori dei Cavalieri però esistevano ancora, e l'uscita dei primi episodi della serie *Hades Sanctuary* in Giappone nel 2002 fu accolta con enorme entusiasmo. Si trattava, essenzialmente, dell'adattamento del primo e più emotivamente intenso dei tre archi della saga di Hades, con tredici episodi trasmessi al ritmo di due al mese. Nonostante un uso sperimentale di computer grafica, delle animazioni a volte ridotte all'osso e un Grande Tempio totalmente ridisegnato (in peggio), lo staff tecnico si fregiava ancora una volta della presenza di Araki-Himeno ai disegni, della colonna sonora di Yokoyama e della regia di Shigeyasu Yamauchi, già autore di alcuni tra gli episodi più apprezzati della serie storica. Inoltre, nonostante fosse trascorso più di un decennio, tutti i doppiatori giapponesi ancora in attività (o in vita) erano stati richiamati. Sparpagliata su quasi sei mesi, la serie fu un enorme successo e ancora oggi è considerata tra i migliori prodotti di *Saint Seiya* dai tempi della serie storica.

Ovviamente neanche Bandai rimase a guardare. Dopo aver provato invano a rilanciare i vecchi die-cast con dei nuovi personaggi, il colosso del giocattolo sfornò i primi esemplari di una nuova e fortunata serie di modellini che va avanti ancora oggi, per la gioia dei collezionisti di tutto il mondo e la sofferenza delle loro tasche: i *Saint Seiya Myth Cloth*. Personaggi più grandi, più posabili e più realistici, concepiti più come modelli da collezione che come giocattoli veri e propri.

SAINT SEIYA EPISODE G

Per sfruttare la scia dell'uscita dell'*Hades Sanctuary*, sempre a fine 2002 in Giappone venne lanciato il progetto di un nuovo manga di *Saint Seiya*, e con Kurumada impegnato altrove come vedremo tra poco, si decise di affidare per la prima volta la serie a un nuovo autore. Il manga in questione sarebbe stato uno spin-off, ovvero un progetto parallelo collocato in un altro momento storico della serie. Per la scelta dell'autore, Kurumada pose tre condizioni: doveva trattarsi di qualcuno in grado di disegnare bene le armature, con uno stile che esprimesse mascolinità e in grado di comprendere lo stile kurumadiano di realizzare manga. Probabilmente il memo con il secondo punto andò smarrito visto che alla fine la scelta ricadde su Megumu Okada, talentuoso autore con uno stile efebico e iperdettagliato che si era già distinto sulla sua opera *Shadow Skill* e da bambino era stato lettore e fan del *Saint Seiya* originale.

Nonostante le differenze con il suo stile fossero abissali, Kurumada rimase impressionato dai disegni di Okada, lodando la sua capacità di rendere le armature "*delle opere d'arte*" e la modernità del tratto. Il nuovo manga prese il nome *Saint Seiya Episode G*, dove la G era riferita ai *Gold Saint*, ovvero i Cavalieri d'Oro. Originariamente concepiti come semplici personaggi di supporto, seppur potenti e carismatici, i Cavalieri d'Oro erano diventati i preferiti tra i fan e si volle scommettere dedicando loro una serie autonoma, ambientata circa sette anni prima di quella classica. Tale ambientazione escludeva i protagonisti storici, e nonostante il titolo del manga mantenesse la dicitura *Saint Seiya*, Seiya stesso era pressoché assente al di fuori di un paio di piccoli camei. In questo senso fu un momento di cruciale importanza, che per la prima volta allontanò l'opera dalle avventure di un singolo personaggio e aprì le porte alla creazione di un *franchise*, un universo collegato in cui Pegasus non era più strettamente indispensabile. Grazie per quel che hai fatto per noi, ora siediti di là e lasciaci lavorare, da bravo.

Come protagonista principale Okada scelse Aioria del Leone, ritenendolo il più adatto caratterialmente e costruendo la storia attorno al suo rapporto con i parigrado e a una guerra contro i Titani, divinità ancestrali tornate a minacciare la terra per vendicarsi di Zeus. Una trama complessa e ambiziosa, che collocava i Cavalieri in un preciso momento storico – il 1979 (la serie storica era ambientata nel 1986) – e traeva ispirazione anche da opere di successo della cultura fantasy come *Harry Potter*. Con Kurumada ufficialmente nel ruolo del supervisore, Okada prese il timone di testi e disegni, ed *Episode G* esordì a novembre 2002, praticamente in contemporanea ai primi episodi dell'*Hades Sanctuary*, sulla rivista mensile *Champion Red*.

La scelta di *Champion Red* come contenitore fu importante per due ragioni. Da una parte, non si trattava di una classica rivista *shonen* ma *seinen*, ovvero i manga più maturi destinati a giovani adulti e non più ai ragazzini. Dall'altra, non si trattava di una rivista edita da Shueisha ma da Akita Shoten, altro colosso editoriale giapponese apertamente concorrente della precedente. Kurumada, a quanto pare, non aveva dimenticato i problemi avuti con Shueisha in passato, e pur collaborando ancora con loro per altri progetti aveva preferito spostare i Cavalieri altrove. Fu l'inizio di un'associazione che oltre vent'anni dopo dura ancora oggi.

NEL FRATTEMPO, IN ITALIA

Il grande ritorno di *Saint Seiya* non passò inosservato sulle nostre sponde. Come detto, già nel 2000 i fan italiani avevano avuto modo di rinfocolare la loro passione grazie alla trasmissione della serie TV su Italia 1, e nello stesso anno la casa editrice *Star Comics* ripropose nelle edicole il manga originale, per l'occasione totalmente ritradotto mantenendo termini e nomi giapponesi, la foliatura originale e persino l'impaginazione da destra verso sinistra. I tempi della Granata Press erano ormai lontani, e i lettori, resi più scaltri e consapevoli da editoriali e ricerche su internet, pretendevano fedeltà. Via termini come "cavaliere" o "armatura", al loro posto c'erano "*Saint*" e "*Cloth*", e purtroppo anche dialoghi in un italiano non più scorrevolissimo e con qualche traduzione errata qui e là che tanta confusione avrebbero generato in futuro. Solo il nome storico "I Cavalieri dello Zodiaco" sopravvisse, ma come sottotitolo in piccolo sotto la scritta *Saint Seiya*.

Più complicato si dimostrò però reagire subito alle novità che stavano arrivando dal Giappone. I fan, ormai riunitisi in tante piccole e grandi comunità nate sulla rete attorno ai primi forum erano ben informati su quel che stava accadendo e a pochi giorni dall'uscita in Giappone i nuovi episodi dell'*Hades Sanctuary* divennero disponibili online in versione pirata, registrata, condivisa e poi persino sottotitolata in italiano da gruppi di appassionati. Si chiedeva a gran voce il doppiaggio, anche se con una spaccatura tra chi voleva nuove voci e un adattamento fedele al giapponese – la fazione dei puristi – e chi desiderava il ritorno del cast storico e il mantenimento dei toni aulici – la fazione dei "girellari" dal nome della storica merendina Motta, o "diessini", da DS, abbreviazione di Doppiaggio Storico. A tal proposito, lo storico direttore del doppiaggio Enrico Carabelli era scomparso nel 1997, ma Ivo De Palma, voce di Pegasus, negli anni aveva instaurato un dialogo costante con i fan e ne sosteneva la campagna, anche se i toni tra le due fazioni non furono sempre cordiali.

L'ostacolo maggiore all'arrivo della nuova saga era economico. Al netto di alcune, sparute eccezioni, gli anime non sembravano più in grado di muovere grandi fette di pubblico, o almeno non nella versione rimaneggiata e censurata che veniva trasmessa sulle reti nazionali. Replicne successive della serie storica dei Cavalieri andavano sempre male negli ascolti, e c'era timore a investire nel doppiaggio di una nuova serie. Anche il merchandise stentava: Giochi Preziosi provò a importare i primi modellini della serie *Myth Cloth* ma per evitare infortuni alcuni pezzi necessitarono di essere smussati e arrotondati, scatenando le ire dei fan che non volevano modifiche e preferivano acquistare gli originali direttamente da siti web giapponesi nonostante il prezzo maggiorato. Alla base c'era una dissonanza: i *Myth Cloth* erano modellini per *collezionisti*, adulti che li avrebbero messi in posa in vetrina, mentre Giochi Preziosi aveva bisogno di *giocattoli* da vendere alle grandi masse. Andò male, e le importazioni vennero sospese, privando i canali TV di possibili partner commerciali che potessero condividere l'onere dei costi di doppiaggio.

Alla fine la saga di Hades riuscirà ad arrivare doppiata in italiano, sulla spinta di nuove logiche legate alla diffusione del digitale terrestre, ma solo nel 2008. Per quanto riguarda l'adattamento, i sostenitori del cast storico poterono festeggiare vittoria, con il ritorno della maggior parte degli interpreti della serie classica ma anche una maggior attenzione a evitare il ripetersi dello stesso doppiatore su più personaggi. De Palma si occupò personalmente della direzione, con la collaborazione di gruppi di fan che attraverso il suo forum privato potevano dire la loro, suggerire scelte di adattamento e in qualche caso persino assistere a sessioni di registrazione.

Per quanto riguarda *Episode G* invece, arrivò in Italia nel 2004, importato da Panini Comics per la sua crescente divisione *Planet Manga*. L'adattamento, curato da Gianluca

Bevere, mantenne la lettura da destra a sinistra e i nomi originali dei personaggi ma ripristinò l'uso di termini come Cavaliere e armatura, e in generale il lessico si mantenne su un registro alto e forbito, facilitato anche dai testi originali giapponesi in cui Okada aveva rivoluzionato il modo di esprimersi dei personaggi, curiosamente ora quanto mai vicini alla versione italiana dell'anime storico (no, checché se ne sia detto in giro la scelta non fu una risposta diretta all'adattamento italiano ma solo una felice coincidenza). I volumetti vennero però dimezzati, le pagine a colori su carta patinata stampate su carta opaca e poi convertite in bianco e nero per abbassare i costi. Anche la risposta del pubblico fu mista, divisa tra chi si appassionò alla storia e chi non riusciva a superare lo scoglio dei disegni o l'eccessiva presenza di Ioria.

LA CASA DELLA VERGINE: IL GIOCATTOLO SI ROMPE

IL TENKAI-HEN OVERTURE

Come detto in precedenza, al rilancio di *Saint Seiya* aveva partecipato ovviamente anche Kurumada, che nel 2000 aveva concluso *B't X* e si era rimesso all'opera sul suo primo amore *Ring ni Kakero*, lanciandone ufficialmente il seguito, intitolato *Ring ni Kakero 2* in un guizzo di creatività. Tornato alla Shueisha con la quale ne condivideva i diritti, Kurumada si era però spostato su una rivista bisettimanale, *Super Jump*, e non aveva alcuna intenzione di tornare ai folli ritmi lavorativi di un tempo. Nelle sue intenzioni, *Saint Seiya* sarebbe andato avanti direttamente in animazione, con una serie di saghe sotto la sua supervisione ambientate dopo la serie di Hades, e solo qualche sporadico capitolo cartaceo a fare da ponte.

In quanto detentrice dei diritti animati Toei era essenzialmente sulla stessa lunghezza d'onda, ma con una cruciale differenza: i nuovi episodi non sarebbero usciti *dopo* la fine della serie di Hades ma *prima*, sottoforma di lungometraggi cinematografici. Kurumada non era d'accordo, trovava insensato e confusionario far uscire i film mentre la serie di Hades era ancora in corso, ma si allineò comunque e diede una serie di indicazioni riguardo la trama del primo lungometraggio, intitolato *Tenkai-hen Jousou Overture* letteralmente "Preludio alla Saga dei Cieli". Nella sua visione, il film avrebbe avuto un'impostazione abbastanza classica, con il risveglio del comatoso Seiya e scontri per tutti i protagonisti, oltre alla comparsa di due nuove divinità, Artemide e Apollo, ad anticipare in futuro l'arrivo degli altri numi dell'Olimpo. Anche in questo caso Toei però la pensava diversamente: la loro intenzione era che il film uscisse a San Valentino (2004), una sorta di racconto romantico incentrato sul rapporto tra Seiya e Saori, con i combattimenti solo come elemento secondario.

Un altro nodo erano i doppiatori, argomento delicatissimo in Giappone dove i *seiyuu* sono praticamente delle celebrità. Kurumada non era convinto delle voci di due di loro e desiderava cambiarli, ma Toru Furuya, storico doppiatore di Seiya, si oppose, affermando che in caso di sostituzioni sarebbe andato via anche lui. Dal canto loro, Toei e Shueisha volevano cambiarli tutti, ma Kurumada non voleva rinunciare a Furuya, e così alla fine vennero mantenuti tutti. Una piccola vittoria che però non fece dimenticare all'autore come tutte le sue indicazioni di trama stessero venendo ignorate.

Si posson dire tante cose di Kurumada, ma questa volta aveva sostanzialmente ragione. Pur magistralmente diretto da Yamauchi che ne fece un racconto onirico e a tratti esistenziale, il *Tenkai-Hen Overture* che uscì al cinema il 14 febbraio 2004 fu un film molto lontano dallo spirito classico e passionale di *Saint Seiya*, privo di tutti gli elementi che avevano decretato il successo della serie storica. Soprattutto, per tanti fu un film noioso. Con tutti i protagonisti a parte Seiya quasi totalmente assenti, scontri ridotti all'osso e un finale in sospeso, il pubblico giapponese non gradì e gli incassi furono deludenti.

Quel che seguì fu una lamentela pubblica da parte di Kurumada, qualcosa di sorprendente per un paese rigido come il Giappone, dove da sempre i problemi di lavoro vengono affrontati solo in privato dietro le quinte. Attraverso il responsabile delle comunicazioni della sua società *Kurumada Pro*, l'autore sostanzialmente accusò Toei di averlo ignorato, di aver trovato il film noioso e di esserne rimasto deluso. La comunicazione fu poi prontamente rimossa, ma ormai il genio era uscito dalla lampada. Il *Tenkai-Hen Overture* venne praticamente rinnegato, Yamauchi sostanzialmente allontanato e tutti i piani per la successiva trilogia di film (*Tenkai-Hen Honsho - Saga dei Cieli - capitolo iniziale*; *Tentei-Hen - Capitolo dell'Imperatore Celeste* e infine *Jiku Crono-Hen – Capitolo di Crono*) furono definitivamente abbandonati.

E non sarebbe finita qui.

HADES MEIKAI E HADES ELYSION

Dopo la serie *Hades Sanctuary*, la saga del re degli inferi doveva proseguire con due capitoli aggiuntivi, chiamati *Meikai* ("Inferno") ed *Elysion* ("Elisio") che avrebbero definitivamente completato la trasposizione del fumetto originale. Trattandosi proprio della parte della storia tirata via in maniera più sbrigativa al tempo del manga originale, i fan speravano in un adattamento animato che espandesse e sistemasse le cose, ma la guerra tra Kurumada e Toei che seguì il *Tenkai-Hen Overture* fece crollare queste aspettative come un castello di carte.

Cosa sia esattamente successo è noto solo in parte, ma la produzione fu subappaltata alla compagnia Avex e venne stanziato un budget ridotto, praticamente sufficiente solo per potersi permettere ancora una volta i servigi della Araki Pro ai disegni. La storica coppia Araki-Himeno tornò quindi al timone, ma neppure loro poterono far nulla per ovviare alle gravi lacune di *storyboard* e regia. Qui in particolare Yamauchi venne sostituito da Tomoharu Katsumata, uomo di grande esperienza ma che non riteneva "importante il movimento", e infatti di movimento nelle nuove serie ce ne fu ben poco, con tantissimi piani a scorrimento e immagini statiche al limite del legnoso. Per di più, la nuova direzione ignorò tutto quanto fatto nell'*Hades Sanctuary*, ripristinando una fedeltà totale al manga che venne sostanzialmente quasi utilizzato come *storyboard*, ripetendo in alcuni casi persino la struttura a vignette delle tavole. Qualsiasi precedente modifica venne dimenticata, con i personaggi che si ritrovavano a citare eventi a volte neppure avvenuti perché presenti nel manga ma non negli episodi. Persino le intercalature e la colorazione ne risentirono, con fondali piatti e monotoni e frequenti grossolani errori di prospettiva o persino anatomia.

Un altro cambiamento importante riguardò i doppiatori. Si ripresentarono le pressioni della Toei da una parte per sostituire tutto il cast e di Furuya dall'altra per lasciarlo inalterato, ma stavolta alla fine Kurumada optò per il repulisti. Una scelta difficile, sia per la storica amicizia che lo legava al doppiatore di Seiya e sia per il timore che senza di lui non vi potesse essere un futuro animato.

Alla fine i capitoli *Meikai* ed *Elysion* uscirono in tre tranche da sei episodi ciascuna tra il 2005 e il 2008. Gli episodi del *Meikai* al ritmo di due al mese, quelli dell'*Elysion* sempre in coppia ma stavolta addirittura a due o persino tre mesi di distanza tra loro per cercare di migliorare il più possibile il prodotto.

Furono sforzi vani. Ancora oggi queste due saghe sono considerate il punto più basso di *Saint Seiya* in animazione e una triste fine per le avventure dei Cavalieri. Si trattò, tra l'altro, dell'ultima collaborazione di Shingo Araki alla serie. Lo storico animatore, da tempo malato, scomparve tre anni dopo a dicembre 2011.

LA CASA DELLA BILANCIA: GUERRA E PACE
NEXT DIMENSION E LOST CANVAS

Nel mezzo di tutte le vicissitudini animate, qualcosa si muoveva in ambito cartaceo. Dopo il tracollo del *Tenkai-Hen Overture*, nel 2006 Kurumada decise di riprendere le avventure di Seiya su fumetto e si rivolse ancora una volta alla Akita Shoten – che continuava a pubblicare *Episode G* – per il lancio di *due* nuove serie, che nei piani iniziali sarebbero dovute procedere di pari passo ed essere incastrate tra loro. Entrambe avrebbero raccontato gli eventi della guerra tra Atena e Hades del 1743, agendo quindi da prequel rispetto alla serie classica, ma una sarebbe stata scritta e disegnata da lui, pubblicata a colori e avrebbe mostrato gli eventi dal punto di vista di Dhoko della Bilancia e Shion dell'Ariete, mentre l'altra sarebbe stato un tradizionale manga settimanale che mostrasse gli eventi dal punto di vista del Cavaliere di Pegasus dell'epoca, di nome Tenma. Per questa seconda serie, Kurumada scelse una giovane disegnatrice di *doujinshi* dallo stile elegante ed espressivo di nome Shiori Teshirogi.

Entrambe le serie debuttarono nel 2006. Quella di Kurumada ad aprile col titolo *Saint Seiya: Next Dimension – The Myth of Hades*, e quella di Teshirogi ad agosto col titolo *Saint Seiya: The Lost Canvas – The Myth of Hades*. I titoli simili ne evidenziavano la somiglianza, resa chiara anche dalla presenza degli stessi personaggi: Dhoko, Shion, Tenma, e la precedente incarnazione di Hades di nome Alone. O almeno, così sembrava.

Per ragioni che non sono mai state del tutto chiarite, il percorso a braccetto di Next Dimension e Lost Canvas durò appena qualche settimana, poi divenne chiaro che le due serie non potevano essere compatibili, figuriamoci complementari. Troppo differenti gli eventi tra le due per poter essere conciliabili, con Cavalieri d'Oro diversi nel nome e nell'aspetto, e una storia che divergeva sempre di più. Tra le due, *Lost Canvas* fu sempre quella più regolare, con capitoli settimanali che solo in rarissime occasioni saltarono un'uscita, e toni drammatici, mentre *Next Dimension* si contraddistinse da subito per una pubblicazione aperiodica, capitoli a volte anche di sole nove pagine riuniti in *tranche* a volte distanti anni tra loro, e per una certa ironia di fondo. Quando le serie vennero distribuite all'estero i fan si spaccarono, con *Lost Canvas* tendenzialmente più popolare in Europa e *Next Dimension* di maggior successo in Asia e America Latina.

A complicare ulteriormente le cose, nel 2009 Kurumada annunciò sul suo blog di aver avuto una nuova idea, e sui capitoli del secondo numero di *Next Dimension* – pubblicato in Giappone nel 2010 a ben quattro anni di distanza dal lancio dell'opera – fecero la loro inaspettata comparsa Saori, Shun, Ikki e gli altri personaggi storici. Il *prequel* era improvvisamente diventato anche *sequel*, con le divinità dell'Olimpo e viaggi nel tempo per far tornare i protagonisti storici nel 1743 e salvare la vita di Seiya. Ciò tra l'altro ufficializzava *Next Dimension* come il passato canonico della serie storica, cosa relativamente poco importante in Giappone dove la *continuity* è da sempre vista con disinteresse, ma fonte di infinite diatribe e discussioni in occidente, dove viene considerata direttamente collegata al valore di un'opera.

LOST CANVAS DIVENTA ANIME

Che fosse canonico o meno, Kurumada comunque apprezzava *Lost Canvas* e con la fine della sfortunata produzione degli *OVA* della serie di Hades decise di tagliare definitivamente i ponti con la Toei e guardarsi attorno. Contattò personalmente diversi studi di produzione per proporre un adattamento di *Lost Canvas* e alla fine prese accordi con la TMS, altro colosso dell'animazione giapponese con la quale aveva collaborato in passato ai tempi di *B't X*. L'anime di *Lost Canvas* non sarebbe stato una serie TV ma anche in questo caso di *OVA*, che però avrebbero bypassato il passaggio televisivo e debuttato direttamente nel mercato dell'home video, con stagioni da tredici episodi rilasciati in coppie ogni due mesi (salvo l'ultima uscita, che ne contava tre).

La sceneggiatura e gestione della serie furono affidate a Yoshiyuki Suga, veterano della serie classica di *Saint Seiya* e già sceneggiatore di due mediometraggi e di tutti gli episodi delle saghe di Asgard e Nettuno, mentre per il *character design* fu arruolata Yuko Iwasa, oggi probabilmente nota soprattutto per il lavoro su serie di successo come *D.Gray-man* e *Dr.Stone*. Il suo stile era molto diverso da quello di Araki-Himeno, talmente tanto che persino Shiori Teshirogi rimase perplessa davanti ai primi bozzetti, ma allontanarsi il più possibile era una necessità. I diritti in mano a Kurumada e ora alla TMS infatti riguardavano il manga e i concetti principali di *Saint Seiya*, ma molti elementi grafici e cromatici – praticamente tutto ciò che l'anime storico aveva aggiunto – erano ancora proprietà intellettuale della Toei e non potevano essere utilizzati senza rischiare problemi legali.

L'anime di *Lost Canvas* debuttò a giugno 2009 e regalò ai fan una necessaria ventata di entusiasmo. Ottimamente animato – specie nella prima stagione – e con i fondali più belli che si fossero mai visti in una serie di *Saint Seiya*, adattava fedelmente il manga senza però copiarlo pedissequamente come fatto da *Meikai* ed *Elysion*, e pur non avendo graficamente l'eleganza e dinamismo di Araki-Himeno si fece apprezzare per regia e pathos. Gli episodi furono trasmessi anche in TV e poi venduti all'estero, dove vennero rapidamente sottotitolati o doppiati su canali a pagamento. Anche il manga andava bene: aveva superato le più rosee aspettative di Teshirogi – che temeva non sarebbe durato più di dieci volumi – e raggiunto già il quattordicesimo. Alla fine ne sarebbe durati ben venticinque, che sarebbero stati seguiti da altri diciassette volumi di *Extra*, storie autoconclusive dedicate ai vari Cavalieri d'Oro di quell'epoca, per un totale di oltre sette milioni di copie vendute nel mondo. Decisamente un grande successo per un semplice *spin-off* su licenza.

Sembravano esserci quindi tutti gli ingredienti per una storia a lieto fine, ma come spesso accade con *Saint Seiya* i problemi erano in agguato. La seconda stagione dell'anime di *Lost Canvas* venne completata con altri tredici episodi, ma la serie non fu rinnovata per una terza e finì per terminare monca, avendo adattato solo i primi undici volumi del fumetto. Le ragioni di questa cancellazione non vennero mai ufficialmente comunicate e ci si nascose dietro la scusa di aver completato il progetto come originariamente previsto, come se chiunque sano di mente potesse mai decidere di sospendere un prodotto di successo. Voci di corridoio parlarono di uno scarso riscontro economico causato dagli alti costi di produzione degli episodi – la cui qualità tecnica era effettivamente calata nella seconda stagione – scarse vendite dei due soli modellini Myth prodotti e soprattutto di una causa legale da parte della Toei contro la TMS per aver copiato alcuni elementi grafici dalla serie storica.

Ipotesi, quest'ultima, resa più plausibile sia dall'eventuale acquisizione di *Lost Canvas* da parte della Toei, che da quel che accadde in seguito.

ARRIVA SAINT SEIYA OMEGA

Nel 2012, appena sette mesi dopo la fine di *Lost Canvas*, Kurumada e la Toei decisero di seppellire l'ascia di guerra e tornare a collaborare. Erano passati ormai otto anni dal *Tenkai-Hen Overture* ed entrambi si erano probabilmente resi conto di aver più da perdere che da guadagnare da questa faida prolungata. Kurumada aveva bisogno del potere economico e di marketing della Toei, mentre Toei riteneva di poter ottenere ancora molto dal franchise di *Saint Seiya*. Come sempre i precisi accordi legali non vennero comunicati, ma Kurumada ottenne un maggior potere decisionale nei processi creativi, al punto che la sua approvazione ora non era più solo auspicabile ma del tutto necessaria.

Frutto di questa rinnovata collaborazione fu una nuova serie televisiva settimanale, la prima dai tempi della saga di Nettuno del *Saint Seiya* storico, che chiudeva le porte al passato per proiettarsi verso il futuro e provare a conquistare quei vecchi fan che, divenuti ormai genitori, avrebbero potuto vederla insieme ai loro figli. Tale serie prese il nome di *Saint Seiya Omega*, con la lettera greca utilizzata proprio per rimarcare la sua ambientazione in un distante futuro.

Non basata su alcun manga preesistente, *Saint Seiya Omega* venne creata e concepita attorno a un tavolo nel corso di varie riunioni alle quali partecipò anche Kurumada, sempre con un occhio di riguardo al marketing. Si decise di creare una nuova generazione di Cavalieri protagonisti, ma di far comparire anche i classici ormai cresciuti e divenuti leggende viventi in modo da accontentare i vecchi fan. Per collegare le due generazioni fu creato il personaggio di Ryuho, figlio di Shiryu e ShunRei e nuovo Cavaliere del Dragone (idea, questa, che sarebbe piaciuta talmente tanto a Kurumada da riprenderla in *Next Dimension*, che andava sempre, lentamente, avanti), mentre per cavalcare l'onda del successo di Naruto in occidente venne aggiunto un Cavaliere ninja di nome Haruto – che nelle idee iniziali avrebbe dovuto addirittura essere il protagonista, ma l'ipotesi fu poi scartata. Kurumada notò come nel cast storico fosse sempre mancata una presenza femminile e così venne creata Yuna dell'Aquila, un po' Hermione Granger e un po' giovane emancipata che alla sua prima apparizione rinnegherà l'atavica e maschilista legge della maschera.

Sul lato tecnico, la sceneggiatura venne affidata a Reiko Yoshida, il cui curriculum è più lungo delle scalinate del Grande Tempio, mentre per il *character design* fu scelto Yoshihiko Umakoshi, talentuoso allievo di Araki che in passato aveva lavorato alla serie *Hades Sanctuary* e in seguito collaborerà a praticamente qualsiasi progetto animato importante, facendosi un nome soprattutto come *character designer* di *My Hero Academia*. Umakoshi propose dei bozzetti di armature per i nuovi personaggi, ma i produttori decisero che il look classico delle corazze fosse ormai superato e, sull'onda del successo di serie come *Pretty Cure* le si sostituì con qualcosa di molto più simile a tute aderenti, che non venivano più portate in giro all'interno di pesanti scrigni ma si materializzavano da cristalli indossati come gioielli. Una scelta che mostrava di non capir nulla del pubblico di *Saint Seiya* e che sarebbe stata presa molto, molto male dai fan. In un bel momento di nostalgia, per doppiare un Seiya ormai cresciuto in Giappone venne richiamato Toru Furuya, e insieme a lui molti altri membri del cast storico.

Preceduto da una grossa campagna di marketing, *Saint Seiya Omega* debuttò nell'aprile 2012 su Asahi TV, lo stesso canale che ventisei anni prima aveva trasmesso la serie classica, con i fan di tutto il mondo impegnati a trovare siti di streaming con cui guardarlo in diretta. Il primo episodio evidenziò subito sia la maestria tecnica di Umakoshi che la caratterizzazione del nuovo protagonista, Koga, ma introdusse anche una serie di elementi che fecero storcere il naso ai fan storici, e che sarebbero stati confermati nelle puntate successive.

Il nuovo look delle armature, un design un po' troppo fanciullesco dei personaggi e scelte di marketing troppo smaccate o moderne portarono a numerose critiche, specie da parte dei fan di *Lost Canvas*, ancora feriti dalla sospensione della loro serie preferita e speranzosi che un fallimento di *Omega* magari potesse portare a un ripensamento, e da quelli dei Cavalieri d'Oro, che mal sopportavano di avere di nuovo giovani Cavalieri di Bronzo come protagonisti o, anatema, Gold Saint che non fossero tutti drammatici e carismatici. La messa in onda televisiva inoltre implicava nuove problematiche assenti ai tempi della serie storica, con il sangue ora mostrato il meno possibile per non turbare i giovani spettatori.

Molte delle critiche furono comunque più da parte dei fan stranieri che di quelli giapponesi, e nonostante tutto alla fine *Saint Seiya Omega* andò discretamente, durante due anni e novantasette episodi, il numero più alto di puntate dopo la serie classica, anche grazie a una seconda stagione che cambiò il tiro, ridisegnò le armature e aumentò il ruolo dei personaggi storici. Meno fortunato fu il cruciale aspetto commerciale, con tre soli modellini Myth, un videogioco per Playstation Vita e poco altro, il che rappresentò la delusione più grande per Toei e Bandai.

In retrospettiva fu una serie altalenante, con alcune delle cose più belle e coraggiose mai viste fino a quel momento su *Saint Seiya* – sia a livello tecnico che tematico – e anche alcune delle più brutte. Un'opera che ancora oggi divide il *fandom* e che portò a un nuovo cambiamento nelle strategie di Kurumada e della Toei, resisi conto di una lezione fondamentale: mirare ai bambini poteva anche andar bene come idea, ma quelli con i soldi da spendere erano i fan storici.

LA CASA DELLO SCORPIONE: L'ERA DEGLI SPIN-OFF

SAINT SEIYA SAINTIA SHO

Mentre *Saint Seiya Omega* andava avanti in televisione, i progetti cartacei non accennavano a rallentare, anzi aumentavano sempre più, al punto che i fan ormai facevano fatica a star dietro ai sempre più frequenti annunci e cambiamenti.

Lost Canvas aveva terminato la pubblicazione regolare nella primavera 2011, salvo ricominciare quasi subito dopo con i già citati *Extra*, prima sempre a ritmo settimanale e poi mensile, mentre *Episode G*, minato negli ultimi tempi da pause lunghe anche anni, durante le quali Okada si dedicava a progetti personali o a curare problemi di salute, si era concluso in maniera frettolosa e insoddisfacente nell'estate 2013. Kurumada in persona però chiese al non più tanto giovane autore di andare avanti, e così nel 2014 venne lanciato *Saint Seiya Episode G: Assassin*, seguito del precedente stavolta incentrato su Shura del Capricorno e ambientato nel futuro. Anche *Next Dimension* proseguiva, stabilizzatosi in qualche modo attorno a due volumi all'anno e rinfrescatosi con l'introduzione del Cavaliere d'Oro dell'Ofiuco, tredicesimo segno ispirato a un reale cambiamento dello zodiaco.

In questo panorama già abbastanza ricco quindi nessuno si aspettava nuovi annunci, ma invece fu proprio quel che accadde. Nell'estate 2013, poche settimane dopo la conclusione di *Episode G*, fu annunciato in sua sostituzione il lancio di un nuovo manga su *Saint Seiya*, sempre edito da Akita Shoten e pubblicato su *Champion Red*, che ormai rischiava di diventare quasi una rivista a tema. *Saint Seiya – Saintia Sho*, dell'autrice Chimaki Kuori, era l'ennesimo tentativo di espandere il franchise in una nuova direzione, stavolta più orientata al pubblico femminile. Venivano infatti introdotte le Saintia, ancelle guerriere incaricate sia di proteggere che di aver cura di Atena, con un nuovo team di protagoniste tutto al femminile.

Particolarità di *Saintia Sho* era l'essere un *midquel*, ovvero una serie parallela alla classica, con numerosi personaggi storici che di tanto in tanto facevano capolino per dare una mano o esser d'ostacolo. Questa scelta richiese una particolare attenzione a non ingarbugliare troppo la già poco considerata continuity, ma offrì in cambio la possibilità di sfruttare gli amati Cavalieri d'Oro classici, che nel caso di Milo dello Scorpione diventarono quasi coprotagonisti. Anche Saga di Gemini venne spremuto per bene come sorta di reincarnazione del dio Ares, mentre la nemica principale, Eris, era adattata direttamente dal primo mediometraggio animato storico. Anime e manga erano ormai un mix di elementi mischiati tra loro, a disposizione di chi volesse farne uso.

I fan, ormai disillusi dopo le vicissitudini degli ultimi anni e in parte falciati dalle continue, infinite discussioni che ultimamente li dividevano risposero inizialmente in maniera tiepida, ma pian piano lo stile classico ma affascinante dell'autrice e la presenza dei Cavalieri d'Oro storici attirò sia una fetta di appassionati di vecchio stampo che le tanto agognate nuove lettrici. Pur non raggiungendo mai le vendite di *Lost Canvas* o l'interesse di *Episode G*, *Saintia Sho* saprà ritagliarsi il suo spazio e i suoi sostenitori, durando ben sedici volumi.

LA LEGGENDA DEL GRANDE TEMPIO

In questo bailamme di serie che iniziavano e finivano, *Saint Seiya* si apprestava anche a tornare nei cinema per la prima volta dal *Tenkai-Hen Overture* con l'ennesimo nuovo progetto: un film totalmente in computer grafica, primo esperimento del *franchise* in questa direzione. In precedenza, i Cavalieri si erano sempre attenuti all'animazione tradizionale, con la CGI usata poco – e male – solo nei primi episodi dell'*Hades Sanctuary*.

Ma la grafica non era che una delle particolarità del nuovo progetto. Intitolato *Saint Seiya Legend of Sanctuary*, il film per la prima volta avrebbe raccontato una nuova versione delle avventure di Seiya e compagni, agendo essenzialmente da *reboot* o comunque ponendosi apertamente come un universo alternativo, che potesse essere immediatamente compreso anche da chi non avesse familiarità con la serie storica. Seppur non ammesso apertamente, lo scopo era far penetrare *Saint Seiya* nell'ambitissimo mercato nordamericano, ultimo grosso bacino commerciale che non aveva mai ceduto al fascino delle avventure dei Cavalieri, nonostante – o magari a causa di – diversi tentativi fatti negli anni di cui parleremo più avanti.

Diretto da Keiichi Sato, il cui curriculum aveva più esperienza come animatore che come regista, il film mirava a presentare i personaggi in una luce fresca e moderna, modificando – con il benestare di Kurumada – diversi elementi della serie storica, ma anche cercando di concentrare in appena novanta minuti l'intera saga delle Dodici Case. Un'impresa non da poco.

Rilasciato nell'estate 2014 in Giappone e nei due anni successivi nel resto del mondo (l'uscita in Cina è addirittura del 2016), il film risultò deludente, ricevendo più critiche che lodi sia per i design troppo diversi del comparto grafico e sia per i cambiamenti alla trama e alle caratterizzazioni dei personaggi. Alcune modifiche in realtà funzionarono, in particolare la resa di Saori come figura più forte e indipendente che decide di partecipare alla scalata nonostante la ferita della freccia, altre molto meno, evidenziando un problema con il quale *Saint Seiya* si troverà spesso a dover fare i conti: il fatto che la parte più amata della serie annoveri, tra protagonisti e antagonisti, ben diciotto personaggi principali. Un numero decisamente ingestibile senza almeno una mezza dozzina di ore a disposizione a meno di non ridurre la maggior parte di loro a semplici camei, cosa però destinata a scatenare inevitabilmente le ire dei fan.

Fallimentare anche dal punto di vista commerciale con due soli modellini e pochissimo altro, alla fine dei conti *Legend of Sanctuary* riuscì a incassare circa ventitré milioni di dollari ed ebbe se non altro il pregio di portare per la prima volta al cinema anche i fan italiani dei Cavalieri, ma venne poi rapidamente messo da parte e ancora oggi è tra i prodotti meno considerati del *franchise*. Un netto contrasto col prossimo, che sarà invece tra i più remunerativi di tutti.

SAINT SEIYA SOUL OF GOLD

Ormai sembrava non potesse passare un anno senza che venisse annunciata un'altra serie di *Saint Seiya*, e così nessuno rimase particolarmente stupito dall'annuncio dell'ennesimo nuovo anime, stavolta previsto per la primavera 2015. Intitolato *Saint Seiya: Soul of Gold*, si sarebbe rivelato essere il progetto di gran lunga più commerciale di tutti, nonché quello in cui Toei dimostrava di aver finalmente imparato dagli errori del passato.

Memori della lezione di *Saint Seiya Omega*, i produttori decisero di non impelagarsi in una serie televisiva settimanale ma di tornare al formato *OVA*, sfruttando per la prima volta a pieno le potenzialità di internet e dello streaming. La nuova serie avrebbe contato appena tredici episodi, rilasciati al ritmo di uno ogni due settimane in contemporanea mondiale, con la sola traccia audio giapponese e sottotitoli in tutte le lingue. Così facendo, in un colpo solo si risparmiavano i costi del doppiaggio e limitava al massimo la pirateria, fornendo legalmente agli appassionati varie piattaforme su cui seguire gli episodi. Le ragioni di tanta generosità sono presto dette: *Saint Seiya: Soul of Gold* era essenzialmente una lunga vetrina pubblicitaria per promuovere nuovi modellini, attorno ai quali tutta la storia si reggeva tenuamente in piedi. E quali personaggi migliori per attirare il pubblico se non gli amatissimi Cavalieri d'Oro classici?

Assenti in animazione dai tempi della serie di Hades, i *Gold Saint* furono così riportati letteralmente e figurativamente in vita in una saga ambientata pochi minuti dopo la loro presunta scomparsa, che li vide trasportati ad Asgard per affrontare la minaccia di Loki e di nuovi Cavalieri del Nord. L'idea di riprendere Asgard fu sostanzialmente una necessità, visto che con soli tredici episodi a disposizione il tempo per introdurre una nuova ambientazione sarebbe stato ridotto all'osso, e quel poco che c'era andava utilizzato per mettere in mostra il prodotto da pubblicizzare: le armature divine dei Cavalieri d'Oro.

Introdotte alla fine della serie di Hades, le armature divine erano la versione più potente delle *Cloth* dei protagonisti, e l'idea di crearne altre dodici per i personaggi più amati – e poi venderne i modellini Myth – era troppo ghiotta per lasciarsela scappare. Pur non immediatamente dichiarato come tale, l'autore dei design fu Megumu Okada di *Episode G*, entrato nel frattempo a far parte di una nuova entità decisionale in seno a Toei responsabile di tutte le produzioni *Saint Seiya* chiamata *Saint Seiya Production Committee*. Il character design fu invece affidato a Hideyuki Motohashi, mentre per la regia venne reclutato Jooji Furuta, che si ritrovò tra le mani la patata bollente di gestire dodici Cavalieri d'Oro, fargli fare bella figura per non rischiare di indispettire i fan e giustificare nel contempo la necessità delle armature d'oro divine.

Il risultato fu una serie dalla trama fragile e condensatissima, con nuovi Cavalieri di Asgard che necessitavano di spinte di ogni tipo per poter competere con i Cavalieri d'Oro e scontri brevissimi solitamente risolti dalla temporanea apparizione dell'armatura divina. A protagonista venne eletto ancora una volta Aioria, e si fece il possibile per approfondire un po' ognuno dei dodici, in particolare con un arco di redenzione per DeathMask del Cancro e l'ennesimo dramma personale di Camus dell'Acquario, ma per essere davvero soddisfacente la serie avrebbe necessitato del triplo degli episodi e di un budget più alto. Le puntate, spesso completate appena poche ore prima della messa in onda, avevano in alcuni casi disegni talmente brutti e abbozzati che nella successiva edizione home video necessitarono di venir completamente rifatti.

Poco importò comunque: la serie era una vetrina e come tale funzionò più che bene. I fan dei Cavalieri d'Oro, gasati dal vedere i loro personaggi preferiti al centro della scena, risposero con entusiasmo e alla fine vennero prodotti e venduti ben quattordici modellini

Myth – i protagonisti con le armature divine, Ioria con l'armatura di Odino e l'antagonista Loki. Un risultato migliore di *Omega*, *Lost Canvas* e *Legend of Sanctuary* messi insieme.

SAINTIA SHO SI UNISCE ALLA FESTA

Dopo *Soul of Gold*, i progetti animati di *Saint Seiya* si presero finalmente una pausa di qualche anno, presumibilmente mirata a dare il tempo a Bandai di produrre e mettere in commercio tutti i nuovi Myth, ma forse anche a permettere ai fan di staccare un po'. Le continue produzioni e gli spin-off infiniti avevano procurato una certa stanchezza, e fette sempre più numerose di appassionati si erano allontanate senza che si riuscisse a sostituirle adeguatamente con nuove leve. Chi a metà anni novanta aveva pregato per un ritorno dei Cavalieri ora auspicava una pausa, o in qualche caso addirittura una conclusione definitiva.

Ma come dimostrato dai grafici periodici Toei *Saint Seiya* vendeva ancora abbastanza bene, specie a livello globale, e non c'era alcuna intenzione di fermarsi, anzi. Su carta, proseguivano *Next Dimension*, *Episode G: Assassin*, *Lost Canvas Extra* e *Saintia Sho*, e proprio su quest'ultima si decise di puntare nel 2018 per una nuova serie animata. Seguendo la lezione di *Soul of Gold* si puntò ancora una volta sulle dirette streaming in contemporanea mondiale, ma con un'ulteriore riduzione di episodi che da tredici scendevano a soli dieci. Ovviamente un numero troppo esiguo per adattare un manga intero, così ci si concentrò sul primo arco narrativo, che venne comunque pesantemente modificato.

Se la regia del nuovo anime fu affidata all'esperienza di Masato Tamagawa, per il *character design* si puntò sull'innovazione e venne scelta Ayana Nishino, giovane animatrice che aveva collaborato a *Omega* e in maniera più estesa a *Soul of Gold* progettando il design dei nuovi Cavalieri di Asgard, e soprattutto si era fatta conoscere tra i fan pubblicando in proprio quattro libretti di illustrazioni – gli *Outerspace* – che la vedevano all'opera sui personaggi della serie classica, Omega e Soul of Gold stesso, con uno stile che ricordava incredibilmente quello Araki-Himeno, ancora oggi cartina tornasole contro la quale vengono paragonati tutti i nuovi prodotti. Come con Okada e Teshirogi, i vecchi fan erano cresciuti e ora si trovavano al timone.

I produttori di *Saintia Sho* si trovarono davanti a una scelta difficile: il manga seguiva strettamente la *continuity* dell'opera di Kurumada, e i personaggi classici che vi apparivano avevano quindi il design originale, non quello creato in seguito da Araki-Himeno per la Toei. All'inizio si valutò la possibilità di sdoganare per la prima volta in animazione il look kurumadiano, e nelle prime illustrazioni promozionali alle spalle di Sho c'erano un Milo dello Scorpione biondo o Seiya con il diadema al posto dell'elmo chiuso, ma la risposta dei fan su negativa e la produzione tornò rapidamente sui suoi passi, ripristinando il look animato storico con un'unica differenza: sotto le armature, i Cavalieri d'Oro indossavano abiti bianchi anziché scuri. Potrà sembrare una sciocchezza – e in effetti lo è – ma all'uscita dell'anime si cercò di far leva su questo dettaglio per mettere in commercio versioni ricolorate dei Myth dei Cavalieri d'Oro classici sperando che i fan più completisti le acquistassero come fatto con le armature d'oro divine. A quanto pare però anche gli appassionati più sfegatati hanno dei limiti, e il progetto venne abortito dopo due soli modellini, che si sommarono a due personaggi originali e mezzo.

Non fu l'unico problema. Il budget ridottissimo e i tempi di produzione ristretti sacrificarono i bei primi piani di Nishino affiancandoli con intercalazioni abbozzate e deformi, e animazioni spesso inesistenti come ai tempi di *Hades Meikai*. Le prime vennero parzialmente corrette per l'uscita in home video, ma per le seconde non ci fu nulla da fare. La trama invece, trascinata in troppe direzioni diverse dalle esigenze commerciali, si rivelò un pastrocchio che dava quasi più spazio ai personaggi storici che a Sho e alle altre Saintia, con l'ultima di loro – Elda di Cassiopea – praticamente intravista appena nelle ultime due puntate. Inoltre, pur avendo il design dell'anime storico, seguiva la linea temporale del manga di Kurumada, generando confusione tra chi non aveva familiarità con entrambe le versioni.

Alla fine anche l'anime di *Saintia Sho* fu quindi fallimentare, e nonostante l'ultimo episodio seminasse le basi per una seconda stagione, non se ne fece più niente. Al momento in cui scrivo, rimane l'ultima serie animata tradizionale prodotta su *Saint Seiya*, anche se decisamente non l'ultima in assoluto, come vedremo.

LA CASA DEL SAGITTARIO: SAINT SEIYA ALLA CONQUISTA DEL MONDO

UN SUCCESSO QUASI PLANETARIO

Quando nel 1986 Kurumada pubblicò quel fatidico primo capitolo di *Saint Seiya*, di certo non avrebbe mai potuto immaginare cosa si sarebbe scatenato. Spinta soprattutto dall'anime, la serie superò rapidamente i confini giapponesi, immettendosi con prepotenza in una fase storica in cui le produzioni nipponiche venivano esportate con successo nel resto del mondo grazie ad accordi commerciali sempre più frequenti, ma in cui i produttori non erano ancora così consapevoli del valore di quel che avevano in mano da farle costare cifre esorbitanti. Questa "tempesta perfetta" favorì la diffusione di tantissime serie di successo, tra cui ovviamente *Saint Seiya*.

Come abbiamo già avuto modo di vedere, il primo paese a ricevere le avventure di Seiya e compagni fu la Francia, che praticamente creò il titolo Cavalieri dello Zodiaco e iniziò a trasmettere gli episodi nell'aprile del 1988. Da lì, la serie conquistò i paesi francofoni limitrofi, ovvero la Svizzera – diffondendosi gradualmente nei quattro cantoni – e il Belgio, ancora oggi patria di tantissimi appassionati. Per dare l'idea del successo in Francia, basta pensare che il regista Louis Leterrier nel 2010 ha dichiarato di aver basato le armature indossate dagli dei nel suo film *Scontro tra Titani* proprio sui ricordi dell'adorata serie d'infanzia. Nel 1990 fu poi il turno dell'Italia, a marzo, e della Spagna, a luglio, con il titolo *Los Caballeros del Zodiaco*, anche se solo per ventisei episodi (gli altri arriveranno nel 1991 attraverso Telecinco). Nel 1992 toccò al Portogallo, dove venne tradotta come *Os Cavaleiros do Zodíaco*.

Le trasmissioni in Spagna e Portogallo furono cruciali perché portarono al doppiaggio dell'anime in spagnolo e portoghese, che coincidentalmente sono anche le lingue nazionali di quasi tutti i paesi dell'America Latina. Il 1994 vide i Cavalieri debuttare in Messico e Brasile, mentre la Colombia li avrebbe ricevuti l'anno successivo, e poco dopo sarebbe stato il turno anche di Argentina, Cile e Perù. In Messico e Brasile in particolare i Cavalieri ebbero un successo strepitoso, con migliaia di prodotti derivati venduti e persino negozi appositi al cui interno era installato uno schermo che ogni giorno trasmetteva gli episodi. In Messico, i quattro film furono proiettati nei cinema più importanti del paese, con il terzo che rimase nelle sale per ben cinque mesi e fece enormi incassi.

Interrogato sul successo della sua opera nel mondo, Kurumada ipotizzò che lo spirito di sacrificio dei Cavalieri probabilmente risultava particolarmente toccante per le culture occidentali più individualiste. Non sappiamo se sia davvero così ma la serie spopolò anche nel resto dell'Asia, approdando prima ad Hong Kong nel 1990, dove riuscì a ritagliarsi una grossa fetta di pubblico nonostante l'orario di trasmissione delle 23.45. Questo successo portò anche la Cina e Taiwan a comprare l'anime e trasmetterlo nel 1991, poi fu il turno di Malesia, Brunei, Indonesia e Tailandia.

Entro la prima metà degli anni novanta insomma tutto il mondo conosceva e amava *Saint Seiya*, con una sola, grossa eccezione.

LO SCOGLIO AMERICANO

Se i paesi francofoni, latini e asiatici accolsero *Saint Seiya* a braccia aperte, lo stesso non si poté dire di quelli anglofoni. Le ragioni furono molteplici, sia economiche che culturali, trattandosi di paesi con una forte tradizione di produzioni interne e con un diverso concetto di cosa fosse consono mostrare ai bambini. D'altra parte il ricco mercato statunitense era troppo ghiotto per lasciarselo scappare, e così Bandai provò più volte a proporre la serie, mostrandosi disponibile a qualsiasi compromesso.

Il primo tentativo – rimasto sconosciuto fino alla primavera 2023 quando una youtuber ne ha scoperto le tracce nella libreria del congresso americano durante la preparazione di un documentario su *Saint Seiya* – fu addirittura un totale rifacimento, una serie tutta nuova intitolata *Guardians of the Cosmos* che dei nostri Cavalieri riprendeva solo vagamente l'aspetto estetico e qualche idea di fondo come la presenza di Atena e delle armature. Ne venne prodotto solo l'episodio pilota, ambientato in un'America del prossimo futuro con motociclette volanti e pistole a raggi, il Grande Sacerdote trasformato nel dio Apollo ma anche ridotto a cattivo da pantomima, che si sbraccia e si infuria davanti al monitor che mostra i combattimenti dei suoi sicari. Creato nel 1994 con uno stile di disegno simile a *Scuola di Polizia*, *Guardians* non venne acquistato da nessun network e finì mestamente nel dimenticatoio.

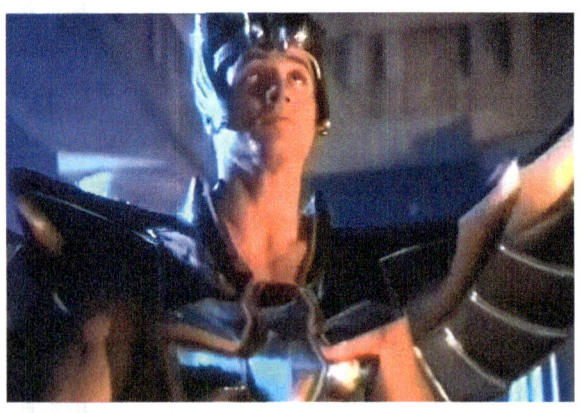

Sempre nel 1994 si tentò allora l'approccio *live action*, probabilmente per cavalcare l'onda dei *Power Rangers* che proprio in quel periodo stavano spopolando e il cui successo avrebbe portato alla creazione di numerosi cloni. Intitolato *StarStorm*, questo tentativo di telefilm aveva un cast misto, con Seiya palesemente americano, l'attore asiatico Eddie Mui nei panno di Shiryu, il ballerino e attore afroamericano Gabriel Corbin per Ikki, una ragazza - Christa Sauls - nei panni di Shun (non sarebbe stata l'ultima...), e armature fedelissime a quelle delle saghe di Asgard e Poseidone. Il nemico era invece un pacchianissimo DeathMask del Cancro, con scettro del potere e pancia scoperta. Dopo aver assistito all'episodio pilota di quindici minuti, Kurumada avrebbe dichiarato che non rispettava lo spirito originale della serie, ma ancora oggi non si sa per certo se sia stato lui a bloccarlo sul nascere o se anche in questo caso semplicemente non si fosse riusciti a trovare un canale interessato a finanziare il progetto.

Falliti questi due tentativi si provò di nuovo a far entrare i Cavalieri in America nel 2003, stavolta attraverso un più tradizionale processo di importazione e trasmissione. Nel decennio precedente i grandi successi di *Dragon Ball*, *Sailor Moon* e persino dei *Cinque Samurai* erano infatti riusciti a sdoganare gli anime negli Stati Uniti, e la speranza era che *Saint Seiya* potesse tardivamente ottenere anche qui il successo visto nel resto del mondo.

La serie venne inizialmente data in licenza a *Dic Entertaintment*, col titolo *Knights of the Zodiac*, ma venne falciata da una serie di censure talmente pesanti che a confronto persino Italia 1 sarebbe impallidita, da un processo di localizzazione estremo (celebri gli *slang* da surfista messi in bocca a Hyoga del Cigno) e persino dal cambiamento della colonna sonora. Come prevedibile, fu un flop e solo i primi quaranta episodi vennero doppiati e trasmessi su Cartoon Network negli Stati Uniti e su YTV in Canada. Per aggiungere il danno alla beffa, molti spettatori criticarono la serie accusandola di aver copiato i *Cinque Samurai*, che in Giappone erano stati creati come clone di *Saint Seiya* ma in America erano effettivamente arrivati prima.

A quel punto i diritti passarono ad *ADV Films*, che sempre nel 2003 pensò bene di pubblicare i DVD in doppia versione, una con la traccia audio DIC e relative censure, e una integrale con audio giapponese sottotitolato e anche un nuovo doppiaggio più fedele all'originale. Ciò generò una gran confusione e anche questa versione finì per essere sospesa, stavolta dopo sessanta episodi. Andò meglio al manga, pubblicato interamente in inglese da *Viz* dal 2004 in poi, ma fu solo nel 2014 che finalmente *New Video* propose integralmente i primi settantatré episodi, ovvero la saga del Grande Tempio, e comunque solo con audio originale sottotitolato in inglese.

Il riscontro, anche in questo caso, fu tiepido. La grafica della serie iniziava ormai a mostrare i segni dell'età, e quelle caratterizzazioni che erano state tanto significative e avveniristiche negli anni '80 ora apparivano crude e antiquate a un pubblico cresciuto a pane, *Naruto* e *One Piece*. I Cavalieri avevano bisogno di una svecchiata, e nel bene o nel male questo è proprio quello che avrebbero ricevuto.

KNIGHTS OF THE ZODIAC E LA QUESTIONE SHAUN

Tenace come solo chi fiuta un grosso guadagno può essere, Toei non rinunciò alla conquista del mercato americano e nel 2016 tornò alla carica con un nuovo ambizioso progetto, stavolta in collaborazione col gigante Netflix: un *reboot* totale della serie, in computer grafica e con una nuova sceneggiatura solo parzialmente aderente a quella storica, con trasmissione in streaming a pagamento esclusiva.

Intitolata *Knights of the Zodiac: Saint Seiya* per far contenti tutti, la serie ricevette un budget relativamente alto ed entrò in un lungo periodo di pre-produzione, in parte legato alle complicazioni dell'animazione digitale e in parte per permettere al nuovo sceneggiatore Eugene Son di svecchiare la prima parte della storia, storicamente la più debole con l'arco dei Cavalieri Neri, ma anche necessaria per evitare gli errori visti in *Legend of Sanctuary*. Si decise di inserire i Cavalieri in un contesto più moderno, di ridurre la violenza grafica per non incorrere nel rischio di una classificazione PG13 che avrebbe allontanato gli spettatori più giovani, di eliminare alcuni degli elementi più arcaici e sessisti della vecchia serie come la maschera delle sacerdotesse. E, crucialmente, di convertire Shun di Andromeda in una donna.

L'assenza di una figura femminile tra i protagonisti è qualcosa che aveva afflitto *Saint Seiya* praticamente dall'inizio, finendo per ritorcersi contro la pur buona intenzione iniziale di Kurumada che nell'adattare il classico quintetto di protagonisti di una serie giapponese aveva sostituito la classica donna del gruppo – quasi sempre donzella da salvare – con Shun, personaggio delicato e pacifista che l'anime classico avrebbe poi ulteriormente enfatizzato. Per gli stereotipi degli anni '80 era un bel passo avanti, ma il passare dei decenni aveva introdotto sempre più figure femminili protagoniste nel cinema o nell'animazione, e per contrasto fatto risaltare l'assenza di qualcosa del genere tra i Cavalieri, serie in cui c'erano sì donne guerriere come Shaina o Marin, ma mai di primo piano né tra i protagonisti né tra gli avversari. Ciò aveva spinto Kurumada stesso a insistere per avere una donna nel cast principale di *Saint Seiya Omega*, portando a creare il personaggio di Yuna.

Anche il *gender swap* non era nulla di nuovo in Saint Seiya. Già *Legend of Sanctuary* aveva cambiato il sesso del Cavaliere dello Scorpione, divenuto una focosa rossa, ma quel film era stato giudicato dai fan più un incidente di percorso fine a se stesso che un nuovo punto di riferimento, e comunque Scorpio non era Shun, personaggio la cui caratterizzazione è considerata tuttora da molti come la rappresentazione di un modo diverso e meno stereotipato o tossico di poter essere uomini. Probabilmente la cosa più saggia sarebbe stata aggiungere una sesta protagonista, cambiare il sesso di un protagonista meno simbolico come Shiryu o Ikki, o semplicemente abbandonare l'idea, ma Son e i produttori, pur dichiarando di apprezzare il significato di Shun, andarono avanti per la loro strada e crearono Shaun, assicurandosi l'ostilità dei fan, già poco propensi all'idea di un reboot.

Pur subissata da critiche così feroci da costringere Son a chiudere per un po' il suo profilo su Twitter, la produzione andò avanti e la serie debuttò con i primi sei episodi – metà della prima stagione – nel luglio 2019. Una nuova sigla, nuovi nomi – almeno fuori dal Giappone – e una prima parte di storia totalmente riscritta con l'introduzione di Guraad, mercante d'armi e scienziato che teme la minaccia che Atena può rappresentare per gli esseri umani e crea i Cavalieri Neri per ucciderla. Una trama moderna ma non particolarmente ispirata che portò all'ennesima ricezione fredda da parte dei fan, ma che almeno servì a far finalmente conoscere per bene il *franchise* in America. Per l'occasione infatti sempre Netflix nel 2019 fece ridoppiare la serie animata storica dal cast di *Knights* (con le dovute modifiche per Shun) e per la prima volta vennero presentati in inglese tutti i centoquattordici episodi fino alla fine della saga di Nettuno.

La seconda metà della prima stagione di *Knights* venne pubblicata a inizio 2020, con la conclusione dell'arco di Guraad e una versione molto compressa di quello dei Cavalieri d'Argento. Complice anche la pandemia seguirono due anni di pausa, durante i quali Son e i produttori ammisero lo sbaglio fatto con Shaun e abbandonarono i piani originali di cambiare anche il sesso di Aphrodite dei Pesci. In preda a problemi economici, Netflix abbandonò il suo ruolo nella produzione, ma la seconda stagione venne comunque creata e trasmessa nell'estate 2022 sul portale *Crunchyroll*, adattando la prima parte della saga delle Dodici Case e ricevendo in generale commenti molto più positivi. Al momento in cui scrivo, la terza stagione è in programma per il 2024 e l'intenzione dichiarata è di adattare tutta la serie classica e *Next Dimension*.

LA CASA DEL CAPRICORNO: ESPLODE IL MULTIVERSO
EPISODE G: ASSASSIN E EPISODE G: REQUIEM

Knights of the Zodiac può essere stata la prima opera a porsi apertamente in una realtà palesemente alternativa alla serie classica, ma con l'universo di Saint Seiya in continua espansione il passaggio a un *multiverso* stile comics americani è sempre stato solo questione di tempo. Già nel secondo volume di *Next Dimension*, il dio Chronos mostrava a Shun e Saori infinite nebulose, affermando che ognuna di esse corrispondeva al passaggio per un universo alternativo, cosa che al tempo fu interpretata come un tentativo di giustificare l'esistenza contemporanea di *Next Dimension* e *Lost Canvas*, e col senno di poi anche *Legend of Sanctuary* può essere visto come avente luogo in un mondo parallelo. A introdurre però ufficialmente il multiverso è stato Megumu Okada in *Episode G: Assassin*, seguito dell'Episodio G originale.

Manga dalla storia complessa e a tratti contorta, *Assassin* vede il giovane Shura di *Episode G* proiettare essenzialmente una copia di sé nel futuro, in un'epoca che corrisponde più o meno al presente di noi lettori. Qui Shura vive numerose avventure in compagnia dei cinque protagonisti storici, nel frattempo cresciuti e diventati Cavalieri d'Oro, uomini in carriera e, nel caso di Sirio, padri. I loro nemici sono i misteriosi Gladiatori, che verso metà opera scopriremo essere sotto il comando dell'Aioros del Sagittario di un'apocalittica realtà alternativa in cui il Grande Tempio è stato sterminato da Zeus e lui è l'unico sopravvissuto. Riportato in vita in questo luogo chiamato Mondo Perduto, Dhoko della Bilancia spiega espressamente a Sirio che esistono infiniti mondi paralleli, un discorso che di fatto sembra un tentativo di incorporare le ormai numerose realtà introdotte dai tanti spin-off nel corso degli anni.

Pubblicato direttamente a colori sul web prima che in volumetto, *Assassin* andò avanti dal 2014 al 2019, terminando con un potentissimo Shura che diventa una specie di guardiano delle dimensioni, destinato a viaggiare da un universo all'altro e combattere nel nome di Atena. In questa veste lo ritroviamo occasionalmente nel seguito di *Assassin* intitolato *Episode G: Requiem*, attualmente ancora in corso in Giappone con lo stesso metodo di pubblicazione del predecessore. Capitolo finale di quella che tra i fan viene chiamata la trilogia di Okada, *Requiem* cala ancora di più la mano sul multiverso, con scene profondamente simboliche come tutti i Cavalieri d'Oro delle varie dimensioni che inviano i loro cosmi e parte delle loro armature a Seiya intonando le parole di *Pegasus Fantasy*, storica sigla giapponese del vecchio anime.

Tra riferimenti che omaggiano altre opere e battute meta, *Saint Seiya* ha insomma abbracciato pienamente la sua natura di franchise.

HERO OF HEROES E DARK WING

La formalizzazione del multiverso in *Assassin* non fu che il compimento di un processo diventato via via più palese nel corso degli anni. Nel 2013, persino prima di *Legend of Sanctuary*, aveva debuttato un bizzarro progetto intitolato *Kurumada Suikoden - Hero of Heroes*, formalmente una sorta di omaggio ai quarant'anni di carriera di Masami Kurumada. Scritto e disegnato da un'autrice di nome Yun Koga (pseudonimo di Risa Yamada, con alle spalle quasi quarant'anni di carriera e diverse serie proprie), *Hero of Heroes* fu di fatto un crossover tra i personaggi dei vari manga di successo di Kurumada, con i Cavalieri fianco a fianco con i ninja di *Fuma no Kojiro* o i pugili di *Ring ni Kakero* contro numerosi nemici ripescati a loro volta dalle varie opere, e capitoli che pur provando ad abbozzare una trama di sorta si riducevano alla fine a incontri omaggio e rapidi combattimenti. Il fatto che i personaggi di Kurumada avessero peraltro storicamente fattezze molto simili tra loro non aiutava a distinguerli all'interno della storia.

Hero of Heroes si collocava tecnicamente tra la fine della serie di Hades e l'inizio di *Next Dimension*, ma la ripresa totalmente casuale di vecchi personaggi rendeva evidente che la serie non si potesse inserire all'interno della linea temporale principale. Dopo essere andato avanti per un po' con capitoli mensili regolari e aver pubblicato persino il primo volume, Hero andò in pausa nel 2016, salvo tornare con un brevissimo capitolo speciale di due sole pagine nel 2020 nel quale Yun Koga dichiarava di voler portare a compimento la storia. Desiderio che non sembra essersi avverato visto che, pur non essendo mai stato ufficialmente cancellato, del manga non si è più visto niente da allora.

Nel 2016 fu poi il turno di *Saint Seiya Golden Age*, romanzo celebrativo dei trent'anni di Saint Seiya con una struttura che omaggiava i quattro vecchi film storici e la particolarità di essere realizzato a otto mani da tutti gli autori degli spin-off. Testi e alcune illustrazioni di Okada, una parte a fumetto di Teshirogi – che per la prima volta disegnava in azione i personaggi classici dopo averli occasionalmente mostrati in *Lost Canvas* – e illustrazioni di Kuori e appunto Yun Koga. *Golden Age* è stato il secondo romanzo ufficiale di Saint Seiya, dopo i due volumi della *Gigantomachia*, pubblicati addirittura nel 2002 con una struttura più classica di solo testo. Per chi morisse dalla voglia di saperlo, sia *Hero of Heroes* che *Golden Age* sono inediti in Italia, mentre *Gigantomachia* è stato pubblicato nel 2008 da Kappa Edizioni.

Se *Gigantomachia*, *Golden Age* e a modo suo persino *Hero of Heroes* almeno provavano a incastrarsi in qualche modo nella continuity, lo stesso non si può dire di *Saint Seiya: Meio Iden - Dark Wing*, ennesima nuova serie ad aver debuttato su *Champion Red*, stavolta a dicembre 2020. Attualmente ancora in corso, *Dark Wing* è apertamente ambientato in un universo alternativo in cui la maggior parte dei Cavalieri d'Oro e Spectre di Hades sono studenti di una scuola speciale e vivono le loro avventure parallelamente a situazioni più ironiche e quotidiane. Manga dal taglio palesemente meno serio e drammatico, *Dark Wing* ha come unico personaggio storico Aioros del Sagittario, che curiosamente prima di morire ha una visione della storia "corretta", suggerendo che quest'universo sia consapevole di essere alternativo e possa almeno in qualche modo collegarsi a quello principale. *Dark Wing* ha testi di Kenji Saito e disegni di Shinshu Ueda, mangaka presso cui Shiori Teshirogi – che di tanto in tanto collabora alla serie – ha debuttato come assistente all'inizio della sua carriera.

TIME ODYSSEY

Con il multiverso ormai pienamente operativo, era solo una questione di tempo prima che le serie ufficiali di *Saint Seiya* varcassero i confini del Giappone e iniziassero a essere prodotte anche altrove. Questo è quanto successo a fine 2022 con *Time Odyssey*, fumetto – anzi, *bande dessinée* – creato in Francia da Arnaud Dollen e dallo stesso Jérôme Alquié che oltre un ventennio fa aveva creato il trailer della serie di Hades che venne poi mostrato a Shingo Araki e potrebbe aver avviato il Rinascimento di Saint Seiya.

Realizzato con il benestare di Kurumada e la collaborazione di tanti fan mondiali diventati nel frattempo artisti professionisti – uno su tutti l'italiano Marco Albiero – *Time Odyssey* rappresenta l'ingresso dei Cavalieri nei fumetti di pregio occidentali tradizionalmente associati a Francia e Belgio, con volumi di grande formato interamente a colori, carta patinata, doppia edizione regolare e deluxe e prezzo elevato. *Time Odyssey* si colloca parallelamente alla serie classica con volumi autoconclusivi ambientati in vari momenti della storia, e pur seguendo formalmente la continuity del manga si intreccia spesso con quella della serie animata sia a livello estetico che di caratterizzazione dei personaggi, al punto da rappresentare quasi una specie di ibrido.

Attualmente in corso con due volumi pubblicati e un terzo – su cinque previsti – atteso per il prossimo anno, *Time Odyssey* almeno nelle prime battute non sembra aver colpito particolarmente i fan giapponesi, complice anche una pubblicazione spezzata su due spillati dal formato ridotto, ma ha sicuramente entusiasmato quelli occidentali su entrambe le sponde dell'Atlantico, rivitalizzando un po' un periodo di stanca legato al mediocre riscontro di *Dark Wing* e *Requiem* stesso.

SOUL OF GOLD 2.0: RERISE OF POSEIDON

Sempre la fine del 2022 ha visto anche l'ultimo arrivo nell'ormai numerosissima famiglia allargata degli spin-off di *Saint Seiya*, con un manga che in soli quattro capitoli si è fatto apprezzare tanto in Giappone quanto in occidente: *Rerise of Poseidon*. Scritto e disegnato dall'esordiente Tsunakan Suda – non è ancora noto se sia il suo vero nome o uno pseudonimo – e pubblicato per l'ennesima volta su *Champion Red*, *Rerise* sembra riprendere la formula di *Soul of Gold* applicandola ad altri personaggi storici: i Generali degli Abissi di Poseidone. Riportati in vita di fatto con una scusa, i sette si ritrovano dall'altro lato della barricata e stavolta devono proteggere la terra da Nemesis, dea della vendetta, indossando armature rigenerate con il sangue divino di Poseidone che all'occorrenza evolvono in Arch Scale. Gli ingredienti per nuove armature divine e nuovi modellini Myth insomma ci sono tutti, anche considerando che, proprio come *Soul of Gold*, *Rerise* ha il piede schiacciato sull'acceleratore e dà l'impressione di voler essere una serie breve, perfetta per essere convertita in un ciclo di *OVA* e concepita principalmente per fini economici.

Eppure, nonostante una natura commerciale piuttosto evidente e ancora in assenza di dati di vendita che permettano valutazioni più oggettive, quest'ultimo arrivato sembra aver tutti gli ingredienti giusti per farsi apprezzare dai fan. Riprendendo i Generali degli Abissi, indica palesemente come target i fan storici e riporta in scena personaggi mai più utilizzati dai tempi del manga classico, presentandoli sotto la nuova luce di difensori del pianeta e quindi dedicando loro sempre graditi flashback e approfondimenti. Il fattore nostalgia è poi ulteriormente amplificato dallo stile di Suda, che nonostante qualche errore legato all'inesperienza riproduce più di qualsiasi altro autore visto finora il modo di disegnare di Kurumada

In termini di continuity, *Rerise* è ambientato tra la fine della serie classica e l'inizio di *Next Dimension*, calcando la sottile linea tra midquel e sequel.

ARRIVANO I CAVALIERI IN CARNE E OSSA

Un progetto che ha sicuramente luogo in un universo alternativo è il film *live* uscito nell'estate del 2023: *Saint Seiya: The Beginning*, in un certo senso fusione di elementi e idee seminate nell'ultimo decennio, le cui radici possono essere tracciate addirittura fino alla metà degli anni novanta e al pilota di *StarStorm*, quando, per conquistare il mercato nordamericano e sfruttare la scia dei *Power Rangers*, si era fatto un primo tentativo di portare i Cavalieri sullo schermo con attori veri. I tempi all'epoca non erano maturi, ma far entrare di forza Saint Seiya nel mercato statunitense è rimasto un pallino della Toei e l'esplosione dei *cinecomics* nell'ultimo ventennio ha preparato il pubblico a vedere un certo tipo di prodotti sul grande schermo.

L'idea di un film *live* dei Cavalieri iniziò a circolare almeno nel 2016 e il progetto venne ufficialmente confermato nel 2017, con il polacco Tomasz Baginski alla regia e la graduale composizione di un cast multietnico, che in un certo senso ben rispecchia le nazionalità dei personaggi indicate da Kurumada nel manga. Più che all'opera originale però, il film sin dall'inizio è sembrato ispirarsi pesantemente a *Knights of the Zodiac*, aumentando drasticamente le età dei protagonisti e riprendendo personaggi come Guraad o una concezione più artificiale dei Cavalieri Neri. Solo in seguito, rileggendo dichiarazioni lasciate qui e là nelle interviste, è emersa la verità: la stesura del film è iniziata leggermente *prima* di quella di *Knights of the Zodiac*, più o meno contemporaneamente alla serie animata di Saintia Sho, e il personaggio di Guraad non è che il frutto del brainstorming e delle idee sfornate e condivise in fase di preproduzione.

Per evitare gli errori di *Legend of Sanctuary*, nello scrivere la sceneggiatura del film si decise di adattare solo la prima parte della storia e puntare su un cast ridotto a soli due dei cinque protagonisti storici: Seiya e Ikki. Una scelta coraggiosa, che nel tagliar fuori almeno per il momento personaggi amatissimi come Shiryu, Hyoga e Shun – per non parlare dei Cavalieri d'Oro, intravisti solo in una scena iniziale – rischiò certamente di attirarsi l'ostilità dei fan, già non particolarmente felici del progetto sin dal momento del suo annuncio, vista la storica mediocrità di adattamenti cinematografici di manga di successo.

Tali perplessità effettivamente parvero confermate alla prima apparizione delle armature, totalmente ridisegnate in un look al tempo stesso medievaleggiante e fatto in casa, che univa qualche elemento storico come le code piumate dell'armatura della Fenice a vistosi giunti rivettati o fregi dall'aspetto più simile al cuoio che al metallo. Nonostante questo stile di design pare fosse stato suggerito da Kurumada stesso, la risposta dei fan fu subito fredda o apertamente ostile, e solo la promessa del regista che le corazze si sarebbero evolute nel corso dei film e la brevissima apparizione nel prologo di armature d'oro del Sagittario e del Capricorno sostanzialmente fedeli calmò temporaneamente le acque.

Dal canto suo la produzione ostentava sicurezza, dichiarando un progetto di saga di cinque film, promettendo di stanziare un budget valido – si è parlato di sessanta milioni di dollari totali per tutta la saga – e assicurando che le sorti del primo al box office non sarebbero state decisive. A tal proposito, è illuminante l'intervista rilasciata dal produttore Toei Ikezawa Yoshi a *Variety* nel 2022, dove dichiarò *"Al giorno d'oggi quando si gestisce uno studio di animazione, i potenziali profitti sono limitati. Altri diritti sono importanti […] ma c'è sempre stato un tetto. Fino a poco tempo fa, la nostra audience era composta da persone* cui piacciono gli anime, fan unici che sono diversi da quelli che seguono i fumetti americani o i supereroi [...]. Abbiamo voluto liberarci di queste limitazioni e sfruttare un approccio più pragmatico [...]. Il nostro presidente desidera espandersi verso un'audience più mainstream. È un grosso salto per una compagnia di animazione giapponese ambire ad entrare a Hollywood e ottenere un riscontro mondiale [...]. Con 'Knights of the Zodiac' non vogliamo solo entrare del mondo dei live action, ma anche nel mercato mainstream internazionale."

Buoni propositi che si sono scontrati ben presto con la realtà. Sony, nelle vesti di distributore, fiutando le pessime prevendite nelle settimane precedenti l'uscita ha ridotto drasticamente la finestra del film e il numero di sale in cui proiettarlo, col risultato che in Italia è stato nei cinema solo per tre giorni, per di più feriali, dal 26 al 28 giugno. Alla fine gli incassi sono stati mediocri, e probabilmente non sufficienti a rientrare nelle spese di produzione, con l'unico contentino di un milione di dollari racimolati nei tanto agognati Stati Uniti, unico mercato a superare questo traguardo simbolico oltre ai più prevedibili Messico e Brasile. L'Italia, con poco meno di centomila euro, si è confermato il terzo mercato europeo dietro Francia e Spagna. Con cifre totali che dovrebbero aggirarsi attorno a otto milioni di dollari o giù di lì, il film è stato definito "un fallimento spettacolare" da Satoshi Shinohara, uno dei dirigenti della Toei, ma il buon riscontro su Netflix e i dati di vendita di DVD e Blu-Ray hanno migliorato un po' le prospettive.

Risultati tutto sommato prevedibili ma non incoraggianti insomma, che metteranno alla prova i buoni propositi dei seguiti. Come direbbe Aphrodite dei Pesci, se son rose, fioriranno.

LA CASA DELL'ACQUARIO: KURUMADA TORNA IN AZIONE

IL RITORNO DI NEXT DIMENSION

Un po' a sorpresa, in tutto il vorticare di progetti e spin-off dell'ultimo decennio il nome spesso assente era proprio quello di Masami Kurumada, con *Next Dimension* di frequente vittima di lunghissime pause. Non che lo storico autore stesse rimanendo con le mani in mano sia davanti che dietro le quinte, anzi.

Non è noto esattamente quando, ma – come rivelato da Yoshi nel corso dell'intervista a *Variety* già citata in precedenza – in una mossa strategicamente cruciale Kurumada ha rilevato tutti i diritti cartacei delle sue opere, concentrandoli nella sua società *Kurumada Pro.*, in tal modo di fatto eliminando la necessità di interfacciarsi con Shueisha o altri editori da parte di chiunque voglia investire in un progetto sui Cavalieri o qualsiasi altra sua serie e mantenendo quel livello di controllo creativo che tanto gli era mancato nel 2004 ai tempi del *Tenkai-Hen Overture*. Da quanto emerso, quest'operazione non gli lascia totalmente carta bianca su tutto – i diritti animati di *Saint Seiya* ad esempio restano saldamente in mano alla Toei – ma rende pressoché impossibile aggirarlo e avviare progetti contro la sua volontà.

Forte di questa nuova posizione, Kurumada poté finalmente togliersi un sassolino dalla scarpa e riprendere in mano quel che era stato il suo unico, grande insuccesso: *Otoko Zaka*. Il manga che era originariamente stato cancellato dopo soli tre volumi nel 1985 fece infatti il suo grande ritorno nel 2014 con pubblicazione aperiodica sul sito *Weekly Playboy* della Shueisha fino al 2016, e poi sulle pagine di *Shonen Jump+* sempre del medesimo editore. Attualmente ancora in corso, *Otoko Zaka* è arrivato al decimo volumetto, e Kurumada ha già annunciato che si concluderà con l'undicesimo.

La ripresa di *Otoko Zaka* non fu accolta benissimo dai fan di *Saint Seiya*, irritati dal fatto che l'autore sottraesse ulteriormente tempo alle avventure dei Cavalieri per dedicarsi ad altro, ma la pubblicazione aperiodica del nuovo fumetto e un breve documentario-intervista girato presso la *Kurumada Pro.* confermarono rapidamente come ormai Kurumada potesse dedicare solo pochissimo tempo ai processi creativi, con la componente grafica per lo più affidata in larga parte ai suoi assistenti. Il resto delle sue giornate era diviso tra riunioni, partecipazioni in progetti vari e vita privata.

Nel 2016 però arrivò finalmente anche il momento di tornare a dedicarsi a *Saint Seiya* e riprendere *Next Dimension*. L'entusiasmo verso quest'opera era pesantemente scemato nel corso degli anni, un po' per alcune scelte estetiche e narrative non felicissime e un po' per il pesante paragone con *Lost Canvas*, ma restava il sequel e prequel ufficiale di Kurumada, nonché lo spin-off più venduto in Giappone e l'unico preso in considerazione dalle frange più integraliste di sostenitori delle avventure dei Cavalieri.

Next Dimension fece ritorno nell'estate 2016 con una tranche di sette capitoli cui ne seguì un'altra nell'autunno 2017, una nella primavera 2018 e – dopo una nuova pausa di quasi tre anni anche a causa della pandemia – una quarta nell'estate 2021. Pur continuando a introdurre nuovi elementi, i capitoli iniziarono finalmente a chiudere alcune linee narrative ormai in sospeso da oltre quindici anni, e non fu una sorpresa eccessiva quando nel 2023 venne annunciata l'imminente conclusione dell'opera, destinata a terminare nel giro di due volumi, per un totale quindi di sedici spalmati nell'arco di diciassette anni.

I CAPITOLI SPECIALI

Riprendere *Next Dimension* non fu però l'unico contributo di Kurumada al mondo dei Cavalieri. Nel 2017, uno dei tanti "progetti vari" in cui l'autore era impegnato si tradusse nel lancio totalmente inaspettato di *Saint Seiya: Episode Zero*, primo trittico di capitoli di quelle che avrebbero poi preso il nome di storie brevi: vicende mai narrate ma avvenute parallelamente alla serie classica. Pubblicato mensilmente su *Champion Red* e preceduto da illustrazioni omaggio di Okada, Teshirogi, Kuori e Koga, *Episode Zero* mostra in pratica gli eventi della fuga di Aioros e della neonata Saori dal Grande Tempio, incluso il ruolo svolto da personaggi come Shura di Capricorn, DeathMask del Cancro e Aphrodite dei Pesci. Una versione ovviamente in parziale contrasto con quanto mostrato in precedenza sia nell'anime che in Episodio G di Okada, ma utile per comprendere finalmente la visione kurumadiana del personaggio di Aioros, reso non tanto come grande guerriero ma come martire e pacifista, che rifiuta di ferire i compagni per non rischiare di indebolire il Grande Tempio in vista della futura guerra contro Hades.

Le rivelazioni dei tre capitoli di *Episode Zero* però erano destinate a impallidire davanti al loro successore: *Saint Seiya: Origin*, pubblicato esattamente un anno dopo sempre su *Champion Red*. Stavolta diviso in due soli capitoli, *Origin* svelò dopo oltre trent'anni la verità sulla doppia personalità di Saga dei Gemelli, introducendo la dea Ker – sorella di Hypnos e Thanatos – e uno spirito maligno che veniva impiantato nel corpo del futuro Cavaliere d'Oro. Quest'ondata di revisionismo, che faceva passare Saga da figura tormentata a "semplice" vittima di possessione, non fu accolta bene dai fan, ma ormai il dado era tratto. Attraverso un brevissimo flashback inoltre *Origin* confermò – se mai ve ne fosse stato bisogno – che il passato della serie classica era da considerarsi *Next Dimension* e non *Lost Canvas*. Il messaggio è chiaro: Kurumada potrà anche apprezzare gli spin-off, ma non se ne sente affatto vincolato.

Ancora un anno dopo, a dicembre 2019, venne poi pubblicato *Saint Seiya: Destiny*, capitolo unico stavolta ambientato tra le saghe di Poseidone e Hades e incentrato sul personaggio di Kanon. Meno rivoluzionario del suo predecessore, *Destiny* servì comunque a spiegare un paio di punti in sospeso, riportare in ballo Ker e a fare da ponte tra le due grosse saghe.

LA FINAL EDITION RISCRIVE LA STORIA

La ragione dietro la creazione di questi capitoli speciali divenne chiara nel 2021, quando fu annunciata la creazione e imminente lancio della *Final Edition*, una ristampa riveduta e corretta del manga originale.

Di per sé, le ristampe della serie classica non erano una novità, già nel 1995 infatti il manga era stato presentato in una nuova edizione deluxe da quindici volumi (contro i ventotto della prima stampa), chiamata *aizoban* in Giappone. Nel 2001 era stato il turno della *bunkoban*, un'edizione tascabile con quindici volumi dal formato ridotto, e nel 2002, in occasione del lancio della serie di Hades, della bizzarra *Shueisha Jump Remix*, che propose alcuni capitoli più di una volta saltandone al contempo degli altri. La ristampa più famosa di tutte però era arrivata nel 2005 con la *kanzenban*, nota sia in Italia che nel resto del mondo come *Perfect Edition*. Una versione di ventidue volumi di grande formato, che per la prima volta ripristinava tutte le tavole a colori risalenti ai tempi della pubblicazione su *Weekly Shonen Jump* e si arricchiva di poster e illustrazioni di Kurumada.

Tutte queste edizioni però non avevano fatto che ristampare il manga originale in diversi formati, ripristinando qualcosa nel caso della Perfect ma non aggiungendo o riscrivendo mai nulla, con dialoghi e disegni sempre perfettamente invariati. Presentata come la ristampa definitiva a quattordici anni di distanza dalla conclusione della *kanzenban*, la *Final Edition* promise invece un totale rifacimento dell'opera, con disegni minuziosamente corretti e dialoghi spesso riscritti con modifiche più o meno grandi. Premesse che tutto sommato sono state rispettate.

Inizialmente annunciata nel 2019 e prevista per il 2020, la Final fu posticipata al 2021 a causa della pandemia, debuttando finalmente nel giugno di quell'anno con volumi interamente in bianco e nero, privi quindi sia dei colori che delle illustrazioni speciali della Perfect. In cambio però aggiunse i capitoli speciali, inserendoli cronologicamente all'interno della storia a partire da *Episode Zero*, che andò a formare una sorta di prologo del primo numero. Chi avesse incontrato Saint Seiya per la prima volta attraverso quest'edizione avrebbe insomma conosciuto i Cavalieri d'Oro o l'identità del traditore sin dalle prime pagine, ben prima rispetto ai lettori storici. Un problema che per un po' ha riproposto la questione riguardo l'esistenza o meno degli spoiler in un'opera ormai vecchia oltre trent'anni.

Per quanto riguarda le modifiche promesse, il primo volume rese subito chiaro che le aspettative non avrebbero dovuto essere eccessive. Una grossa quantità di disegni era stata effettivamente modificata, ma in misura minima, snellendo e slanciando un po' i corpi, sistemando qualche dettaglio delle armature, riposizionando leggermente i personaggi all'interno delle tavole e addirittura aggiungendo le linee delle unghie sulle dita. Dettagli scovabili attraverso un confronto dettagliato, ma sicuramente nulla di rivoluzionario.

Più particolari i cambiamenti ai testi, generalmente abbreviati e semplificati rimuovendo diversi riferimenti storici a eventi realmente accaduti. Anche in questo caso nulla per cui perdere il sonno, con un'unica eccezione: il cambiamento dell'anno in cui la serie dovrebbe intendersi aver luogo.

La serie classica, pur ambientata chiaramente nel presente, è sempre stata storicamente priva di grossi riferimenti temporali con l'unica eccezione di una data mostrata all'inizio del terzo capitolo del primo numero, quando, attraverso la prima pagina di un quotidiano, leggevamo che la Guerra Galattica sarebbe iniziata il 10 settembre 1986. Trattavasi di un piccolo *inside joke* attraverso cui Kurumada strizzava l'occhio ai lettori, visto che il primo volumetto di *Saint Seiya* fu pubblicato proprio il 9 settembre 1986, e quindi nel leggerlo i fan avrebbero avuto l'idea che il grande torneo sarebbe iniziato il giorno dopo. Ma essendo l'unico riferimento diretto a un anno presente in tutta la serie il 1986 divenne la stele di Rosetta attraverso cui tradizionalmente venivano calcolati gli eventi. I tredici anni di Saori per esempio permettevano di calcolare la sua nascita – e di conseguenza la ribellione di Saga – al 1973. I fan tra l'altro non erano gli unici a sfruttare questo sistema, utilizzato per esempio anche da Megumu Okada per ambientare *Episode G* a metà strada tra la morte di Aioros e la serie classica, nel 1979.

Questo metodo di datazione era stato messo per la prima volta in crisi da *Next Dimension*, al cui interno compare ripetutamente la data 1990, stavolta riferimento all'anno in cui in Giappone terminò la prima pubblicazione di *Saint Seiya*. Considerando l'impossibilità che gli eventi del manga classico fossero spalmati su cinque anni si provò ad arrampicarsi sugli specchi e ipotizzare una lunga pausa tra gli eventi della serie classica e di *Next Dimension*, ma la *Final Edition* spazzò via ogni dubbio eliminando la datazione 1986 e di fatto spostando l'intera cronologia in avanti di tre o quattro anni. Per un discorso di mesi e compleanni dei personaggi con cui eviterò di tediarvi, la fine del 1989 è ora la data più plausibile.

LA CASA DEI PESCI: ITALIA, TRENT'ANNI DOPO

I CAVALIERI DELLO ZODIACO NEL 2023

Risalendo le case dello Zodiaco abbiamo ripercorso la storia di Saint Seiya in Giappone e nel mondo, ma ora è il momento di tornare a guardare in casa nostra, dove tanta acqua è passata sotto i ponti da quella storica trasmissione su Odeon TV nel 1990.

Di recente per omaggiare i trent'anni della serie in Italia, il famoso fumettista romano Zerocalcare ha pubblicato online un breve fumetto intitolato *"I 7 contributi fondamentali dei Cavalieri dello Zodiaco allo sviluppo delle nostre personalità"* in cui con il consueto umorismo ma anche tanto affetto racconta l'impatto della serie sulla sua infanzia e su quella di un'intera generazione. Il grande successo della serie animata ha fatto sì che i Cavalieri conservassero sempre un posto nel cuore dei ragazzi degli anni ottanta e primi anni novanta, il che a sua volta ha spinto diversi editori a investire nei vari spin-off prodotti nel tempo e portarli anche da noi. Oggi i diritti dei manga di *Saint Seiya* sono sparpagliati tra una mezza dozzina di realtà: Panini Comics ha pubblicato *Episode G*, *Assassin*, *Lost Canvas* e *Saintia Sho*, Star Comics il manga classico, inclusa la *Final Edition* attualmente in corso, e *Time Odyssey*, JPop *Next Dimension* e Kappa Edizioni il romanzo *Gigantomachia*. Rimangono attualmente inediti in Italia *Dark Wing*, *Episode G: Requiem*, *Hero of Heroes*, *Golden Age* e *Rerise of Poseidon*, almeno per ora.

Quest'esplosione di editori ed edizioni ha avuto come effetto collaterale una torre di Babele di adattamenti, con personaggi o colpi segreti che in alcuni casi sono arrivati ad avere anche sei versioni ufficiali diverse. Dagli storici nomi della serie TV italiana a quelli originali giapponesi traslitterati o persino tradotti, il buon maestro di Sirio è stato chiamato Libra, Dauko, Dhoko, Doko, Dohko e ultimamente Tonghu. Senza alcuna coordinazione tra diverse compagnie, ogni editore ha seguito una propria strada. Chi – come Panini – restando più vicina al lessico storico italiano, chi – come JPop – arrivando a tradurre persino i *ruby*, caratteri utilizzati in Giappone per indicare la corretta pronuncia di un termine. Di recente, Star Comics ha deciso di tradurre anche i nomi dei personaggi secondo il significato che era inteso avessero per i lettori giapponesi, così Shaka è diventato Shakya (riferimento a Shakyamuni, uno dei nomi di Buddha), Shura è diventato Asura (riferimento a un tipo di demone guerriero) e Dhoko appunto Tonghu (usando la lettura cinese dei caratteri del suo nome).

In ambito animato invece i diritti sembrano divisi tra Mediaset e Yamato Video, ma gli svariati accordi di licenza rendono quasi impossibile tracciare con precisione chi abbia stabilmente cosa, e la serie classica è stata trasmessa anche su Amazon Prime o Netflix. Sostenuti dai fan – e probabilmente dai costi di un ridoppiaggio – resistono il doppiaggio e le voci storiche, con il nucleo principale di doppiatori attivo anche sulla saga di Hades, *Legend of Sanctuary* e, di recente, sulla prima stagione di *Knights of the Zodiac*. Tra i nuovi prodotti però oltre alla prima stagione di *Knights* solo *Lost Canvas* è stato interamente doppiato, mentre per *Soul of Gold*, *Saintia Sho* e la seconda stagione di *Knights of the Zodiac* ci si è dovuti accontentare di sottotitoli ufficiali, e per *Saint Seiya Omega* neanche quelli.

Il film live è arrivato nelle sale italiane ma solo per tre giorni a giugno, circa un mese e mezzo dopo il Giappone.

Che ne è quindi dei Cavalieri dello Zodiaco in Italia nel 2023? Tra forum meno frequentati di un tempo e pagine social che resistono, l'impressione è quella di una comunità che ricorda con affetto la serie storica, ma che sta anche gradualmente riducendosi, un po' per ragioni anagrafiche e un po' perché confusa da tutti i nuovi prodotti da cui si è stati incessantemente bombardati per ormai vent'anni. Se un tempo si auspicava il ritorno dei Cavalieri, ora non sono in pochi quelli che sperano in una conclusione definitiva, o che si limitano a rivedere la serie classica ignorando tutto quanto sia stato prodotto dopo.

Al tempo stesso però, il fatto che molti nuovi prodotti continuino ad arrivare e ad essere portati a termine, che i video a tema su *YouTube* racimolino sempre migliaia o decine di migliaia di visualizzazioni e che nelle fiere siano sempre presenti prodotti e *cosplayer* in armatura dimostra che i Cavalieri dello Zodiaco non hanno alcuna intenzione di andarsene in silenzio e che in chi resiste la passione è ancora forte, un po' sulle onde della nostalgia e un po' nella speranza del tanto atteso *Zeus Chapter*. A riguardo, proprio mentre impagino queste note Kurumada ha pubblicato una golosa immagine teaser in cui compare il tempio di Zeus. Che la saga finale sia dietro l'angolo?

Lo scoprirem vivendo.

SECONDA PARTE: DAGLI ARCHIVI DEL GRANDE TEMPIO

LA STORIA IN DUE PAGINE

L'avventura narra le gesta di cinque ragazzi che, completato un lungo addestramento negli angoli più sperduti del mondo, imparano ad usare con maestria la forza del cosmo, una sorta di energia spirituale legata alla propria volontà e ad una costellazione guida, e conquistano il titolo di Cavaliere dello Zodiaco e la relativa armatura. Nel corso della serie, i Cavalieri forgiano una profonda amicizia e iniziano ad affrontare minacce sempre più pericolose e incombenti, in battaglie da cui dipendono il destino del mondo, la salvezza dell'umanità e la vita di Atena, Dea della Giustizia e protettrice dei Cavalieri.

La storia, ambientata in un futuro molto prossimo, si apre a Nuova Luxor (Tokyo nella versione originale), in Giappone, dove si sta combattendo la Guerra Galattica, un torneo fra i guerrieri più potenti della terra, i Cavalieri dello Zodiaco appunto. Premio in palio è l'armatura d'oro di Sagitter, organizzatrice è Lady Isabel di Thule (Saori Kido). Gli scontri si succedono rapidamente, permettendo subito ad alcuni guerrieri di mettersi in luce: Pegasus (Seiya), appena arrivato dalla Grecia e convinto a partecipare nella speranza di ritrovare sua sorella perduta anni prima, Sirio il Dragone (Shiryu), Cristal il Cigno (Hyoga) e Andromeda (Shun).

I primi scontri del torneo si svolgono regolarmente, ma all'improvviso appare il decimo cavaliere, Phoenix (Ikki), che, insieme ai suoi seguaci, i Cavalieri Neri, ruba l'armatura d'oro. Pegasus, Sirio, Cristal e Andromeda, fratello minore di Phoenix, riescono a sconfiggere i Cavalieri Neri e lo stesso Phoenix, ma tutti i pezzi dell'armatura, eccetto l'elmo, sono rubati dai seguaci del Grande Tempio di Grecia al cui comando vi è Arles, il Grande Sacerdote. I quattro eroi difendono l'elmo da numerosi attacchi, aiutati anche dal redivivo Phoenix che si unisce al gruppo. Arles invia contro di loro le sue schiere di Cavalieri di Bronzo e d'Argento, ma uno ad uno essi vengono sconfitti.

Nel corso della lotta si scopre che Lady Isabel è la reincarnazione di Atena, ma Sirio è obbligato a privarsi della vista per salvare Pegasus ed Andromeda dai poteri di Argor di Perseo, e tale sacrificio lo obbliga, cieco, ad un riposo forzato in Cina. Gli scontri continuano fra alterne vicende, ma i Cavalieri di Lady Isabel risultano sempre vittoriosi. Arles richiama allora i dodici Cavalieri d'Oro, i più potenti in assoluto.

Dopo alcune schermaglie, Pegasus, Cristal ed Andromeda insieme a Lady Isabel decidono infine di recarsi al Grande Tempio, dove Sirio li raggiunge, ma la ragazza è colpita al cuore da una freccia d'oro. Solo Arles può estrarla, e per raggiungerlo vanno superate entro dodici ore le dodici case protette dai Cavalieri d'Oro, altrimenti Atena morirà.

I quattro ragazzi iniziano a salire i gradini del Grande Tempio, incontrando sulla loro strada inattesi alleati ma anche potentissimi nemici, e trovandosi impegnati in battaglie superiori a tutte quelle affrontate fino a quel momento. Nel corso degli scontri, Dragone recupera la vista, ma Phoenix, appena giunto, si sacrifica per permettere agli altri di superare la casa di Virgo (Shaka).

Alla decima casa di Capricorn, Sirio stesso si sacrifica per sconfiggere il Cavaliere d'Oro, mentre Cristal ed Andromeda perdono la vita contro Aquarius (Camus) e Fish (Aphrodite). Pegasus raggiunge Arles, che in realtà si scopre essere Gemini (Saga), e grazie all'aiuto di Phoenix, ritornato in vita insieme a Virgo, riesce a raggiungere lo scudo di Atena e salvare Isabel. Riconosciuta in lei Atena, i Cavalieri d'Oro superstiti le giurano fedeltà mentre Arles, ferito dai cosmi uniti dei protagonisti, si uccide davanti alla fanciulla chiedendo perdono.

A questa guerra, segue ben presto quella di Asgard, la gelida terra del nord, che vede i Cavalieri contrapposti a Ilda (Hilda), celebrante di Odino, posseduta dal misterioso Anello del Nibelungo che ella indossa. Per spezzarlo serve Balmung, la spada di Odino, ottenibile solo con i sette zaffiri incastonati nelle armature dei sette Cavalieri del Nord.

Mentre Isabel prega perché i ghiacci non si sciolgano ed inondino la terra, i Cavalieri partono verso il palazzo di Ilda, affrontando i guerrieri di quest'ultima in una serie di battaglie all'ultimo respiro, rese ancora più difficili dalla consapevolezza che i Cavalieri del Nord non combattono per spirito di conquista o brama di gloria, ma semplice desiderio di difendere la propria terra contro coloro che vedono come invasori. Dopo sofferte vittorie, si scopre che è stato Nettuno (Poseidone), Signore dei Mari, ad aver organizzato gli eventi dando a Ilda l'anello maledetto. Pegasus, impugnata Balmung, libera la donna, ma Atena è rapita dallo stesso Nettuno e imprigionata nella colonna portante degli abissi, in cui annegherà in poche ore.

Mentre la terra è flagellata dalle piogge, i Cavalieri scendono nel regno di Nettuno e affrontano i suoi sette Generali per abbattere le colonne dei sette mari, la cui distruzione è indispensabile per salvare Atena. Ancora una volta i Cavalieri conquistano la vittoria nel corso di dure battaglie, riuscendo a liberare Atena, che imprigiona l'anima di Nettuno.

Tutti questi conflitti però sono poca roba in vista della guerra contro Hades, signore dell'aldilà e comandante dei 108 Spectre demoniaci. Dopo aver cercato di uccidere Atena resuscitando i Cavalieri d'Oro caduti in passato e dando vita ad una guerra tra compagni d'armi, il dio mette in moto un'eclissi destinata ad oscurare per sempre la terra. Istruita da Virgo, Isabel, in una delle scene più toccanti della serie, si suicida per poter affrontare il Dio direttamente in Ade. Per vincere ha però bisogno della sua armatura divina, che Pegasus e gli altri, scesi anch'essi nell'aldilà con il potere dell'ottavo senso, corrono a portarle. I Cavalieri uccidono la maggior parte degli Spectre, ma all'improvviso si scopre che Hades è reincarnato proprio in Andromeda, scelto per la sua purezza di cuore.

Atena salva il suo Cavaliere e la guerra si sposta nell'Elisio, il Paradiso degli Dei, che Pegasus e compagni riescono a raggiungere grazie al sacrificio di tutti i dodici Cavalieri d'Oro. Qui i ragazzi si trovano ad affrontare i semidei Thanatos ed Hypnos e scoprono che Atena, catturata, sta morendo dissanguata. Indossate le leggendarie armature divine, i Cavalieri sconfiggono i due e raggiungono Hades, che ha risvegliato il suo corpo originale. Atena, salvata, indossa l'armatura, ma Pegasus sembra sacrificarsi per proteggerla e cadere tra le braccia della dea. Isabel e gli altri quattro Cavalieri sconfiggono infine Hades, e tornano sulla Terra.

I FILM

Oltre ai 145 episodi della serie TV i Cavalieri dello Zodiaco comprendono anche cinque film animati. I primi quattro furono prodotti e proiettati nei cinema giapponesi parallelamente alla serie classica, mentre l'ultimo è contemporaneo della serie di Hades. Ci sono poi un film in CGI, sorta di reboot della serie classica, e il recente live action di cui parliamo più avanti.

LA DEA DELLA DISCORDIA (1987)

Eris, dea della Discordia, torna sulla Terra dopo un esilio di millenni. Intenzionata a conquistare il mondo, rapisce Atena per assorbirne i poteri e riporta in vita cinque Cavalieri del passato, usandoli come guardia personale. Pegasus, Sirio, Cristal, Andromeda e Phoenix hanno il compito di salvare Lady Isabel prima che la sua vita si spenga, ma le cose sono ulteriormente complicate dal fatto che Eris abbia preso possesso del corpo della loro giovane amica Daisy.

L'ARDENTE GUERRA DEGLI DEI (1988)

Alla ricerca di Cristal, scomparso tra i ghiacci del Nord Europa, Lady Isabel, Pegasus, Sirio e Andromeda arrivano ad Asgard, terra del dio Odino, dove si troveranno invischiati nei complotti del sommo sacerdote Balder. Ben presto l'uomo riesce ad imprigionare Atena, e per salvarla i Cavalieri dovranno affrontare i Guerrieri Divini della fortezza del Valhalla, tra cui lo stesso Cristal, oramai sotto il controllo di Balder.

LA LEGGENDA DEI GUERRIERI SCARLATTI (1988)

Intenzionato a portare la fine del mondo, Abel, dio del Sole, giunge sulla Terra per salvare l'unica persona che gli interessi, sua sorella Atena. Sbalordendo i suoi Cavalieri, la fanciulla accetta di seguirlo in un disperato tentativo di fermarlo da sola, ma perde la vita. In preda alla disperazione, Pegasus, Sirio, Cristal, Andromeda e Phoenix cercano di vendicarla e fermare il piano di Apollo, ma sulla loro strada ci sono i tre Cavalieri della Corona di Abel, e persino i redivivi Cavalieri d'Oro caduti nella guerra del Grande Tempio.

L'ULTIMA BATTAGLIA (1989)

Il Grande Tempio è devastato dall'arrivo di una nuova minaccia: Lucifero, angelo decaduto, ed i suoi quattro demoni. Deciso a vendicarsi di Atena per un'antica sconfitta e poi a distruggere il mondo, Lucifero offre a Lady Isabel di offrirsi in sacrificio per fermarlo. La fanciulla accetta, ma i Cavalieri guidati da Pegasus non si arrendono e tentano il tutto per tutto pur di salvarla.

LE PORTE DEL PARADISO (2004)

Gli dei vogliono la vita dei Cavalieri di Atena che hanno osato ribellarsi a loro così tante volte. Artemide scende sulla Terra, ma per salvare i propri protetti, ed in particolare Pegasus, ridotto in stato vegetativo dopo la guerra con Hades, Lady Isabel le offre il dominio del mondo e la propria vita. Svegliatosi ma ancora privo dei suoi poteri, Pegasus intraprende un viaggio per salvare la fanciulla verso cui ormai nutre un sentimento profondo. Sulla sua strada ci sono però i tre Angeli di Artemide e in particolare Toma di Icaro, il fratello perduto di Castalia. Essendo arrivato in Italia decenni dopo gli altri, il film è noto anche con il titolo giapponese *Tenkai-Hen Overture*.

INTERVISTA A TAKAO KOYAMA

Ho avuto il piacere immenso di riuscire a contattare Takao Koyama, storico sceneggiatore della prima parte dell'anime classico. Persona deliziosa e disponibile, Koyama ha accettato di rispondere a qualche domanda sull'epoca di Saint Seiya, con la sola doverosa premessa che essendo trascorsi più di trent'anni la sua memoria non è ferrea riguardo alcuni dettagli. Avrebbero dovuto essere cinque domande, ma poi una tira l'altra e ne è uscita qualcuna in più...

Come avveniva la creazione della sceneggiatura dell'anime?

TK: *All'inizio della produzione ero l'unico sceneggiatore e ho lavorato liberamente sulla serie sceneggiando la storia tratta dal manga originale. Naturalmente si sono tenute delle riunioni di sceneggiatura con il signor Morishita, il capo del dipartimento creativo di Toei Animation, Kano e Yokoyama, i direttori di produzione di Toei, e Kato e Kawada, i direttori di produzione di TV Asahi. Ogni volta, si valutavano le qualità delle sceneggiature. Mi è stato permesso di scrivere relativamente liberamente, ma è stato un lavoro impegnativo. L'opera originale era stata lanciata a gennaio e mi è stata affidata la sceneggiatura a metà maggio, mentre la messa in onda è iniziata a ottobre, quindi è stato un compito arduo dal punto di vista delle tempistiche. Poiché la maggior parte delle impostazioni del manga originale non erano ancora chiare, l'anime ha finito per impostare molti elementi a modo suo, come il personaggio del Sacerdote.*

Sono rimasto sorpreso dall'idea che tutti i Cavalieri di Bronzo fossero fratellastri figli di Mitsumasa.

Sospirai, chiedendomi se avessero litigi tra fratelli.

Nella prima parte dell'anime, ho apportato significative modifiche alle impostazioni dei personaggi dell'opera originale. Ad esempio, ho aggiunto elementi come l'interazione tra i bambini dell'orfanotrofio delle stelle e Seiya.

L'anime apportò diverse modifiche al manga. Per esempio le personalità dei protagonisti vennero addolcite e rese meno ribelli. Cosa portò a questo cambiamento?

TK: *Dato il rischio che l'opera originale potesse diventare troppo monotona focalizzandosi solo sull'azione, abbiamo aggiunto elementi comici e apportato cambiamenti in modo che i bambini delle scuole elementari potessero accettare la storia senza resistenze. L'intenzione era di aggiungere più elementi umoristici e penso che fu per questo che venni scelto io come sceneggiatore principale, visto che non ero uno scrittore specializzato in opere d'azione ma piuttosto in manga comici. L'interazione tra i bambini dell'orfanotrofio delle stelle e Seiya potrebbe aver contribuito a creare quell'immagine.*

Per quanto riguarda Seiya e gli altri Cavalieri di Bronzo, la loro età mentale era più simile a quella di studenti delle scuole superiori che a quella di studenti delle scuole medie. In altre parole, li immaginavamo come se avessero 17-18 anni, non 15.

Ricorda se c'era qualche idea che venne presa in considerazione per l'anime ma poi abbandonata?

TK: *Un chiaro esempio sono i Cavalieri d'Acciaio, che da un certo punto in avanti spariscono completamente.*

Vennero prodotti da Bandai come merchandise ma non si incastravano bene con il tono e la trama della storia. Sin dall'inizio non ero entusiasta della loro aggiunta e si rivelarono del tutto inadatti.

In occidente si dà molta importanza al concetto di continuity e di canon rispetto all'opera originale, con frequenti discussioni da parte dei fan riguardo i personaggi esclusivi dell'anime. In Giappone continuity e canonicità sono considerati importanti?

TK: Il "canon" non è un argomento importante in Giappone. Anche quando l'adattamento anime introduce elementi diversi dall'opera originale, la priorità spesso risiede nel valore intrattenitivo della storia. Potrebbe esserci la percezione che l'anime e il manga originale siano riconosciuti come entità distinte fin dall'inizio, e di conseguenza le persone tendono a goderne come entità separate. Di solito, si cerca di mantenere la coerenza con l'opera originale, ma nel caso di Saint Seiya, la serializzazione del manga e l'adattamento anime sono andati avanti quasi contemporaneamente, e l'anime ha proseguito senza conoscere gli sviluppi futuri del manga, portando a molte incongruenze con la fonte originale.

Il personaggio di Shun è più sensibile nell'anime rispetto al manga e ha un'armatura dalle sembianze femminili, ricorda le ragioni di questo cambiamento?

TK: Questi cambiamenti furono apportati più da parte della regia che a livello di sceneggiatura. Potrebbero essere stati fatti per creare un contrasto tra Shun e il suo più virile fratello maggiore, Ikki. Non c'è stata comunicazione diretta con lo sceneggiatore a riguardo.

Quanto importante era l'input del partner commerciale Bandai nella creazione della storia?

TK: Bandai ha avuto ben poco influsso diretto sugli sceneggiatori. Naturalmente potrebbero esserci state delle discussioni risolte a livello di produzione, ma noi, come sceneggiatori, non siamo stati direttamente influenzati dal loro contributo.

Personalmente tra i personaggi esclusivi dell'anime il mio preferito è Ohko [Demetrios], il compagno di addestramento di Shiryu. Ricorda qualcosa della sua creazione?

TK: Lo script degli episodi relativi a Ohko è stato scritto dal signor Yoshiyuki Suga. Ero a letto a causa di una malattia in quel periodo, quindi non ho avuto alcun coinvolgimento nella creazione del personaggio di Ohko.

La battaglia finale contro Gemini Saga negli episodi 71-73 è diversa tra l'anime e il manga perché la produzione dell'anime aveva raggiunto quella del manga. Ricorda se il maestro Kurumada diede delle linee guida generali? Sembra che le due versioni siano simili ma differenti in alcuni punti.

TK: È un fatto che l'anime avesse raggiunto il manga originale. Tuttavia, non ricordo se Mr. Kurumada abbia fornito linee guida riguardo alla battaglia finale con Saga. Questo episodio era responsabilità di Mr. Suga, quindi non ho informazioni dettagliate al riguardo. Per Saint Seiya, di solito il produttore e lo sceneggiatore avevano discussioni, e lo sceneggiatore scriveva l'episodio basandosi sugli esiti di tali discussioni. Era un processo collaborativo tra l'editore di "Jump" responsabile di Saint Seiya e il produttore dell'anime.

Shiryu era il personaggio più popolare in Giappone, è per questo motivo che ha molto spazio nel film e nella serie di Asgard?

TK: *Il destino tragico di Shiryu, che era cieco ma doveva comunque combattere, ha creato un dramma avvincente. Il pubblico riusciva facilmente a empatizzare con lui.*

Lei è anche l'autore della side-story su Shura e Saga pubblicata sull'artbook Jump Gold Selection 2. In base a quel che viene narrato in quel racconto, è giusto dire che il Sacerdote che dà l'armatura a Seiya nel primo episodio è Saga?

TK: *Non lo ricordo chiaramente ma mi sembra fosse questo il caso. Inizialmente, l'identità del Sacerdote era incerta e l'anime doveva affrontare questa questione prima del manga. Quindi abbiamo creato questo personaggio, ma nel manga originale Saga non era ancora apparso. È stata un'aggiunta retroattiva.*

La presenza dei quattro film cinematografici nella timeline è spesso motivo di dibattito. Lei li considera parte della continuity dell'anime o come un universo alternativo?

TK: *I quattro film vennero progettati come avventure secondarie. Siccome la produzione del manga e dell'anime originale erano contemporanee, è possibile che ci siano delle discrepanze tra i film e quel che avveniva nella serie regolare, ma se la storia di Saint Seiya fosse una cena, i film sarebbero il contorno. Ritengo giusto considerarli parti dell'universo principale.*

Saint Seiya è un immenso successo mondiale e ancora oggi escono nuove serie, cosa ne pensa a riguardo?

TK: *L'adattamento anime è senza dubbio stato un motore trainante del suo successo. Senza l'anime, non sarebbe diventato un fenomeno globale. L'anime ha dato vita ai carismatici personaggi. L'eccezionale direzione dell'animazione del signor Shingo Araki ha contribuito notevolmente. Le sue capacità artistiche hanno superato i disegni originali dei personaggi, aumentando l'appeal dei personaggi di Saint Seiya. Questo ha avuto persino un impatto sui disegni del manga originale, portando a risultati positivi in termini di narrazione. C'è stato un effetto sinergico, che ha portato a un successo globale.*

Chi era il suo personaggio preferito in Saint Seiya?

TK: *È Shiryu. La sua natura tragica ha aggiunto dramma alla storia e ha alimentato la creatività degli sceneggiatori.*

In Italia l'anime di Saint Seiya è arrivato alcuni anni prima del manga e il suo lavoro è ricordato con immenso affetto da un'intera generazione di fan. La ringrazio tantissimo per aver contribuito a creare questa saga e per la sua disponibilità per questa intervista.

UN ANIME PROGETTATO PER IL SUCCESSO

Dalle parole di Koyama traspira come la serie animata, pur messa in cantiere in tempi rapidissimi, sia stata creata ponendo un'enorme attenzione su qualsiasi aspetto. Una vera e propria tempesta perfetta, frutto della lungimiranza di alcune persone e dell'enorme potenziale commerciale della saga che spinse i produttori a tentare il tutto per tutto e non lesinare risorse o personale.

Una tempesta nata anche grazie a un colpo di fortuna. Il regista e in seguito produttore Kozo Morishita nel 2002 racconta *"Proprio prima di quest'opera avevo lavorato alla produzione straniera di "Transformers – il film". All'epoca lo yen era debole, e il budget di conseguenza aveva permesso di produrre un'opera più "stravagante" rispetto al solito. Parlando di budget, era così alto che non potevamo usarlo tutto e quindi abbiamo prodotto dei disegni di alta qualità e abbiamo potuto sperimentare numerose cose fuori dalle scene di combattimento. Il tempo assegnato alla produzione era inoltre stato lungo, e quest'esperienza mi ha fatto riflettere su molte cose relative alla produzione di serie animate. Mi sono detto che sarebbe bello poter infondere una tale energia in una produzione destinata al Giappone. Ecco perché, quando sono iniziate le discussioni attorno al progetto* Saint Seiya, *ho ripensato a questo e mi sono deciso scombussolare tutte le abitudini. Da un punto di vista personale, dalla mia età e dalla mia carriera, è il progetto sul quale ho investito di più. il dinamismo si percepisce fin dalla sigla di apertura".*

Sempre nel 2002, Morishita aggiunge *"Saint Seiya rappresentava uno stile d'azione di fatto nuovo, e ciò ha richiesto molta riflessione. Contrariamente a delle serie animate come quelle sportive, non vi erano esempi a cui potersi riferire. Come deve essere rappresentato un Pegasus RyuSeiKen? Ecco il tipo di domande a cui dovevamo rispondere e ho frequentato le riunioni con Shingo Araki, character designer, e Tadao Kubota, direttore artistico, per completare la produzione del primo episodio. Da parte mia, studiavo tra ogni riunione il teatro occidentale allo stesso modo del teatro storico giapponese. Un punto sul quale mi sono mostrato intransigente è stata l'animazione della serie. Nei disegni di Masami Kurumada persino dai capelli si percepiscono le emozioni che si nascondono nei personaggi. E volevo conservare la potenza dell'opera originale adattandola in anime. E di fatti l'animazione dei capelli mi ha ossessionato persino più di quella dei personaggi".*

Era d'accordo Shingo Araki, nel 2003: *"Volevo veramente usare layout che potessero trasmettere molta energia. E fu allora che venne Saint Seiya. Si può dire lo stesso per il modo in cui i personaggi corrono: quel modo di correre, protesi in avanti, trasmette un senso di velocità, non è vero? Nella realtà è quasi impossibile correre in quel modo. Il vero modo di correre, muovendo le braccia, avrebbe richiesto troppi fotogrammi chiave da animare, così li feci correre tenendo le braccia immobili (ride). Quel senso di velocità nacque dal desiderio di far fare meno fatica agli animatori. A volte, il numero massimo di fotogrammi richiesti diventa una scialuppa di salvataggio per gli animatori. Ero felice quando mi fu detto che il limite massimo erano 3000 fotogrammi, ma cercai comunque di ridurli il più possibile, e quando riuscii ad abbassare il numero a 2000 fotogrammi, ricevetti i complimenti della produzione. Riuscire a ridurre il numero di fotogrammi necessario mantenendo nel contempo la qualità visiva è uno dei veri piaceri di questo lavoro".*

L'attenzione peraltro non fu dedicata solo ad aspetti principali come i disegni e le animazioni, ma anche ad altri relativamente secondari e più tecnici come la colorazione o i fondali. Già Morishita aveva deciso di puntare molto su questo elemento per aumentare il senso di profondità dei layout. *"Era lo scopo che ci eravamo preposti. Volevo un largo impiego di contrasti al fine di definire un nuovo formato di animazione. Per questo ho voluto* che le armature avessero anche un terzo livello di ombre in più rispetto ai loro due gradienti. I coloristi si sono inizialmente opposti, ma non vedevo altro modo di realizzare la mia visione. Grazie a quest'opera, il punto di vista sulla colorizzazione degli anime in seguito è cambiato. Una grande attenzione è stata data anche agli sfondi. Penso che sia grazie a questi numerosi punti che persino ai nostri giorni questo anime non sembra essere realmente invecchiato".

Altro aspetto cruciale fu la colonna sonora, affidata da Hidetoshi Kimura della Nihon Columbia (ora Columbia Music Entertainment) al giovane all'epoca Seiji Yokoyama con una sola direttiva, ricordata dallo stesso compositore in un'intervista del 2003: *"Te lo affido, componi una colonna sonora impressionante..."*. Un ordine affatto semplice ma supportato dal produttore Yoshifumi Hatano, che disse: *"Voglio che realizzi la tua musica. Non preoccuparti dei costi. Ti farò avere tutti gli interpreti di cui avrai bisogno"* Al punto da far ammettere a Yokoyama *"Non ho mai sentito una tale gratitudine su un altro lavoro".*

Un dispiegamento di mezzi e risorse possibile grazie ai fondi messi a disposizione dal "partner commerciale" Bandai, sotto forma di investimento per ricavi maggiori. Spesso si tende ad accusare gli spin-off di essere mere "commercialate" creati solo per vendere, dimenticando però che questa medesima filosofia è alle spalle della creazione della serie classica, e soprattutto che un intento commerciale non è di per sé garanzia di opera di cattiva qualità.

Nel caso dei Cavalieri, Bandai fu onnipresente. Ricorda Araki: *"I primi esempi che disegnai erano basati sul manga, e mantenevano invariato l'aspetto di personaggi e armature. Poi però, man mano che si procedeva, sorse il problema della produzione dei modellini e avemmo molti meeting con lo staff della Bandai. Per questo fu necessario molto tempo prima di arrivare al design definitivo, che non era più basato sul design del manga, ma su schizzi e prototipi suggeriti dalla Bandai".*

Il colorista Kunio Tsujita nel 2015 ha aggiunto *"All'epoca, la Toei Doga (oggi Toei Animation) affidava il design dei colori dei personaggi ai disegnatori artistici. Inoltre, la coordinazione dei colori su* Saint Seiya *era affidata a Tadao Kubota, dello studio Mukuo, che concepiva i design. Anche lo sponsor Bandai prendeva parte alla produzione delle prime tappe e ci sottoponeva delle proposte e degli inviti, pensando alla trasformazione in modellini. Io riunivo le proposte degli artisti e dello sponsor e le usavo come spunto per produrre delle cel, che sottoponevo in seguito al capo regista Kozo Morishita, al produttore Yoshifumi Hatano, a Tadao Kubota, a Shingo Araki e a Michi Himeno, per essere convalidate o per apporre delle correzioni".*

Un esempio più tangibile del ruolo della Bandai può essere evinto da un'intervista del 2016 a Masaya Sasano, ingegnere meccanico che si occupò della creazione dei modellini die-cast e, come vedremo, del design di alcuni personaggi dell'anime stesso. *"Saint Seiya, che era pubblicato da Shueisha, è stato adattato in un anime a partire da ottobre e io sono diventato responsabile dello sviluppo a settembre. Poiché avevamo solo un mese di tempo, in Bandai non c'era nessun altro che potesse farlo al di fuori di me. Ho fatto tutto da solo, dai disegni delle scatole agli storyboard degli spot pubblicitari. [...] I personaggi uscivano nell'ordine in cui venivano presentati, quelli popolari sono stati in gran parte commercializzati. Per l'anime, ero responsabile della pianificazione delle armature di Asgard. Ho disegnato la Robe di Odino, le Robe di Syd, Bud e gli altri personaggi. La Robe di Odino è stata resa blu per il colore degli zaffiri, e la spada conficcata nella parte superiore è stata ispirata a Excalibur. Il signor Araki si è solo occupato di adattare i disegni. Il signor Araki era un eccellente disegnatore".*

Tutte le interviste portano insomma testimonianza di uno sforzo di gruppo da parte di registi, sceneggiatori, disegnatori, coloristi, compositore, musicisti, progettisti, ingegneri e addetti ai lavori di ogni genere. Tutti impegnatisi al massimo su un'opera che profumava di successo. I risultati di questa grande collaborazione sono evidenti ancora oggi. Pur apparendo inevitabilmente datata negli effetti speciali rispetto a serie più moderne, *Saint Seiya* mantiene un altissimo livello di dettaglio per una serie televisiva settimanale degli anni '80, con animazioni fluide, una colorazione anni luce avanti rispetto ad altre opere dello stesso periodo e persino a molte successive, e una colonna sonora rimasta memorabile decenni dopo.

La missione di Morishita può insomma dirsi conclusa con successo.

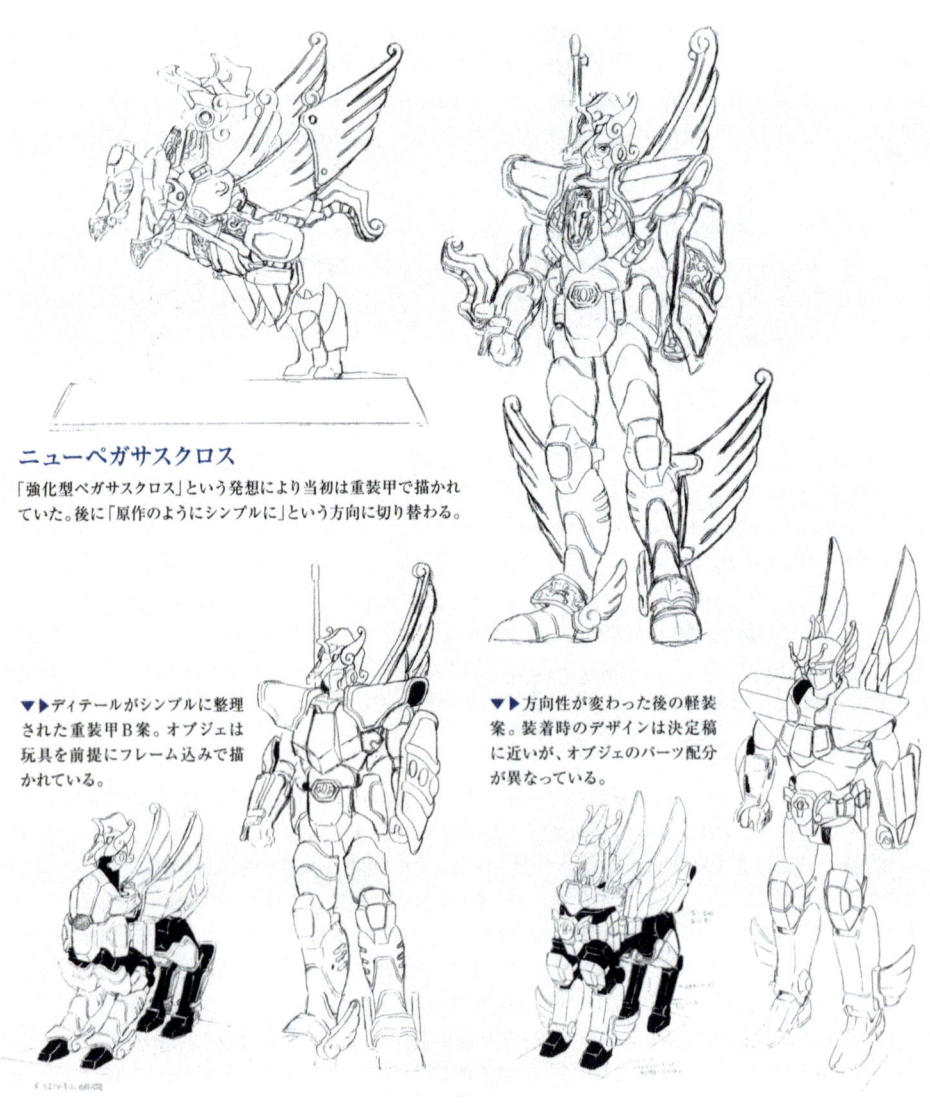

Sopra: schizzi preliminari per l'armatura V2 di Pegasus.

ANIME E MANGA A CONFRONTO

Fumetto originale e serie animata sono profondamente diversi, sia per quel che riguarda la storia che per caratterizzazioni e aspetto grafico dei personaggi. Elencare ogni singola differenza richiederebbe un libro dedicato, ma vediamo le principali saga per saga descrivendo qui sotto gli eventi del manga.

SAGA DELLA GUERRA GALATTICA E CAVALIERI NERI

Tutti i protagonisti hanno personalità più crude e ribelli rispetto all'anime. In particolare Seiya disprezza apertamente Saori, che dal canto suo dichiara ripetutamente che non le importa se i Cavalieri moriranno, che le preme solo il successo della Guerra Galattica e in seguito il recupero dell'armatura d'oro. Come noto tutte le armature di bronzo hanno un aspetto diverso, e i capelli dei personaggi non sono colorati ma castani (Saori, Shun) o neri (Ikki). Aioria, nei panni di un soldato semplice, è presente durante il duello tra Seiya e Cassios. L'armatura di Pegasus non si dispone da sola sul corpo di Seiya ma è lui che deve smontarla e indossarla manualmente. Hyoga riceve una lettera in Siberia che gli ordina di uccidere Seiya e gli altri Cavalieri che stanno combattendo per scopi personali, quindi si reca a Tokyo con questo scopo anche se vedere lo spirito di sacrificio di Seiya e Shiryu gli fa cambiare idea. Inizialmente gli altri Cavalieri non si fidano di lui e lo chiamano solo "Cygnus". Saori è già consapevole di essere Atena, anche se tiene segreta la cosa. Ikki non riesce mai a indossare l'armatura del Sagittario prima che Seiya e gli altri ne recuperino alcuni pezzi. Mu ripara e modifica l'aspetto delle armature di Dragone e Pegasus, ridisegnando totalmente quest'ultima. I Cavalieri Neri somigliano ai protagonisti ma non sono esattamente uguali. Durante le battaglie contro i Cavalieri Neri, Dragone Nero ha un fratello gemello cieco che inizialmente combatte contro Shiryu mimetizzandosi nell'oscurità. Shiryu lo sconfigge con un colpo solo prima del combattimento principale. Seiya affronta Ikki senza indossare l'armatura, e dopo averlo sconfitto viene a sapere di essere figlio di Mitsumasa (Alman) insieme a Shiryu, Hyoga, Shun e tutti gli altri bambini creduti orfani. In un flashback, dopo aver ucciso il suo maestro Ikki sconfigge Jango e i Cavalieri Neri per recuperare l'armatura della Fenice, ma viene totalmente sconfitto dal Cavaliere d'Oro Shaka di Virgo, che però gli risparmia la vita. La battaglia tra i Cavalieri e Ikki ha luogo nelle caverne sotto il monte Fuji, che crollano per un terremoto improvviso.

SAGA DEI CAVALIERI D'ARGENTO

Tutti i pezzi dell'armatura d'oro vengono recuperati. Mu e Marin salvano Seiya, Shiryu, Hyoga e Shun dal crollo delle caverne e usano i morenti Cavalieri Neri per confondere i Cavalieri d'Argento inviati a eliminare i quattro. Si passa subito allo scontro tra Seiya e Misty e poi a quello tra Hyoga e Babel, che viene sconfitto molto facilmente. A detta dei Cavalieri d'Argento, l'armatura d'oro è un falso. Dopo aver sconfitto anche Asterion e Moses, Seiya rivela agli amici che sono tutti figli di Mitsumasa, anche se Hyoga ne era già a conoscenza. I Cavalieri riportano l'armatura da Saori e trovano il Palazzo dei Tornei quasi distrutto, con la donna che li attende tra le rovine. Dopo averle restituito la corazza rifiutano di seguirla ulteriormente e l'abbandonano, non credendole quando dichiara di essere Atena. Saori viene subito dopo rapita dai corvi di Damian e Seiya la rincorre e salva come nell'anime. L'ordine degli scontri con i restanti Cavalieri d'Argento è diverso: Ikki fa ritorno e sconfigge Damian e Capella, prima di lasciare Dante a Shun. Argor, arrivato insieme a Dante e Capella, pietrifica Shun e Hyoga prima di essere sconfitto da Shiryu. Questo scontro di fatto chiude l'arco dei Cavalieri d'Argento, che si svolge interamente nel giro di un giorno e una notte. Non

sono presenti Docrates, Morgana, Gigars, Phaeton, il Maestro dei Ghiacci, il Cavaliere della Fiamma, i Cavalieri d'Acciaio, Demetrios, Virnam e Aracne.

SAGA DEI CAVALIERI D'ORO

Tutti i Cavalieri hanno deciso di rinnegare Saori e sono partiti per una meta diversa, ma dopo aver respinto Aioria fuori dall'ospedale, Seiya gradualmente inizia ad avvicinarsi alla ragazza. Saori racconta a Seiya che Alman fu scelto dagli dei proprio perché aveva oltre un centinaio di figli, e che li diede in sacrificio come Abramo nel Vecchio Testamento. Shiryu vorrebbe trascorrere la sua vita in Cina come un contadino ma l'attacco di Death Mask contro il suo maestro lo spinge a tornare in a combattere. Camus crea un terremoto che fa sprofondare la nave della mamma di Hyoga e poi gli dice di recarsi al Santuario. Durante la scalata delle Dodici Case tutti gli scontri sono più rapidi e mancano la maggior parte dei flashback e il labirinto della nona casa, oltre ai personaggi Danes, Loto, Pavone e Phaeton. Cassios non affronta Shiryu e Shun e non prova mai a trattenere Aioria, suicidandosi appena arrivato alla quinta casa. Shura non è mai stato l'uomo più vicino ad Atena e anzi sa che il Sacerdote è un uomo malvagio ma lo segue perché identifica la forza con la giustizia, proprio come Aphrodite dei Pesci, che è molto meno esteta e amante della bellezza. Durante lo scontro tra Seiya e Saga, Ikki risale le dodici case e incontra uno per uno i compagni morenti, ma tutti loro gli chiedono di ignorarli e proseguire per aiutare Seiya. La battaglia finale contro Saga è quasi totalmente diversa, con Gemini che sembra disintegrare Ikki con l'Esplosione Galattica. Shiryu, Shun e Hyoga non arrivano mai alla tredicesima casa ma tutti i nove Cavalieri di Bronzo – incluso il gruppo di Jabu – inviano i loro cosmi a Seiya. Dopo essere stato sconfitto e purificato dal colpo di Seiya, Saga si suicida davanti a Saori perforandosi il cuore con la mano. Esteticamente, quasi tutti i Cavalieri d'Oro sono biondi a parte Death Mask (grigi), Shura (neri) e Camus (rossi).

SAGA DI POSEIDONE

Manca la serie di Asgard ma al suo posto c'è un capitolo speciale dedicato a Hyoga che in Siberia conosce, affronta e sconfigge i guerrieri chiamati Blue Warriors. Seiya, Shiryu, Hyoga e Shun sono in coma dopo le Dodici Case e Ikki è dato per morto, così tocca ad Aioria salvare Saori dal tentativo di rapimento da parte di un soldato marino. Seiya si riprende temporaneamente per sventare un secondo tentativo da parte di Titis. Sorrento di Siren cerca di uccidere i Cavalieri in ospedale, sconfigge Aldebaran del Toro ma viene fermato da Saori, che poi si fa accompagnare nel regno sottomarino. Durante la riparazione delle armature di bronzo, Dhoko dona il sangue per quella di Shiryu e Shaka per quella di Shun, in gesto di rispetto a Ikki. I Cavalieri entrano nel regno sottomarino seguendo Titis dalla cascata dei Cinque Picchi. La saga di Poseidon prosegue per lo più invariata tra anime e manga, ma alla fine è Kanon a intercettare il tridente di Nettuno e proteggere Saori.

SAGA DI HADES

Minime le differenze nella serie di Hades e limitate alla prima parte. Hyoga e Shun sono assenti durante l'attacco dei Cavalieri d'Oro rinnegati e Seiya viene teletrasportato all'Altura delle Stelle da Mur, quindi il solo Shiryu partecipa alla scalata e spezza lo scontro tra Atena Exclamation alla sesta casa. Al castello di Hades, Seiya non combatte contro Rhadamantis ma si getta negli inferi per inseguire Valentino. Il resto è pressoché invariato nell'anime.

Come evidente, le differenze di trama e caratterizzazioni, abbastanza profonde all'inizio, tendono gradualmente a svanire e le due versioni sono quasi del tutto allineate dalla serie di Nettuno in poi. In generale, l'anime crea personaggi meno ostili e più "cavallereschi" sin da subito, mentre il manga calca molto la mano sul lungo rapporto conflittuale con Isabel.

L'IPERMITO

L'Ipermito è sostanzialmente la base della "mitologia" dei Cavalieri, una storia che, partendo dalle origini dell'universo, narra ciò che accadde fino al periodo immediatamente precedente all'inizio della serie. Scritto da Kurumada e pubblicato inizialmente sull'artbook *Cosmo Special*, abbraccia le varie guerre sacre, l'origine dei Cavalieri, la creazione delle armature e così via, riprendendo elementi di varie religioni, principalmente quella greca, ma accennando anche a miti come Atlantide e Mu.

L'Ipermito parte con l'origine dell'universo. All'inizio c'era il nulla, poi con il Big Bang tutto ebbe origine e l'universo iniziò un'eterna espansione. Un giorno la "Divina Volontà", simbolo della forza spirituale, si diffuse nel cosmo, dando un'anima a tutto ciò che raggiunse. La Divina Volontà è un qualcosa incomprensibile per i comuni esseri umani e se qualcuno riuscisse a raggiungerla con la propria mente, diventerebbe un Dio. Fra tutte le divinità, solo tre hanno un'origine spirituale e non terrestre: Gaia (la Terra), Urano (il Cielo) e Ponto (l'Oceano). Zeus, Hades e Poseidone furono i primi tre esseri umani a risvegliare dentro di loro la Divina Volontà, e per questo divennero degli Dei. Essa infatti non è che il nono senso, che include e supera i primi otto. Le Guerre Sacre sono battaglie combattute fra divinità per mezzo di eserciti composti da uomini. Il primo a scatenare una guerra fu Poseidone, desideroso di conquistare la Terra, e per questo riunì i sette migliori guerrieri degli abissi, nominandoli suoi Generali. In seguito offrì loro sette armature di Scaglie d'Oro forgiate con il mitico Oricalco. La guerra fra Atena e Nettuno esplose, ma la Dea non voleva che i suoi combattenti usassero armi. Tutti i guerrieri più valorosi morirono uno ad uno, e a difesa della Terra restarono solo degli adolescenti. Atena non volle veder morire anche loro ed alla fine decise di armarli con speciali armature, ispirandosi alle costellazioni celesti ed allo spirito della Divina Volontà insito nelle stelle principali. Nacquero così i Cavalieri dello Zodiaco.

MINI CRONOLOGIA

Era ignota, circa 20 miliardi di anni fa: Il Big Bang dà origine all'universo. La "Divina Volontà" si sparge nel cosmo. Dall'unione di Gaia e Urano nascono i 12 Titani. Urano diviene re del mondo ma, timoroso di perdere il potere, esilia i suoi figli Tartaro. Gaia istiga allora i Titani contro il padre, e Crono, il più giovane tra loro, evira ed uccide il Dio, assumendo il potere. Da Crono e Rea nascono numerose divinità, ma, timoroso di essere a sua volta detronizzato, Crono ingoia tutti i suoi figli. Zeus, si salva grazie all'intervento di Gaia e, divenuto abbastanza forte, si ribella a Crono, sconfiggendolo dopo dieci anni di scontri e separandone lo spirito dal corpo.

Era della Grecia Classica: Scoppia la prima Guerra Sacra tra Atena e Poseidone. Forti delle loro armature di scaglie, i Generali decimano l'esercito di Atena, in cui ben presto rimangono solo i più giovani. Non volendo veder morire anche loro, la Dea decide di donar loro delle speciali armature, progettate basandosi sulle costellazioni celesti. I ragazzi che indossano queste armature prendono il nome di Cavalieri. Alla fine del conflitto, Poseidone viene sconfitto.

Era della Grecia Classica: Ares, Dio della Guerra, dichiara battaglia ad Atena per il possesso del mondo. Ares usa le sue quattro armate, composte da guerrieri chiamati Bersekers, cui Atena contrappone i suoi Cavalieri. Grazie alle armi della Bilancia, Ares è respinto fin nell'aldilà, dove Hades gli offre protezione. Scoppia prima guerra tra Atena ed Hades. Nel corso delle battaglie il cavaliere di Pegasus riesce a far evolvere la sua armatura di bronzo in un'armatura divina e a ferire Hades.

1500: Scoppia la seconda Guerra Sacra contro Hades. Hypnos e Thanatos decimano l'esercito di Atena, ma quest'ultima riesce a trionfare.

1743: Scoppia la terza Guerra Sacra contro Hades, complicata dal viaggio nel passato di Atena e di quattro Cavalieri di Bronzo del futuro. Alla fine solo Sion dell'Ariete e Dhoko della Bilancia sopravvivono. Il primo viene nominato Grande Sacerdote.

1973: Sentendo il peso degli anni, Sion, ormai bicentenario, comprende che è momento di abdicare e di scegliere un nuovo Sacerdote. La scelta cade su Aioros di Sagitter. La stessa notte, Saga dei Gemelli raggiunge Sion e, rivelando la sua personalità malvagia, lo uccide, prendendo poi il suo posto come Sacerdote. Ormai corrotto dalla sua metà oscura, l'uomo viene raggiunto dallo spirito di Crono, che gli consegna una spada d'oro con cui uccidere Atena. Aioros salva la neonata ma è obbligato a fuggire, ferito a morte da Shura del Capricorno. In fin di vita, incontra Mitsumasa Kido, un turista Giapponese e, spiegatagli la situazione, gli affida Atena.

1979: Scoppia la guerra tra i Cavalieri d'Oro ed i Titani guidati da Crono.

1986: Iniziano le avventure di Seiya e compagni.

1990: Hanno luogo gli eventi di Next Dimension.

LO ZEUS CHAPTER

Lo Zeus Chapter è il nome della saga che, nelle intenzioni di Kurumada, avrebbe dovuto seguire la serie di Hades, e che avrebbe visto i cinque eroi combattere contro il padre degli dei. Per anni, le uniche notizie a riguardo sono state relative al modo in cui sarebbe dovuto iniziare: con Patricia che spingeva Pegasus, immobile su una sedia a rotelle e privo di sensi e cosmo in seguito alla ferita causata dalla spada di Hades al termine della saga precedente. In seguito la trama avrebbe portato alla battaglia contro il sovrano dell'Olimpo, che si sarebbe svolta sullo stesso Monte Sacro, con una struttura simile alla saga del Grande Tempio e i protagonisti intenti a scalare il monte affrontando una per una le varie divinità.

In una visita in Brasile nel 2007 il primo doppiatore giapponese di Pegasus, Toru Furuya, rivelò che alla battaglia contro Zeus sarebbe poi dovuta seguire quella con il Titano Crono, e che una saga finale contro Urano avrebbe portato a compimento questa trilogia.

Sopra: Zeus come compare nell'episodio 97 dell'anime.

UN BEST SELLER?

Il successo commerciale di Saint Seiya nel corso dei decenni è stato in un certo senso indicativo di un cambiamento più vasto nelle strategie commerciali dei manga, che sono passati da una impostazione di partenza molto nippo-centrica e basata solo sulle vendite interne ad un'altra internazionale trainata dalle vendite dei prodotti accessori non solo e non tanto in patria, ma nell'immenso mercato mondiale.

Ad una prima occhiata, il manga dei Cavalieri non può essere definito un best seller. Secondo le stime aggiornate al 2022, la serie classica ha venduto circa cinquanta milioni di copie nel mondo. Un risultato onesto, che le valgono un posto in cinquantanovesima posizione nella top-100 dei manga più venduti di sempre, ma lontanissima dalle oltre cinquecento milioni di copie di *One Piece*, serie che peraltro è ancora in corso. Il rapporto tra le copie vendute e il numero di volumi porta a un valore medio di circa 1.78 milioni di copie vendute di ciascun numero, il che migliora un po' lo scenario e avvicina i Cavalieri al suo emulo moderno *Bleach*, ma non giustifica i continui investimenti di Toei nel franchise.

Per capire l'impatto commerciale dei Cavalieri è necessario lasciarsi alle spalle il mero manga classico e considerare proprio il franchise nella sua interezza, composta da anime, merchandise e soprattutto diritti commerciali. Essendo una società quotata in borsa Toei è obbligata per legge a pubblicare regolarmente i propri rendiconti trimestrali, che mostrano le sue quattro migliori serie in tre settori specifici: diritti di licenza nazionali giapponesi, incassi di film/serie all'estero e diritti di licenza esteri. Inoltre i grafici paragonano il periodo in corso con il medesimo periodo degli anni precedenti, permettendo di fare dei paragoni e misurare l'aumento o calo di introiti, misurato in milioni di Yen.

Partendo dal mercato giapponese interno, Saint Seiya compare per la prima volta nel grafico del terzo trimestre 2017 con un attivo di 268 milioni di Yen, che la vedono quarta forza all'orizzonte dietro i colossi *One Piece* e *Dragonball*, e anche *Pretty Cure*, vero fenomeno di quella decade e incidentalmente causa del design di *Saint Seiya Omega*. Paragonando il 2017 con gli anni precedenti, si notano la traiettoria ascendente di *Dragonball*, quella discendente di *Pretty Cure* e la scomparsa di *Sailor Moon* e *Toriko*, sopravanzate proprio dai paladini di Atena. La cosa si ripete nel 2018, con 356 milioni di Yen, e poi – dopo essere stata superata brevemente da *Sailor Moon* nel 2019, di nuovo nel 2020, con 382, nel 2021 con 207 e nel 2022 con 188. Un trend ondivago in cui la serie subisce colpi come Pegasus alla quinta casa, ma sempre come Pegasus continua a rialzarsi e andare avanti, restando più o meno saldamente tra i quattro migliori titoli.

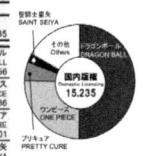

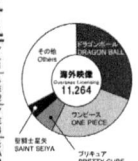

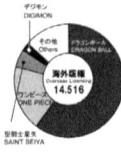

Dove le cose però si fanno interessanti è nel mercato estero, inteso come licenze commerciali di prodotti che non sono anime o film (modellini, videogiochi ecc). Qui Saint Seiya compare addirittura già nel 2005 con 96 milioni di Yen di guadagno, che diventano 158 nel 2006, 190 nel 2007, 151 nel 2008 e così via, tra alti e bassi fino a un picco di ben 992 milioni di Yen nel 2017. In questo caso quello che colpisce è la presenza costante della serie tra le migliori quattro, dimostrazione di una passione ben più che passeggera.

Interessanti anche i grafici del mercato estero per le licenze di prodotti animati, il cui andamento è più altalenante. Anche in questo caso i Cavalieri sono presenti nel 2005 con 125 milioni di Yen, che diventano 194 nel 2006, probabilmente sull'onda della trasmissione della serie di Hades. Non c'è poi traccia di Saint Seiya fino a 62 milioni nel 2011 e ad un enorme balzo in avanti a 221 nel 2014, seguito da altri anni di assenza e da un nuovo ritorno in grande stile con 422 milioni nel 2020, che diventano 844 nel 2022 e ben 1474 nel 2023, probabilmente sull'onda della cessione dei diritti per il film live action e la serie in CGI. Un trend che sembrerebbe essere al rialzo, anche se l'entrare e uscire dei Cavalieri dalla top quattro non permette di farsi un'idea completa.

Questi dati quindi confermano quanto intuito sia da Koyama che da Masaya Sasano già anni addietro: se il manga classico è un prodotto dal seguito tutto sommato mediocre, il successo commerciale internazionale dei Cavalieri generato dall'anime in giro per il mondo supera di gran lunga quello domestico e grazie a paesi estremamente popolosi come quelli dell'America Latina o la Cina basta quasi da solo a tenere a galla la serie, portando molti più introiti rispetto al manga stesso. Se nel 1989 Toei è stata definita *miope* per aver pensato solo al mercato interno nel momento in cui decise di interrompere l'anime, oggi è pienamente consapevole dell'impatto dei Cavalieri all'estero e probabilmente non è eccessivo dire che è *per l'estero* che continua a sfornare materiale di Seiya e compagni, sempre nella speranza di sfondare nell'ambito mercato nordamericano che permetterebbe ai nostri eroi di compiere l'ultimo salto di qualità.

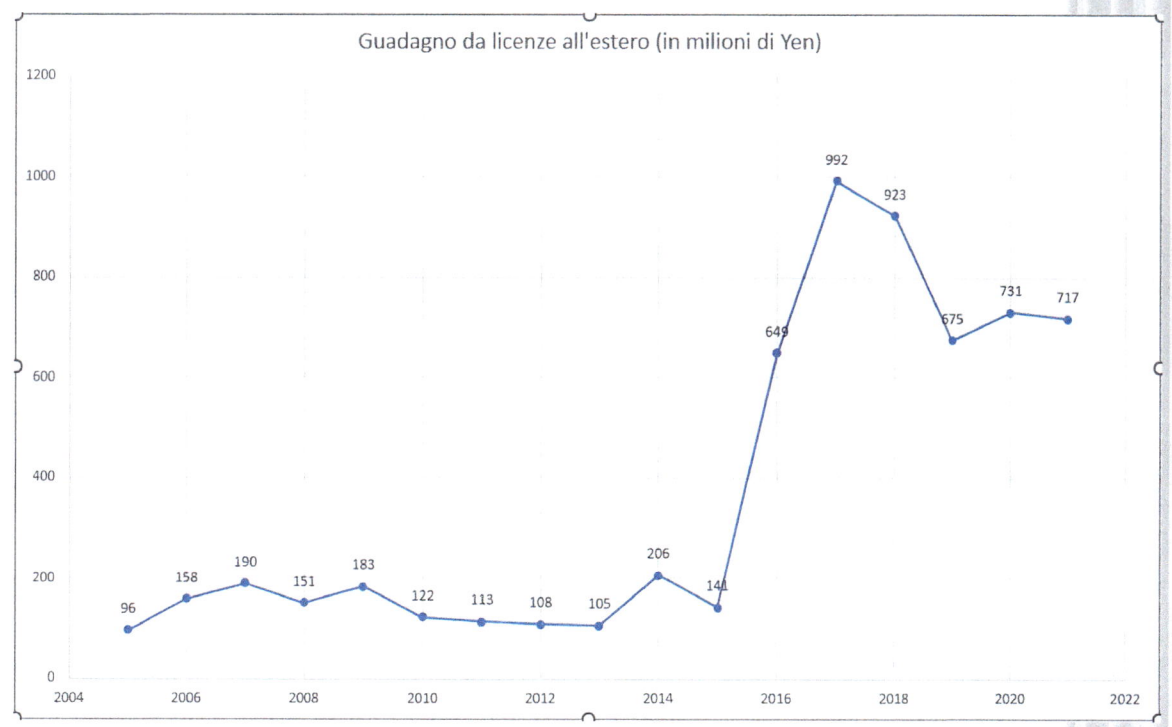

Sopra: Introiti di StS da licenze estere 2005-2021

CINQUE DOMANDE CON: MASAMI KURUMADA

Purtroppo riuscire a contattare direttamente Masami Kurumada è pressoché impossibile senza contatti adeguati. Qui di seguito però ci sono cinque domande estratte da altrettante interviste che l'autore ha rilasciato negli anni.

Jump Gold Selection 3: Ci racconti come ha ideato e concepito i personaggi.

MK: L'immagine di una grande quantità di meteore che cade dal cielo è incredibilmente bella, vero? Si adattava proprio all'immagine di un Cavaliere. All'inizio pensai di attribuire al protagonista la costellazione del Leone. Poi, facendo delle ricerche sulle costellazioni, mi imbattei in quella di Pegaso. L'immagine del protagonista e la forma di Pegaso che percorre il cielo erano perfette per il protagonista, disegnato come il Cavaliere di Pegaso. Scartai il resto, tenendo l'immagine della "pioggia di meteore di Leo (Leonidi)" come suo colpo speciale.

Il nome di Seiya doveva essere "Freccia Sacra", scritto Seiya. Però pensai che fosse troppo "grazioso" per un carattere così turbolento. Per questo cambiai, sostituendo "Sacra" con "Stella". Inoltre quel nome era anche più fico (risate).

Quando furono definiti i tratti essenziali dell'opera, furono scelte, tra le 88 costellazioni, quelle che potessero essere collegabili ai dieci Cavalieri di Bronzo. Poi pensai alle caratteristiche dei personaggi, adattandole ad ogni costellazione. L'armatura di Shiryu fu concepita con lo scudo e il pugno più potenti, essendo caratterizzata come il tradizionale drago cinese, raffigurando così la contraddizione originale. Quanto a Hyoga, volevo che avesse un carattere diverso, che equilibrasse il tutto. Fu per questo che stabilimmo che il suo elemento sarebbe stato il freddo. L'immagine dove rompe la parete del ghiaccio eterno con un colpo solo fu mantenuta dai piani originali.

Quando vennero attribuite le 10 costellazioni, pensai a Ikki come al personaggio che doveva essere il nemico più forte. Non vedevo come non menzionare la Fenice come la costellazione appropriata per l'uomo più forte. La tecnica "Colpo Fantasma di Phoenix (Phoenix Gen Ma Ken / Fantasma Diabolico) fu introdotta nella storia quando ci fu la necessità di menzionare il passato dei personaggi senza alterare il ritmo della storia. Così fu realizzato come un tipo di connessione con le scene dei ricordi.

All'epoca dell'apparizione dei Cavalieri d'Oro, pensai che sarebbe stato interessante mettere in relazione alcuni di essi con i protagonisti. Per far sì che non tutti i personaggi fossero sconosciuti, Mu e Dohko furono resi Cavalieri d'Oro. Per il portamento elegante, fu deciso che Mu diventasse Cavaliere dell'Ariete. Il concept dell'armatura di Dohko fu il contrario. Per un momento fu difficile associarlo a Libra. Allora furono aggiunti molti elementi. Mi venne in mente Dohko quando dovetti pensare a quale personaggio potesse sopportare il peso di questa creazione.

Per quel che riguarda Aiolia, la vera intenzione era di farlo apparire solo come "special guest" nel primo capitolo, ma finì per essere una buona opzione come Cavaliere d'Oro. All'inizio pensai che uno dei dodici Cavalieri d'Oro sarebbe dovuto essere il maestro di Hyoga e in un primo momento presi in considerazione Milo. Poi mi sembrò che qualcuno che rappresentasse acqua e gelo fosse un'idea migliore, quindi cambiai per Camus.

Avevo già deciso che la vera identità del Grande Sacerdote sarebbe stato Gemini, però fu molto difficile decidere se renderlo con una doppia personalità oppure farne due gemelli. Alla fine sono state utilizzate entrambe le idee, no? (risate) All'inizio pensai di chiamare il cavaliere di Gemini con il nome Shura. Presi il nome da Ashura, che ricordava qualcuno a cui piacesse molto combattere. Siccome mi piacque molto, decisi di usarlo per il cavaliere di Capricorn, perchè era adeguato all'uomo che uccide Aiolos.

Men's Walker: E cosa ci dice di Saint Seiya? È stato un successo enorme all'estero.

MK: *Con Saint Seiya volevo creare un manga che diventasse famoso sin da subito per superare la sensazione di "incompiutezza" che avevo nei confronti di Fuma no Kojiro e Otoko Zaka. Le cose andarono proprio come mi aspettavo e guadagnò subito una grande popolarità. Il successo esplose nell'inverno del 1986, quando iniziò l'anime. Nel frattempo, anche il manga divenne molto famoso quando la spocchiosa Saori Kido fu rivelata essere Atena, e comparvero i Cavalieri d'Argento. Il successo crebbe enormemente grazie al doppio effetto di anime e manga, che erano incredibili. Il manga mantenne la sua popolarità per un periodo molto lungo, ma sentii di star cominciando a perdere tutte le forze che avevo nel corso della saga di Hades, così chiesi alla Shueisha di permettermi di concludere Saint Seiya in dieci settimane.*

Tokumori: Nella serie di Hades, i dodici Cavalieri d'Oro si riuniscono per distruggere il Muro del Pianto. Quando si sono convertiti DeathMask e Aphrodite?

MK: *Oh, anche se quei due sono cattivi, in fondo in fondo sono brave persone. Facevano solo un pò troppi dispetti ogni tanto. Forse Dohko li ha rimproverati al Cocito.*

Henshin: Le piaceva già l'astrologia prima di realizzare i Cavalieri?

MK: *Non molto, leggevo l'oroscopo solo una volta ogni tanto. Prima di* Saint Seiya *non avevo mai studiato attentamente l'astrologia e le costellazioni. Cominciai solo dopo aver cominciato a disegnarli. Fu la stessa storia con la mitologia greca, anche se avevo già usato il tema in* Ring ni Kakero. *In questa serie, nel n°17, apparivano dei nemici che si chiamavano come i dodici Dei dell'Olimpo. Ma in quell'occasione non andai molto a fondo con l'idea. Quando cominciai a conoscere di più le leggende e la storia della mitologia greca, capii che quella poteva essere una grande fonte di idee e basandomi su di essa creai una montagna di personaggi.*

Project Seiya: Per concludere, qual è il significato di Saint Seiya per l'artista Masami Kurumada?

MK: *Se* Ring ni Kakero *fu il manga che fece uscire Masami Kurumada dall'anonimato,* Saint Seiya *fu l'opera che lo fece emergere, portando suoni ed emozioni alle persone di tutto il mondo. Se li paragonassimo con il campionato, direi che* Ring ni Kakero *è un titolo nazionale, mentre* Saint Seiya *è un titolo mondiale.*

INTERVISTA A EISAKU INOUE

Chi invece è stato possibile contattare e ha avuto la gentilezza immensa di rendersi subito disponibile per un'intervista è Eisaku Inoue, storico disegnatore di tanti episodi memorabili della serie classica, come la battaglia tra Cristal e Aquarius alla settima casa, il sacrificio di Cassios, la Pienezza del Dragone e così via. Abbiamo chiacchierato un po' ripercorrendo la sua carriera su Saint Seiya.

Buongiorno Signor Inoue e grazie mille per aver accettato quest'intervista. Cominciamo dall'inizio. Era a conoscenza del manga di Saint Seiya prima di iniziare a lavorare sull'adattamento animato?

EI: *No, non conoscevo il manga prima di iniziare a lavorare sulla serie animata.*

Come è nata la sua partecipazione all'adattamento animato?

EI: *Dopo aver lasciato la società in cui lavoravo in precedenza, ho chiesto lavoro al capo del dipartimento di produzione della Toei Animation, con cui avevo già avuto contatti in precedenza. È stato in quel momento che mi hanno presentato i Cavalieri dello Zodiaco.*

Saint Seiya è famoso per le sue iconiche armature. Che tipo di sfida hanno rappresentato per lei come artista?

EI: *All'epoca, disegnavo l'artwork originale, che veniva poi tracciato dagli animatori e dipinto su cels in un processo analogico. C'erano limiti nel numero di colori che potevamo usare, ed era particolarmente difficile raffigurare la texture degli oggetti metallici come le armature. Ricordo che quando dovetti disegnare per la prima volta un'armatura d'oro feci tantissime ricerche per trovare il modo migliore di rendere l'oro con i colori degli anime di quel tempo.*

Quali sono stati i personaggi più difficili da disegnare? Immagino che cose come il primo elmo dell'Armatura del Drago possano essere state molto impegnative!

EI: *Il più difficile fu Deathmask del Cancro, per via delle chele del diadema che sono difficili da bilanciare.*

Nel corso del tempo, l'anime ha creato diversi personaggi originali. È stato coinvolto nella loro creazione o è stato solo il lavoro del character designer, il signor Shingo Araki?

EI: *Ho disegnato solo personaggi come Albior, June, Spica e Leda dell'Isola di Andromeda. La maggior parte degli altri, credo, è stata ideata dal Signor Araki.*

Lei risulta accreditato per la prima volta come direttore dell'animazione nell'episodio quaranta, quando i Cavalieri partono per il Santuario. Com'è successo?

EI: *Penso che sia perché il Signor Kaneda Motoharu, una figura rinomata, ha ap-*

prezzato i fotogrammi chiave che ho realizzato nell'episodio undici. Il mio inizio fu come assistente, credo che la prima scena che abbia disegnato sia quella in cui Shiryu inverte il corso d'acqua della cascata di Rozan, ma non fui incluso nei credits per ragioni di budget. Anche aggiungere nomi ai credits costava! Poi fui promosso al ruolo di assistente animatore principale nell'episodio undici, e alla fine al ruolo di animatore principale.

Durante l'arco delle Dodici Case, la presenza del signor Araki nello show è diminuita notevolmente. È stato perché era occupato con i film animati La Dea della Discordia e L'ardente guerra degli dei?

EI: *Penso sia stato per questo.*

La serie animata seguiva spesso da vicino il manga originale. Come è stato gestito il processo di produzione?

EI: *Questo vale anche per One Piece, ma abbiamo aggiunto episodi originali per allungare la serie.*

Lei è stato coinvolto in alcuni degli episodi più drammatici e iconici della serie, come l'episodio 53 "Nobile Cassios" o l'episodio 66 "La Pienezza del Dragone". Quali ricordi ha di questi episodi?

EI: *Queste storie emozionanti erano probabilmente già conosciute dai fan del manga originale, quindi abbiamo aggiunto all'anime elementi unici per aumentarne l'impatto emotivo per quegli spettatori.*

L'episodio 60 "La Cuspide Scarlatta" è un po' strano perché metà è stato disegnato da te e metà dal signor Araki. Cos'è successo?

EI: *È stato semplicemente perché il team del Signor Araki era oberato di lavoro, quindi ho dato una mano. Ho lavorato solo sulla parte A, ma nei titoli di coda ero elencato sopra il Signor Araki, cosa che ho trovato irrispettosa. Quindi ho chiesto di essere elencato sotto di lui. Siccome ero il direttore dell'animazione di quell'episodio, avrei dovuto correggere i disegni della persona responsabile per le scene della Araki Pro, ma lo ritenni impossibile.*

È stato molto coinvolto nell'arco di Asgard, una storia originale creata appositamente per l'anime. Qual è la sua opinione su di essa e cosa ricorda del suo lavoro in quegli episodi?

EI: *In quel periodo, a causa della lunga pausa del manga originale, è diventato difficile produrre episodi basati solo su di esso. Quindi abbiamo utilizzato "L'Ardente guerra degli dei" come riferimento per costruire una nuova serie di episodi. Per quanto riguarda i ricordi personali, ricordo di aver lavorato sulla storia di Cyd e Bud.*

Dopo la serie originale, è tornato su Saint Seiya per lavorare sull'adattamento della serie di Hades. La prima stagione ha introdotto alcuni cambiamenti rispetto al manga originale, ma la seconda stagione è stata estremamente simile e sembrava soffrire di problemi di animazione. Sai cosa ha causato questi cambiamenti e se c'erano problemi di budget?

EI: *Mi dispiace, ma non sono a conoscenza delle circostanze specifiche. Il primo arco è stato diretto dal Signor Yamauchi, mentre il secondo dal Signor Katsumata, che non considera molto importante il movimento, quindi la ragione potrebbe essere stata questa.*

Lei è stato anche brevemente coinvolto nella serie spin-off Saint Seiya Omega. Cosa puoi dirci a riguardo?

EI: *All'epoca avevo superato l'esame di regista, quindi ho partecipato solo alla creazione dei storyboard. Mi proposero il ruolo di direttore dell'animazione ma sarebbe stato irrispettoso costringere il character designer, il Signor Umakoshi, ad adottare lo "stile Araki".*

I Cavalieri dello Zodiaco sono diventati un fenomeno mondiale e presto festeggeranno il loro 40° anniversario. Quando era coinvolto nella loro produzione, aveva previsto questo livello di popolarità?

EI: *Mi ha colto di sorpresa, non avrei proprio potuto prevederlo.*

C'è la possibilità di vederla coinvolto in futuri progetti animati dei Cavalieri dello Zodiaco?

EI: *Se si presentasse un'opportunità del genere, sarei felice di accettarla.*

Infine, chi è il suo personaggio preferito di Saint Seiya?

EI: *Camus. L'aver potuto lavorare su quell'episodio ha avuto un impatto duraturo sulla mia carriera successiva nell'animazione.*

Grazie mille per il suo tempo oggi e per il suo contributo alla nostra amata serie nel corso degli anni.

LA VERSIONE ITALIANA

Tra imposizioni dei partner commerciali, script lacunosi e decisioni di adattamento, non è esagerato dire che i *Cavalieri dello Zodiaco* siano un'opera diversa da *Saint Seiya*, anche se le differenze davvero importanti sono meno numerose di quel che si pensa dal momento che in molti passaggi è già l'anime originale a differire molto dal manga. Come nel caso delle differenze tra le due versioni dell'opera, elencare ogni cambiamento della versione italiana richiederebbe troppo spazio, ma vediamo le principali.

Non si può non partire dai nomi. È un segreto di Pulcinella tra i fan, ma la quasi totalità dei personaggi ha nomi diversi in Italia rispetto al Giappone. Per i Cavalieri di Atena si tratta quasi sempre del nome della costellazione, a volte in latino (Pegasus, Phoenix, Virgo, Gemini), a volte in italiano (Dragone, Leone, Toro) e a volte in inglese (Capricorn, Fish). Quando mantenuti, i nomi propri sono spesso stati modificati, a volte in maniera leggera (Sirio per Shiryu, Gerki per Geki, Ioria per Aioria, Argo per Argor, Mur per Mu), ma più spesso totalmente (Cristal per Hyoga, Asher per Jabu, Tisifone per Shaina, Castalia per Marin, Micene per Aioros). Stesso principio è stato applicato ai Cavalieri di Asgard, che spesso hanno perso ogni riferimento alla stella dell'Orsa Maggiore, e solo in alcuni casi mantenuto il nome originale. Così ad esempio Siegfried di Alpha Duhbe è diventato Orion (nulla in comune), Thor di Gamma Pecda o Mime di Eta Benetnasch sono stati accorciati a Thor e Mime (nome originale ma senza riferimento alla stella), mentre Alberich di Delta Megrez, Syd di Zeta Mizar e Bud di Zeta Alcor sono diventati Megrez, Mizar e Alcor (nome della stella ma perso il nome originale). I Generali degli Abissi hanno un adattamento simile ai Cavalieri d'Oro, con il simbolo tradotto in italiano dall'originale inglese e il nome proprio che solo in alcuni casi è presente, seppur modificato. Baian di Sea Horse, Krishna di Krisaore e Kaysa di Lymnades sono diventati Cavallo del Mare, Krisaore e Lemuri, mentre Isaac di Kraken, Sorrento di Siren e Io di Scilla sono diventati Abadir, Sirya delle Sirene e Kira di Scilla. Fortunello Kanon di Sea Dragon, mutato semplicemente in Kanon Dragone del Mare. Libero da queste logiche, l'adattamento della serie di Hades ha invece mantenuto la maggior parte dei nomi originali, limitandosi a tradurre quelli con riferimento mitologico: Eaco per Aiacos, Minosse per Minos, Mandragola per Alraune e così via.

Medesimo discorso vale per i colpi segreti, i cui nomi sono stati modificati quasi totalmente. In alcuni casi si tratta quasi solo di una traduzione in italiano (Polvere di Diamanti per Diamond Dust, Ali della Fenice per Hoyoko Tensho), ma nella maggior parte la riscrittura è stata totale, con il caso più eclatante delle tecniche dei Cavalieri d'Oro spesso mutate in Per il Sacro [nome della costellazione] in sostituzione dei vari Lightning Plasma, Great Horn o Aurora Execution.

C'è poi il discorso del tono. Nella versione italiana i personaggi usano un lessico spesso forbito o aulico, fatto di espressioni non certo di uso comune e occasionali citazioni letterarie con rimandi a Dante, Foscolo o Manzoni. Nulla del genere è presente in originale, dove in particolare i Cavalieri di Bronzo parlano un giapponese abbastanza informale e colloquiale, privo della maggior parte degli onorifici come *-kun*, *-chan* o *-sama*. Questi sono riservati a pochissimi personaggi, come Isabel (*Saori-san*, da noi ben adattato come Lady Isabel) o Nettuno (chiamato *Poseidon-sama* dai sui sudditi). Più formali i Cavalieri d'Oro, ma siamo comunque lontani dal tipo di lessico visto nella versione italiana.

In termini di modifiche alla storia invece, nella maggior parte dei casi si può parlare di dialoghi arricchiti o allungati, seppur creando dal nulla. Ad esempio laddove in originale, durante lo scontro tra Sirio e Orion, Phoenix grida semplicemente *"Shiryu!!"*, in italiano urla un più incoraggiante *"un colpo di reni!"*. Non mancano tuttavia i casi in cui la frase italiana modifica la storia stessa: è ad esempio il caso di Sirya, indicato come maestro di Mime; di Toro, la cui forza sarebbe racchiusa nel corno dell'elmo; della spiegazione per la regola della contraddizione durante l'incontro tra Sirio e Pegasus; di Orfeo che nel primo film cita Sirya e Mime pur essendo stato creato prima di entrambi; di Megres, che cita la sconfitta di suo padre per mano di Libra quando in realtà si trattava di un lontano antenato.

Ci sono poi alcuni casi di modifiche più profonde che hanno finito per cambiare in maniera più sostanziale determinati personaggi. Shaka di Virgo non è mai stato guardiano di Ade ma il suo essere l'incarnazione di Buddha e i numerosissimi riferimenti al buddhismo degli episodi che lo riguardano sono stati probabilmente giudicati troppo esotici per il giovane pubblico italiano ed eliminati, trasformando ad esempio le rive del leggendario fiume Sai dove vagano le anime dei bambini morti nella "*zona desertica alla periferia di Nuova Luxor*" (incidentalmente, il nome stesso della città è una modifica rispetto all'originale Tokyo). Camus dell'Acquario, che in originale sacrifica la vita per un complesso e a tratti contorto senso di dovere nei confronti di Cristal, in italiano diventa un maestro geloso della crescente abilità del suo allievo dal quale teme di essere superato. Nella saga di Asgard, per giustificare l'abbandono nel bosco del neonato Alcor si introduce una carestia che impedirebbe di nutrire sia lui che il fratello, mentre in originale la sorte era più crudele: era considerato sfortunato avere dei gemelli e per questo si decise di abbandonarne uno.

Infine, ci sono gli errori: situazioni, per lo più abbastanza rare, in cui il senso o l'autore di una frase sono stati semplicemente sbagliati. Per esempio Sirio parla con la voce di Shun in una scena dell'episodio 14 e viene chiamato Andromeda, Tisifone chiama illusione un flashback nell'episodio 27, e Gemini definisce "il suo incubo peggiore" ritrovare Kanon come Cavaliere dei Gemelli, mentre in realtà la cosa lo riempiva di gioia e orgoglio.

Sarebbe negligente però limitarsi a elencare le differenze senza parlar anche del grande lavoro interpretativo del cast italiano, i cui sforzi hanno giocato un ruolo fondamentale per il successo della serie nel nostro paese. Ben diretti dal compianto Carabelli e liberi di dar sfogo alla loro abilità, i doppiatori hanno frequentemente tirato fuori interpretazioni sopraffine ben sopra la media delle serie animate dell'epoca, che generano emozioni ancora oggi a diversi decenni di distanza. Come dimenticare ad esempio l'ira del Dragone di Balzarotti alla quarta casa, il trasporto del monologo sull'amicizia di Rosa su Hyoga all'ottava, i toni beffardi di De Palma su Seiya davanti ad Arles, il tormento di De Nisco su Shun di fronte a Mime o i deliri di onnipotenza di Mezzabotta su Death Mask? Recitazioni che lasciarono il segno nei giovani spettatori del tempo e che in tanti ancora oggi sono in grado di citare esattamente parola per parola.

Più importante la fedeltà o la bellezza? Il rispetto delle idee degli autori originali o la capacità di lasciare un ricordo e suscitare un'emozione? È il dibattito che da oltre trent'anni divide la comunità italiana dei Cavalieri, e che, probabilmente, non avrà mai fine.

LE SIGLE

Chi non ricorda le note di flicorno (strumento dal nome deliziosamente adatto alla saga) che lanciavano la prima storica sigla italiana del cartone? Intitolata semplicemente "*I Cavalieri dello Zodiaco*", era opera degli Odeon Boys, in realtà uno pseudonimo di Massimo Dorati (1953-2012), autore che esordì lavorando sulle pubblicità e in particolare il vecchio spot del Thè Infrè. Dorati, abile pianista e autore di testi, passò poi a comporre sigle di alcune serie animate di Odeon TV e Fininvest con la collaborazione duratura di Enrico "Chicco" Santulli e Massimo Crestini e più breve di Erika Papa.

Intervistato nei primi anni duemila da Blue Fixer per il portale *Hurricane*, Dorati racconta "*[delle sigle] mi davano la storia del cartone animato a grandi linee, ad esempio, I Cavalieri dello Zodiaco: la storia iniziava con un torneo per avere l'armatura, tanto per darti un'idea... [...] io ero in macchina, per dire, e mi veniva in mente qualche parola, poi venivo a casa, mi canticchiavo la musica, mi mettevo al piano, e poi da lì mi scrivevo il testo. Poi telefonavo a Chicco: "Domani vengo da te", e gli facevo sentire tutto il pezzo al pianoforte, e ci studiavamo l'arrangiamento.*"

Il testo della sigla effettivamente è totalmente incentrato sull'arco della Guerra Galattica, ma le note rock, il montaggio delle immagini e la voce di Dorati la resero un enorme successo al punto che l'autore venne richiamato per creare la seconda, "*Il Ritorno dei Cavalieri dello Zodiaco*" che venne utilizzata dall'episodio cinquantatré in poi per sottolineare l'agognata acquisizione dei nuovi episodi. Il testo, molto più generale del precedente e privo di riferimenti a qualsiasi saga, suggerisce che anche in questo caso Dorati non ricevette particolari informazioni sulla trama della storia. A differenza della prima, questa seconda sigla fu però incisa sull'LP Fivelandia 9, anche se attribuita erroneamente a Giampi Daldello.

Quando i Cavalieri ritornarono in TV negli anni 2000, Mediaset e Yamato commissionarono nuove sigle, la prima delle quali fu un adattamento italiano della storica opening giapponese *Pegasus Fantasy*. Cantata da Giacinto Livia su testi di M. Parretti, la videosigla era intesa soprattutto per la distribuzione in home-video della serie, ma andò erroneamente in onda anche durante alcuni passaggi su Italia 1 o più di recente nelle repliche su Italia 2.

Fu poi il turno della sigla "ufficiale" del passaggio su Mediaset, intitolata semplicemente di nuovo "*I Cavalieri dello Zodiaco*" e cantata da Giorgio Vanni su testi di Alessandra Valeri Manera, leggendaria responsabile dell'animazione sulle reti del Biscione. Cone nelle precedenti, il testo non aveva riferimenti diretti ad alcuna saga ma solo parole abbastanza generiche alle lotte dei Cavalieri. Storicamente non molto amata dai fan, che le criticano le troppe rime del testo e sonorità più infantili rispetto a quelle delle sigle di Dorati. Ciononostante, dal 2001 è stata riproposta su numerosi album a ritmo quasi annuale, e nel 2008 lo stesso team di autori fu incaricato della sigla per la versione italiana dell'attesissima serie di Hades.

Intitolata "*I Cavalieri dello Zodiaco – Hades*", la nuova sigla per la prima volta suggeriva gli elementi portanti della trama, come il ritorno dei Cavalieri d'Oro o il tradimento di alcuni di loro a favore del "grande nemico indomo" Hades. Anche in questo caso alcune ricerche eccessive delle rime e alcune sonorità infastidirono i fan più adulti, ma la sigla è generalmente più apprezzata della precedente.

Universalmente amate sono invece tutte le sigle originali giapponesi. La serie classica ne ebbe due: *Pegasus Fantasy* cantata dai Make Up per gli episodi 1-73 corrispondenti alla saga del Grande Tempio, e *Soldier Dream* di Hironobu Kageyama per gli episodi 74-114 ovvero le saghe di Asgard e Nettuno. Da notare che pur restando invariata la canzone, il montaggio delle immagini cambiava con l'inizio della serie di Nettuno nell'episodio 100.

La serie di Hades esordì invece con le note di *Chikyugi* (letteralmente: "globo"), canzone molto più melodica e poetica rispetto alle sigle precedenti cantata da Yumi Matsuzawa. I capitoli Inferno ed Elisio infine tornarono a note più rock con *Megami no Senshi - Pegasus Forever* di Marina del Ray. Anche in questo caso il montaggio delle immagini variò al passaggio tra Inferno ed Elisio.

Per quanto riguarda le ending, come da tradizione in Giappone gli anime hanno brani e montaggi d'immagini diversi, preferendo di solito ballate o pezzi più lenti e malinconici. La prima ending della serie classica fu *Blue Forever*, che tradisce le sue origini mostrando una lunga carrellata dei dieci Cavalieri di Bronzo della Guerra Galattica e includendo anche Castalia, ma si concentra soprattutto su un pensieroso Seiya e svela la natura divina di Isabel (gli spoiler non sono considerati un problema in Giappone). Dall'episodio 74 fa poi il suo esordio *Blue Dream*, forse il brano più onirico di tutti anche grazie ai delicati disegni di Michi Himeno. In una sequenza che ricorda da vicino i titoli di coda del secondo film cinematografico, un malinconico Seiya riflette in un campo sotto il cielo stellato illuminato dall'aurora boreale, mentre i suoi amici ammirano l'immensità del Monte Fuji all'orizzonte.

Durante la serie Hades Santuario, la canzone di chiusura è *Kimi to Onaji Aozora*, ovvero "il tuo stesso cielo azzurro", che mostra i nostri eroi e Isabel di spalle sulla spiaggia al tramonto, con pezzi di armatura abbandonati sulla sabbia. Si tratta dell'ultima sequenza animata disegnata appositamente per una sigla di chiusura, visto che le successive si limiteranno a presentare un montaggio delle scene dell'episodio appena concluso. Per la serie Hades Inferno la canzone era *My Dear*, mentre per l'Elisio *Kami no En - Del Regno*.

CINQUE DOMANDE CON: STEFANO CERIONI

Ho avuto il piacere di chiacchierare un po' con Stefano Cerioni, storico adattatore dei Cavalieri dello Zodiaco in Italia, che si è reso disponibile per quest'intervista.

Ciao Stefano, grazie di essere qui! Spesso oggi si tende a integrare traduzione e adattamento in un tutt'uno stile traduttore online. Potresti invece descriverci brevemente in cosa consiste il ruolo dell'adattatore, e come si svolge? Che tipo di formazione richiede?

SC: L'adattatore ai dialoghi 'adatta' le battute in modo che, mantenendo il significato originale, si conformino esattamente al movimento delle labbra. Si provano le battute esercitandosi a recitarle assieme all'attore del film o cartone animato, così che il doppiatore italiano possa recitarle ricalcando le espressioni vocali e il senso reale in modo aderente e quanto più preciso possibile. Per svolgere al meglio questo 'mestiere' occorre avere una padronanza assoluta della lingua italiana e abilità di comprensione di testo e contesto filmico. Non dovrebbero fare difetto neanche malleabilità e una buona dose di coraggio. Linguistico, non fisico. Anche se pure il secondo...

Partiamo dal passato remoto dei Cavalieri, anzi degli Chevaliers du Zodiaque visto che il primo mercato europeo fu quello francese. Come finisti a lavorare sull'adattamento di Saint Seiya e cosa ricordi dello stato degli script che ricevetti? Ci furono influenze dall'adattamento francese?

SC: Gli script o copioni su cui lavorammo erano in inglese, traduzioni lacunose dell'originale giapponese con mancanza di brani interi e spesso lunghi nei dialoghi in video. Figurarsi avere le parti in francese... Che pure avrebbero aggravato il problema anziché risolverlo. Come finii per lavorarci? Beh... Ero lì. Giovane e resistente ai ritmi, Una buona parte la ebbero pure i committenti dell'allora Fininvest, che chiusero un occhio e mi lasciarono a una serie non loro.

Quello dei nomi è uno dei grandi temi della versione italiana dei Cavalieri. Si dice che furono inizialmente presi in considerazione dei nomi propri per i tre protagonisti Pegasus, Andromeda e Phoenix. Ricordi qualcosa a riguardo, e inversamente cosa portò Sirio e Cristal a non essere chiamati solo Dragone e Cigno? Si è parlato spesso dell'influenza dello sponsor Giochi Preziosi a riguardo.

SC: Io preparai una lista di possibili nomi, com'era costume allora, pescando nel prezioso scrigno del verosimile fantasy. Giochi Preziosi ci chiese invece, nel frattempo, espressamente di utilizzare il più possibile i riferimenti alle costellazioni o alle armature. Addivenimmo a un compromesso, forse poco logico e comprensibile come tutti i compromessi ma accettabile. Non ricordo perché Sirio e Cristal si salvarono: forse perché quei nomi, aldilà delle armature e delle costellazioni di appartenenza, piacquero ai committenti tanto da venire tollerati e accettati nonostante i divieti.

Le citazioni letterarie e il linguaggio aulico sono le caratteristiche più note e belle dei Cavalieri italiani. Come nacquero, furono un'idea venuta sul momento o qualcosa di più ponderato? E ci sono altre citazioni letterarie che vennero magari prese inizialmente in considerazione ma poi si finì per non utilizzare per qualche motivo?

SC: Il tono aulico del linguaggio nacque da una mia proposta che Enrico Carabelli accolse a braccia aperte. Mi pose come unica condizione il fatto di reggere i toni per l'intera serie. Di non cambiare mai registro e mantenere lo stile ad ogni costo. Le citazioni letterarie nacquero al momento, furono dettate dalle scene e dalle ispirazioni in sala di doppiaggio.

Venni coinvolto solo alcune volte, quando ero presente. Il che devo dire capitava piuttosto spesso... stavo più in sala due che chino sulla scrivania dello scribacchino.

Oggi si tende a dimenticare la fase di adattamento a favore di traduzioni che ricalchino l'originale in maniera persino a volte estrema. Al contrario, nell'adattamento dei Cavalieri ricordi situazioni in cui vennero fatti dei cambiamenti non per problemi di script originali ma solo per puro adattamento, cioè per rendere comprensibili al pubblico italiano dei personaggi o dei concetti fortemente orientali? Mi vengono in mente casi come Aquarius o Virgo ad esempio.

SC: *Molte furono le ragioni dei tanti cambiamenti. Spesso i copioni erano talmente frammentari e senza costrutto che si era giocoforza costretti a trovare soluzioni alternative. Feci coi Cavalieri un po' più il mestiere dello sceneggiatore che quello del dialoghista. Con la paura costante di venire sbugiardato dalle puntate successive o non essere all'altezza dell'originale. Avevo buone abitudini di lavoro, all'epoca. E riuscii a evitare (con un pizzico di fortuna) entrambe le cose. Ma se dovessi rifarlo oggi, da capo, tutto come allora... non so se avrei il coraggio. La stessa incoscienza. Al limite di più. Ma non quel misto di spavalderia e ottimismo che in quei giorni non mi mancavano e che furono le mie parole d'ordine nell'attendere alla serie. Immerso nell'atmosfera magica e irreale della situazione. Non finirò mai di dire che l'impianto generale era davvero ottimo e decisamente ben fatto, stimolante e a prova di bomba. Una fortuna averlo lì intonso e lacunoso. Nelle bellissime storie, nella trama, nella creazione dei personaggi. Permettimi, infine, una menzione speciale per le straordinarie, intense e sempre calzanti musiche. Grazie, Masami Kurumada e grazie a tutti gli altri meravigliosi artisti che lavorarono alla serie.*

I PROTAGONISTI: SEIYA DI PEGASUS

Pegasus (Pegasus Seiya in originale) è il protagonista principale della serie, nonché il primo dei cinque Cavalieri ad essere presentato, e come intuibile è protetto dalla costellazione di Pegaso. Ha un carattere testardo, determinato e ribelle, che lo spinge a mal sopportare gli ordini di qualsiasi tipo o l›autorità altrui. Poco incline alla diplomazia e al dialogo, in numerose occasioni mostra comunque di avere un grande cuore e di essere pronto a rischiare la vita per le persone cui vuole bene, persino se fino a pochi minuti prima lo avevano combattuto da mortali nemici.

Orfano come gli altri cavalieri, l'unica figura familiare di cui abbiamo conoscenza è la sorella Patricia, da cui fu separato quando fu portato alla fondazione di Alman di Thule. Per poterla rivedere, Pegasus doveva conquistare l'armatura e a questo proposito è inviato in Grecia, dove, dopo un addestramento di cinque anni agli ordini di Castalia, combatte e vince in un torneo il potente Cassios, ottenendo l'agognata corazza. *"Dovrai usarla solo per difendere la giustizia e mai per la gloria o scopi personali"* afferma il Grande Sacerdote nel consegnargli lo scrigno dell'armatura.

Dopo essere diventato Cavaliere, coraggio, generosità e determinazione gli permettono di stringere ben presto forti legami con i nuovi compagni, ed in particolare con Sirio il Dragone, Andromeda, Cristal il Cigno e Phoenix, e di diventare il leader del gruppo, pur non essendo necessariamente il più forte dei cinque. In battaglia infatti parte spesso svantaggiato, ma ha la grande dote di non arrendersi mai e di riuscire a rialzarsi anche dagli abissi più profondi (letterali e figurati), finendo per innalzare il suo cosmo abbastanza da trovare un modo per sconfiggere il nemico, spesso conquistandosi anche il suo rispetto.

Tra i protagonisti, sembra in particolar modo legato a Sirio da una profonda amicizia dovuta probabilmente allo spirito di sacrificio che Dragone mostra quando nonostante le sue ferite parte per il Jamir per far riparare la propria armatura e quella di Pegasus stesso. Tale legame si intensifica quando Sirio sacrifica la sua vista per salvare Andromeda e Pegasus dai poteri pietrificanti dello scudo di Medusa. Per ricambiare al sacrificio dell'amico, Pegasus si impegnerà al massimo per prendere l'acqua della vita, l'unica speranza per gli occhi del Dragone.

Nel corso della serie Pegasus matura gradualmente, accettando l'esistenza di situazioni ed ideali più grandi di lui e non esitando neppure a offrire di sacrificare la propria vita in nome della giustizia. Ciò è evidente quando rifiuta inizialmente l'autorità di Lady Isabel comportandosi in maniera indipendente e credendo che la fanciulla si interessi maggiormente della sacra armatura del Sagittario che delle vite dei Cavalieri. In seguito però comprende di essersi sbagliato e decide di rispettare l'autorità della fanciulla, la cui vera identità si rivelerà una sorpresa tanto per lui quanto per gli altri Cavalieri. Nel corso della storia, l'eroe rischierà moltissimo per salvare la sua Dea sin dall'attacco incrociato di Damian e Tisifone.

Proprio la sacerdotessa guerriera, inizialmente sua acerrima nemica, finirà per diventare una figura importante nella sua vita, ma l'eroe è molto legato anche all'amica d'infanzia Lamia e ai bambini dell'orfanotrofio in cui vive quest'ultima. Complesso è poi il rapporto di Pegasus con la sua maestra Castalia: quando Asterione, Cavaliere d'Argento, gli dice che la sacerdotessa altri non è che Patricia, la sorella che l'eroe cerca da una vita, Pegasus cavaliere cercherà a lungo di confermare la veridicità di quelle parole, non riuscendo però a scoprire nulla. La ricerca di Patricia, pur se spesso messa in secondo piano, sarà una sottotrama costante nel corso della serie, e si risolverà solo nei capitoli finali.

L'ARMATURA

Seiya indossa l'armatura di Pegasus in tutte le sue versioni, dalla base di bronzo fino alla Divina. La prima versione della corazza era custodita in Grecia, al Grande Tempio, e gli viene consegnata personalmente dal Grande Sacerdote dopo aver sconfitto Cassios al termine dell'addestramento. L'armatura non ha pezzi particolari, anche se nella forma assemblata è dotata di ali che però nell'anime non sono più presenti quando il Cavaliere la indossa mentre nel manga si rimpiccioliscono e formano il diadema. Secondo il romanzo *Gigantomachia* è particolarmente leggera per favorire l'agilità del Cavaliere. Nel manga la prima armatura cambia aspetto tre volte mentre nell'anime resta invariata fino alla fine della battaglia delle Dodici Case, quando viene totalmente distrutta. Le versioni successive offrono via via una maggior protezione ma anche forme più squadrate e spigolose e – nell'anime – il passaggio da elmo chiuso a diadema. Le ali diventano finalmente utilizzabili nella terza versione grazie al sangue divino di Atena. Nel corso delle serie Seiya ha modo di vestire anche armature diverse, in particolare quella d'oro del Sagittario e quella di Odino.

I COLPI SEGRETI

Chi non ha mai urlato "Fulmine di Pegasuuus" da bambino? Così è chiamata in Italia la tecnica principale di Seiya, il *Pegasus Ryu Sei Ken* letteralmente Pugno delle Stelle Cadenti di Pegasus. È una velocissima raffica di decine, centinaia o persino migliaia di colpi sferrati in modo da tempestare e spazzare via il nemico. Più il cosmo di Pegasus diventa forte, più potenti e numerosi sono gli attacchi, fino a raggiungere persino la velocità della luce. Se serve concentrare tutta l'energia in un colpo solo però Seiya può ricorrere alla Cometa di Pegasus (*Pegasus Sui Sei Ken*) che appunto riunisce le raffiche del Fulmine in un unico fascio di energia. Infine, la Spirale di Pegasus (*Pegasus Rolling Crash*) è una tecnica poco ortodossa con cui Seiya afferra il nemico alle spalle e salta insieme a lui in aria, per poi lasciar precipitare entrambi a terra come nell'impatto di una stella cadente. In *Saint Seiya Omega*, Seiya padroneggia anche il colpo segreto di Aioros del Sagittario, il Sacro Sagitter (*Atomic Thunderbolt*), essenzialmente una versione più potente del Fulmine. Quando indossa l'armatura del Sagittario Seiya ha inoltre accesso alla pericolosissima freccia d'oro, in grado di immagazzinare cosmo e potenzialmente pericolosa persino per le divinità.

LE BATTAGLIE PIÙ BELLE

Pegasus è praticamente sempre il primo a combattere contro un rappresentante del nuovo esercito di avversari, e di conseguenza anche a raggiungere il potenziamento necessario alla vittoria. Nella battaglia contro il Cavaliere d'Argento Eris sfodera tutta la sua astuzia istintiva e ingegno individuando il punto debole della barriera avversaria e poi un modo per sfondarla, creando il nuovo colpo segreto Spirale di Pegasus. Alle Dodici Case riesce per primo a vedere i colpi alla velocità della luce di Toro e Ioria, e innalzando al massimo il suo cosmo sorprende persino Gemini. All'Elisio risveglia l'armatura divina e distrugge Thanatos, che fino a quel momento era sembrato imbattibile. D'altra parte è tutt'altro che un protagonista invincibile e spesso necessita dell'aiuto dei compagni, che lo appoggiano o persino salvano in numerosissime occasioni. Probabilmente il suo combattimento migliore viene dal film *La Leggenda dei Guerrieri Scarlatti*, quando esce dallo stato di depressione in cui era sprofondato e sconfigge Gemini, annullandone l'Esplosione Galattica e distruggendone l'armatura d'oro – che i libretti confermano essere quella reale e non una copia come spesso supposto dai fan.

LA CITAZIONE

"Carico di luce, il seme in me germoglia. Da ghiaccio in foco il cuore mio tramuta. Dona la forza, la mente mia rinfranca, e per la Dea il braccio mio non stanca!" [episodio #64]

IL MITO

Quando Perseo decapitò Medusa, il sangue della Gorgone toccando terra fece nascere il mitico cavallo alato. Esso fu in seguito domato dall'eroe Bellerofonte, che lo usò come cavalcatura in molte sue imprese, finche' un giorno decise di salire al cielo, considerandosi pari a un Dio. Nel corso del volo però Pegaso, forse indispettito dalla sua presunzione, lo disarcionò, facendolo precipitare di nuovo a terra, e continuò da solo a volare, raggiungendo il cielo e diventando una costellazione.

LA COSTELLAZIONE

La costellazione di Pegaso si trova nel cielo Australe e conta otto stelle principali, le quattro più luminose delle quali formano il cosiddetto "quadrato di Pegaso". La stella principale è Markab.

LA CURIOSITÀ

Nella serie di Hades si scopre che esiste un legame eterno tra Atena e i Cavalieri di Pegaso, che si reincarnano per proteggerla e aiutarla nelle guerre contro gli dei. Tutte le incarnazioni dei Cavaliere di Pegaso hanno lo stesso aspetto.

NEGLI SPIN-OFF

Come prevedibile, essendo il protagonista Pegasus rimane un personaggio importante anche negli spin-off, la maggior parte dei quali lo vede in azione come nuovo Cavaliere ufficiale del Sagittario. In *Saint Seiya Omega* viene inizialmente messo fuori gioco dalla maledizione di Mars ma torna al termine della prima stagione e da allora è la spalla di Atena e leader implicito dell'esercito, guidando l'assalto a Pallasvelda e culminando in un'epica battaglia contro il Pallasite Titan. In *Episode G: Assassin* torna dopo un periodo di lunga assenza legato ai postumi della ferita di Hades e indossa varie armature, da una versione dorata della divina a quella di Gladiatore con cui affronta addirittura Zeus. In *Episode G: Requiem* per un po' è l'ultimo Cavaliere sopravvissuto alla distruzione dell'umanità e combatte contro i Ciclopi dell'Olimpo. Salvarlo dalla maledizione della spada di Hades è uno dei temi centrali di *Saint Seiya Next Dimension*.

LA VOCE

Lo storico doppiatore di Pegasus in Italia è Ivo De Palma, che interpreta il personaggio nella quasi totalità di apparizioni: serie classica, serie di Hades, film animati e serie in CGI. Attivo sia nel campo dell'animazione che delle telenovelas, De Palma è stato ad esempio anche la voce di Frank Cooper (*Sentieri*), Kratos (*I Cinque Samurai*), Devilman (*Devilman*), Daniel (*Dragon Quest*), Mahoney (*Scuola di Polizia*), Toki (spin-off di *Ken il Guerriero*) e Gai (*Naruto*). È attivo anche come direttore del doppiaggio – ruolo svolto anche sui Cavalieri in occasione della serie di Hades – e insegnante di corsi di dizione, doppiaggio e adattamento sia in presenza che in remoto.

Altri doppiatori italiani di Pegasus sono stati Patrizio Prata (ridoppiaggio Dynamic dei primi quattro film animati) e Federico Campaiola (film live).

CINQUE DOMANDE CON: IVO DE PALMA

Ciao Ivo, grazie della tua disponibilità! Cercherò di non tediarti con le solite domanda sulla fedeltà dei nomi, ma tornando indietro nel tempo a quei giorni cosa ricordi del primo giorno di doppiaggio e degli script?

IDP: *Il copione italiano c'era, ma messo insieme alla meglio sulla base di chissà che script originale. Considera che il giorno in cui con due clic avevi il mondo in casa era di là da venire. Comunque ero contento di doppiare il protagonista, anche perché me lo sentivo molto congeniale.*

Non è esagerato definire la tua interpretazione di Pegasus come una delle più iconiche nella storia degli anime in Italia. All'epoca in cui registraste la seconda parte di serie – da noi Il Ritorno dei Cavalieri dello Zodiaco – c'era una percezione dell'impatto che sia la serie che le vostre interpretazioni stavano avendo o è qualcosa che sarebbe emerso solo in seguito con l'avvento di internet?

IDP: *A mano a mano cominciammo a capire. Poi internet ci permise di parlare direttamente col pubblico. Non tutto adorante, dovemmo constatare.*

Ancora oggi uno dei capitoli più bizzarri della storia dei Cavalieri in Italia è la versione "pirata" Eden del terzo film. Ci puoi raccontare quando venisti contattato da loro e ti venne proposto un personaggio diverso da Seiya? E c'era una sensazione di qualcosa di anomalo o presentarono tutto come in regola?

IDP: *Sembrava tutto in regola, ma lo studio e il direttore erano diversi. Mi chiamarono per nove righe di un chissà chi. Voltai i tacchi e uscii.*

Tra film, serie ecc hai doppiato Pegasus in tantissime occasioni. Di quale conservi il ricordo migliore o ritieni di aver dato il meglio di te?

IDP: *Ricordo con piacere il film Tenkai Hen. Ma sicuramente non ricordo altre cose, anche superiori.*

Rimandato indietro nel tempo, c'è un personaggio dei Cavalieri diverso da Seiya che pensi ti avrebbe divertito doppiare?

IDP: *Scorpio perché di temperamento simile a Pegasus.*

Mur, Sirio e Virgo perché da Pegasus sono diversissimi.

I PROTAGONISTI: SIRIO IL DRAGONE

Cavaliere della costellazione del Dragone e amico fraterno di Pegasus, Sirio (Dragon Shiryu in originale) è il più saggio, maturo e riflessivo fra i cinque protagonisti, ma ha comunque una natura indomita e combattiva. La sua amicizia Pegasus, di cui bilancia l'avventatezza, nasce all'inizio della serie, quando il primo, dopo averlo sconfitto in duello, gli salva la vita a rischio della propria. Da allora Sirio accorre spesso in suo soccorso, sacrificando persino la vista e, in numerose occasioni, offrendo la vita per salvarlo. Con il proseguire della serie, i rapporti interpersonali tra i Cavalieri vengono un pò messi da parte, e anche questa amicizia scende leggermente in secondo piano.

Per l'addestramento fu inviato fra le montagne della Cina, ai Cinque Picchi, dove conobbe l'anziano maestro e la sua figlia adottiva Fiore di Luna, oltre che Demetrios, un altro aspirante Cavaliere. Demetrios fu però ben presto allontanato per il suo comportamento non certo esemplare mentre Sirio superò tutte le prove che gli furono imposte, fino all'ultima, il dover cambiare il corso d'acqua della cascata con il suo colpo segreto.

"Ora basta ragazzo! Nessun uomo è in grado di fare certe cose, ma tu non sei un uomo comune, sei un Cavaliere dello Zodiaco! La tua è indolenza! Cinque anni di esercizio e disciplina non ti hanno insegnato niente. Coraggio, muta il flusso di quelle acque, lo puoi fare, Sirio, fai in modo che la cascata si innalzi verso il cielo, il tuo potere è superiore alla forza di gravità!" furono le parole del maestro, e alla fine Sirio riuscì nell'impresa e ottenne l'armatura del Dragone. Tale conquista lo rese temporaneamente arrogante e vanaglorioso, ma tali aspetti caratteriali scomparvero rapidamente dopo il bagno di umiltà successivo alla sconfitta per mano di Pegasus alla Guerra Galattica.

Come accennato, caratterialmente, Sirio è estremamente riflessivo e saggio, anche grazie alla cultura accumulata seguendo gli insegnamenti del bicentenario maestro. In battaglia, mostra uno spiccato senso dell'onore, arrivando anche a privarsi dell'armatura se il nemico non la indossa. Generalmente, questo comportamento, il valore guerriero e la sua devozione alla causa e ad Atena, gli valgono il rispetto anche dei nemici. Sirio possiede un cosmo molto potente e numerosi colpi segreti, principalmente legati alla figura del drago. Una sua particolarità è che, per poter raggiungere il massimo livello di energia, deve spesso prima privarsi della protezione dell'armatura. Quando ciò accade sulla sua schiena compare l'immagine di un drago, indicazione che il suo cosmo è al limite. L'origine di questo tatuaggio è rimasta a lungo misteriosa e solo in anni relativamente recenti il manga *Saint Seiya Next Dimension* ha rivelato che è una rarità persino tra i Cavalieri e caratterizza chi è destinato all'armatura d'oro della Bilancia.

Sempre in Next Dimension il tatuaggio subisce una trasformazione e nell'artiglio del drago compare una perla, segno che Sirio ha raggiunto la totale maturazione guerriera e umana ed è stato riconosciuto "dal dio drago". Questo evento è la conclusione di un percorso di crescita interiore che lo spinge ad abbandonare qualsiasi desiderio di una vita felice ma normale, circondato dall'affetto dei familiari, e accettare che il suo destino è la vita breve ma intensa di un Cavaliere.

Del passato di Sirio non conosciamo quasi nulla, e, al di là degli amici, i suoi legami più profondi sono quelli con il maestro, che vede come un padre, e con Fiore di Luna, di cui è profondamente innamorato e con la quale ha o adotta un figlio in diversi seguiti della storia originale.

Sofferto invece il rapporto con i compagni di addestramento, sempre aggiunti solo dalle serie animate. Con il primo, Demetrios, si arriva ad una battaglia mortale durante la convalescenza di Sirio causata della cecità. Questo scontro si rivela catartico per risollevare l'autostima di Dragone e si conclude con la morte – ma anche redenzione – del vecchio rivale. Un secondo compagno di addestramento viene introdotto retroattivamente in *Saint Seiya Omega*, in questo caso caratterizzato da una forte indolenza che lo spinge a non impegnarsi praticamente mai negli esercizi. Solo quando Sirio viene messo fuori gioco dalla maledizione di oscurità di Mars questo ragazzo – di nome Genbu – ritorna in scena e diventa temporaneamente Cavaliere d'Oro della Bilancia, prima di perdere la vita e lasciare l'armatura in eredità a Sirio stesso.

L'ARMATURA

Sirio indossa l'armatura del Dragone, conservata in Cina sotto la cascata dei Cinque Picchi (*Picco dei Cinque Anziani* in originale). L'essere stata immersa sotto la cascata per millenni ha reso l'armatura ben più resistente delle normali corazze di bronzo e in particolare ha drasticamente aumentato la robustezza dei bracciali, mutandoli in un *"pugno in grado di frantumare qualunque difesa e uno scudo in grado di parare qualunque attacco"*. Proprio lo scudo del Dragone è l'elemento distintivo dell'armatura, spesso definito indistruttibile nonostante poi venga spesso fatto a pezzi da nemici particolarmente potenti. La resistenza dell'armatura aumenta a ogni successiva riparazione, tramutandosi temporaneamente in oro durante la battaglia contro Krisaore nel Regno di Nettuno e poi evolvendosi in armatura divina all'Elisio grazie al sangue di Atena. In questa versione, per la prima volta l'armatura è dotata anche di ali.

I COLPI SEGRETI

La tecnica più nota di Sirio è il Colpo Segreto del Drago Nascente (*Rozan Sho Ryu Ha*, traducibile in vari modi ma essenzialmente Ascesa del Sommo Drago del Monte Ro), con il quale Sirio crea un drago di energia che esplode verso l'alto lanciando via il nemico. Mentre nel manga si tratta in pratica solo di un uppercut, nell'anime viene sferrato in tutti i modi e le direzioni, anche come calcio. Una delle peculiarità di questo colpo segreto è che per raccogliere tutta la potenza possibile obbliga Sirio ad abbassare la guardia e scoprire il cuore per una frazione di secondo, durante il quale è possibile colpirlo e ucciderlo. Questo punto debole è cruciale nello scontro tra Sirio e Pegasus all'inizio della saga e verrà ripreso un paio di volte in seguito, specie contro Shura del Capricorno e Siegfried (Orion) ad Asgard. Molto più raro è il colpo di Sirio noto in Italia solo come Colpo del Drago Nascente (*Rozan Ryuhisho*), essenzialmente poco più di una variante in cui il dragone di Sirio viaggia orizzontalmente e non verticalmente. Dal suo maestro Dhoko Sirio eredita poi il Colpo dei Cento Draghi Nascenti (*Rozan Hyaku Ryu Ha*), in cui un centinaio di draghi esplodono in avanti e spazzano via tutto quel che incontrano, mentre da Shura del Capricorno riceve in dono Excalibur, la spada sacra che dorme nel suo braccio sinistro e si risveglia quando il suo cosmo padroneggia al meglio il settimo senso. In mano a Sirio Excalibur sembra meno versatile rispetto a quando la usa Shura, ma è comunque in grado di tranciare quasi qualsiasi difesa e armatura. Quando l'avversario sembra invincibile infine è possibile ricorrere alla Pienezza del Dragone (*Rozan Koryu Ha*), con cui Sirio abbraccia il nemico e lo trascina con sé nello spazio esterno, dove entrambi sarebbero destinati a bruciare e diventare polvere cosmica. Per la sua evidente natura suicida, è una mossa che Sirio usa molto di rado e mai con i risultati sperati. A questo già numeroso parco tecniche vanno infine aggiunte le armi della Bilancia, che Sirio potrebbe adoperare quando indossa l'armatura del suo maestro (ma non lo fa mai per rispetto alla cavalleria) e la bizzarra Aura Fosforica / Fuoco del Dragone, vista esclusivamente in Jamir per abbassare di un piano la torre di Mur.

LE BATTAGLIE PIÙ BELLE

Insieme a Phoenix, Sirio è spesso il protagonista che affronta gli avversari più forti dell'esercito nemico, e di frequente i suoi scontri si combattono sia sul piano fisico che su quello morale, venendo risolti solo con atti di grande sacrificio. Tra le battaglie più memorabili ricordiamo quella con Pegasus alla Guerra Galattica, fondamentale per cementare l'amicizia tra i due; quella con Cancer alle Dodici Case, nella quale – convinto della morte dell'amata Fiore di Luna – Sirio cede all'ira e scatena sul nemico tutta la forza della sua rabbia; quella con Capricorn, che si risolve con la tragica Pienezza del Dragone e lascia un segno talmente profondo sul Cavaliere d'Oro da spingerlo non solo a salvare la vita di Sirio, ma persino a donargli la sua spada sacra Excalibur. Le battaglie più esemplificative però sono probabilmente quelle con Argor di Perseo e Orion di Asgard, due situazioni in cui Dragone è l'ultima speranza dell'intero gruppo e per vincere deve ricorrere a un misto di astuzia, coraggio e spirito di sacrificio, arrivando in un caso ad accecarsi spontaneamente e nell'altro a rischiare la vita solo per trovare il punto debole del nemico.

LA CITAZIONE

"Cancer, la tua malvagità ha risvegliato in me la parte più terribile del mio segno! Le tue vittime gridano forte la loro vendetta e così anche la mia cara Fiore di Luna! Hai calpestato l'amore e la misericordia troppo a lungo per poter sopravvivere! Non hai risparmiato neppure gli indifesi che si sono parati di fronte al tuo cammino! Non hai esitato a rendere i tuoi nemici simili a zombie! Non hai avuto pietà di una fanciulla indifesa, che ha avuto come unico torto quello di pregare per me!" [episodio #49]

IL MITO

Il drago è una figura mitologica che si trova nella maggior parte delle culture, ma quello di Sirio in particolare è il drago di Cina, un'immagine molto complessa che sostanzialmente rappresenta aspetti cosmici e divini accanto ad aspetti infernali, è creatore ed insieme distruttore. Nella quasi totalità dei casi vive nell'acqua ed è spesso il re della fauna sottomarina. Il drago dei miti orientali infatti è molto più legato all'acqua che non al fuoco, è di solito di colore azzurro, ed è capostipite di tutti gli animali dotati di squame. Dei punti cardinali è l'Est, dei 4 elementi incarna ovviamente l'acqua. Simboleggia la divinità cinese Ch'ing Long, corrispondente al giapponese Seiryu.

LA COSTELLAZIONE

La costellazione del Dragone si trova nel cielo Boreale, e conta 14 stelle principali, la più luminosa delle quali è Eltanin.

LA CURIOSITÀ

In ben due spin-off, Sirio e Fiore di Luna mettono su famiglia. *Saint Seiya Omega* introduce Ryuho, figlio biologico della coppia, mentre *Saint Seiya Next Dimension* mostra i due adottare un neonato di nome Shoryu, che comparirà anche in *Episode G: Assassin*.

NEGLI SPIN-OFF

Sirio mette su famiglia in *Saint Seiya Omega*, generando il piccolo Ryuho insieme a Fiore di Luna, mentre in *Next Dimension* la coppia adotta un piccolo orfano di nome Shoryu, che in *Episode G: Assassin* è ormai cresciuto e sembra un apprendista o forse persino un Cavaliere lui stesso. *Next Dimension* stabilisce che Sirio è destinato a diventare Cavaliere d'Oro della Bilancia, titolo con cui compare sia in *Omega* che in *Assassin*. Sempre in *Assassin* dichiara di possedere una ditta di import-export, mentre *Next Dimension* lo mostra più interessato a ritirarsi ad una vita da contadino in Cina.

LA VOCE

In Italia la voce principale di Sirio è di Marco Balzarotti, figura poliedrica nota probabilmente soprattutto come voce italiana di Batman nella maggior parte di serie animate e videogiochi, ma anche di Optimus Prime (*Transformers*), Marzio (*Sailor Moon*), Action Man (*Action Man*), Dio Brando (*Le Bizzarre Avventure di JoJo*), Kenpachi Zaraki (*Bleach*), Asuma (*Naruto*), Shredder (*Tartarughe Ninja alla Riscossa*) e letteralmente centinaia di altri personaggi tra animazione, videogiochi, telefilm e telenovelas. È attivo anche come annunciatore e speaker. Balzarotti ha doppiato Sirio nel corso di quasi tutta la serie classica, la serie di Hades, i film e la serie in CGI.

Nel corso della serie classica, Sirio è stato però doppiato brevemente anche da Pasquale Ruju (tecnicamente la sua prima voce durante lo scontro con Pegasus alla Guerra Galattica), Gabriele Calindri (episodi dell'attacco di Phoenix), Stefano Albertini e Massimiliano Lotti. Francesco Prando doppia invece il personaggio nel ridoppiaggio Dynamic dei quattro film animati.

I SIGNIFICATI DEL TATUAGGIO DEL DRAGONE

Elemento grafico caratterizzante per Sirio, il tatuaggio di drago sulla sua schiena compare sin dallo scontro con Seiya nella Guerra Galattica e raffigura il leggendario animale mentre sorge dalle acque ed è rivolto verso destra. A volte violaceo (presumibilmente dal nome Shiryu, che in cinese vuol dire proprio *drago purpureo*) e a volte colorato nell'anime, il tatuaggio compare solo quando il cosmo di Sirio raggiunge un certo livello. Al netto di una leggenda metropolitana senza alcun fondamento nata nei primi anni dell'era internet che vuole il drago come una specie di elenco interattivo delle ferite del Cavaliere, l'origine del disegno non è mai stata rivelata fino a *Next Dimension*, che vede Dhoko affermare che tatuaggi di quel genere sono rari persino tra i Cavalieri e indicano uomini di particolare importanza destinati all'armatura della Bilancia. Tale spiegazione ne contraddice una precedente creata in *Lost Canvas*, che indica invece i tatuaggi di quel tipo come il simbolo dei Taonia, stirpe di guerrieri protettori della Cina.

Come spesso accade nei manga però questi sono solo i significati superficiali, e scavando un po' si scopre molto di più. Nelle leggende cinesi il drago non nasce tale ma è inizialmente una carpa, che nuotando controcorrente risale il Fiume Giallo tentando per oltre cento anni di risalire una cascata e scavalcare il Cancello del Drago. Le carpe che riescono in tale impresa vengono premiate dagli dei e mutate in possenti dragoni. La prova finale dell'addestramento di Sirio consiste proprio nel risalire la cascata dei Cinque Picchi e invertirne il corso, impresa che simbolicamente tramuta Sirio in drago permettendogli di ottenere l'armatura e diventare Cavaliere. Il drago che si innalza tra le onde è quindi Sirio stesso, riuscito nell'impresa.

In *Next Dimension* il tatuaggio subisce un'ulteriore modifica e nel suo artiglio compare una perla, fino a quel momento custodita nel bastone di Dhoko. È un riferimento alla leggenda cinese di Nie Lang e simboleggia saggezza, potere e maturità che si ottengono attraverso la sopportazione, intesa come la capacità di mantenere un animo imperturbabile nelle difficoltà. Sirio la ottiene dopo aver rinunciato alla possibilità di una vita tranquilla, preferendone una da guerriero con tutte le sue sofferenze.

I PROTAGONISTI: CRISTAL IL CIGNO

Cavaliere della costellazione del Cigno, Cristal (Crystal in alcune versioni, Cygnus Hyoga in originale) è il signore delle tecniche del gelo, apprese dopo un lungo addestramento in Siberia agli ordini del Maestro dei Ghiacci (Crystal Saint, solo nell'anime) o di Aquarius (Camus, solo nel manga). All'inizio della serie appare freddo e distaccato, al punto da trattare gli altri Cavalieri persino con un vago atteggiamento di superiorità, ma con il passare del tempo impara a fidarsi di loro non solo come compagni ma anche come amici, forgiando un fortissimo legame. Inoltre, pian piano Cristal impara a lasciar emergere le emozioni che porta dentro, considerandole una fonte di forza e determinazione e non una debolezza. La maggior parte del suo percorso di crescita è incentrato proprio sul superamento dei traumi del passato e sulla gestione delle proprie emozioni.

Insieme a Phoenix, è il protagonista dal passato più tragico: la sua infanzia è infatti segnata dalla morte della madre Natassia, la cui nave sprofondò sul fondo del mare vicino al Circolo Polare Artico. Cristal accettò di diventare Cavaliere proprio per trovare la forza di spaccare lo spesso strato di ghiaccio e rivederla, ragion per cui venne aspramente criticato dal compagno di addestramento Abadir (Isaac), che reputava troppo egoistica e labile questa motivazione. Ironicamente proprio il sacrificio di Abadir salvò Cristal dai rischi della prima immersione, aggiungendo nuovi sensi di colpa.

Questi traumi segnano a lungo il ragazzo, anche dopo la conquista dell'armatura del Cigno che si trovava all'interno di un ghiacciaio secolare, che l'eroe distrugge con un solo pugno. Alla Guerra Galattica sconfigge Idra e dovrebbe affrontare Pegasus, ma l'arrivo di Phoenix pone fine alla competizione. Nelle varie situazioni Cristal inizialmente appare freddo, sicuro di sé al limite dell'arroganza, ma in realtà la sua sicurezza è solo superficiale ed è costantemente ossessionato dal ricordo di sua madre, di Abadir e, in un secondo momento, anche dal senso di colpa per aver ucciso il Maestro dei Ghiacci, la cui mente venne manipolata dal nemico.

Tutte queste emozioni contrastanti vengono a galla durante le battaglie con Scorpio e Aquarius alle Dodici Case, con Cristal che inizialmente non riesce a raggiungere la freddezza necessaria per affrontare il Cavaliere dell'undicesima casa che era il maestro del suo maestro (nell'anime) o direttamente il suo maestro (nel manga). Solo in seguito, grazie all'amicizia e allo spirito di sacrificio dei compagni, impara ad accettare le perdite e ad abbracciare il suo destino di Cavaliere nel senso più ampio del termine, pur senza raggiungere mai il totale distacco emotivo decantato da Aquarius. Ironia della sorte, il fato lo mette spesso di fronte a nemici con cui ha un passato comune, tra cui persino i suoi maestri ed il compagno di addestramento Abadir. Ciò rende le vittorie un'inevitabile fonte di dolore e rammarico, grazie al quale però il ragazzo riesce a maturare come uomo e come guerriero.

A parte Natassia, le figure più importanti della sua vita sono sicuramente i maestri, la cui identità come detto varia tra anime e manga. Nel fumetto è direttamente allievo di Camus dell'Acquario, di cui però ignora l'identità di Cavaliere d'Oro, mentre nell'anime è discepolo di un Cavaliere senza costellazione noto come Maestro dei Ghiacci, a sua volta ex discepolo di Aquarius. Abadir era il suo solo compagno di addestramento, ma sembra essere amico anche di un bambino siberiano di nome Jacov, figura marginale che compare di rado nell'anime e nel manga. La versione animata gli fa instaurare un rapporto platonico anche con Flare, principessa di Asgard, mentre nel manga conosce brevemente un'altra ragazza di nome Natassia, figlia del governatore di Blue Grado. Nello spin-off *Episode G: Assassin* salva una bambina e l'adotta come figlia dandole ancora una volta il nome di Natasha / Natassia.

In battaglia, tutti i suoi colpi segreti sono basati sul ghiaccio e sul rallentamento del moto degli atomi nel corpo della vittima. Si mostra in grado di congelare persino le fiamme già nella parte iniziale della storia, e la lava nella saga di Asgard.

L'ARMATURA

Cristal indossa l'armatura del Cigno, conservata per millenni all'interno di un ghiacciaio in Siberia. Secondo il databook noto come enciclopedia Taizen, grazie alla lunghissima permanenza nel ghiaccio l'armatura ne ha preso il potere, diventando essa stessa gelida al tatto al punto da poter essere indossata solo da qualcuno capace di controllare le energie fredde. Ciononostante, l'armatura ha il normale punto di congelamento delle vesti di bronzo e va in pezzi se portata a -150°C. A parte un piccolo scudo sul braccio sinistro non ha elementi distintivi, visto che le ali di cui il totem è dotato si rimpiccioliscono e diventano le inutilizzabili ali dell'elmo nella corazza indossata. Come le altre armature di bronzo diventa via via più potente con le successive riparazioni, ed è probabile che il punto di congelamento si abbassi sempre di più. Nella serie di Hades le ali rinascono grazie al sangue di Atena e diventano pienamente utilizzabili. Tra le armature dei protagonisti è l'unica a non avere mai un elmo chiuso.

I COLPI SEGRETI

Tutte le tecniche di combattimento di Cristal non si basano sul principio di distruggere gli atomi ma su quello di rallentarne il moto e generare gelo, sia sotto forma di semplici strati di ghiaccio che di vere e proprie tempeste. La sua tecnica base è la Polvere di Diamanti (*Diamond Dust* dal nome del pulviscolo ghiacciato che si manifesta nelle regioni artiche), un attacco congelante abbastanza semplice che di solito il Cavaliere sferra con una sola mano. Più violenta è l'Aurora del Nord (*Aurora Thunder Attack*), versione più aggressiva sferrata con entrambe le mani. L'Aurora del Nord esiste solo nell'anime, al suo posto nel manga c'è il *Kholodnyi Smerch* (Tornado di Gelo in russo), una specie di tromba d'aria congelante. La tecnica suprema è però il Sacro Aquarius (*Aurora Execution*) che Cristal apprende dal maestro Camus dell'Acquario e grazie alla quale può sfruttare il pieno potere dello zero assoluto. Nel doppiaggio italiano, in segno di rispetto spesso Cristal la esegue invocando "*in nomine tuo, Aquarius!*". Il Cavaliere possiede poi una tecnica minore ma utile, gli Anelli del Cigno (*Koltso* o *Koliso*), cerchi di ghiaccio che possono sia proteggere lui che imprigionare un avversario di basso livello – o, molto brevemente, uno di livello alto. Verso la fine della serie, Cristal mostra di aver appreso anche una variante del Sarcofago di Ghiaccio (*Freezing Coffin*) con cui imprigiona il nemico in un blocco gelato o innalza una barriera difensiva estremamente resistente.

LE BATTAGLIE PIÙ BELLE

Gli elementi più caratteristici delle battaglie di Cristal sono l'affrontare qualcuno che domini il ghiaccio o il fuoco, qualcuno che abbia un qualche tipo di legame con lui, o spesso entrambe le cose. Si tratta quindi di scontri carichi di momenti drammatici e tensioni personali in cui la vittoria porta spesso con sé un sapore amaro avendo causato la morte di qualcuno che era caro all'eroe. Ciò è esemplificato dallo scontro con Aquarius alle Dodici Case, ma è evidente anche contro Abadir, Artax o il Maestro dei Ghiacci. Dovendo scegliere le battaglie più belle non si possono però non citare quella della Casa dello Scorpione, quando Cristal dopo un monologo memorabile mostra tutta la sua determinazione e spirito di sacrificio riuscendo a congelare temporaneamente l'avversario e continuando a strisciare in avanti anche da moribondo, e quella con Minosse al Muro del Pianto, quando sfodera tutta la sua vera forza e respinge probabilmente il guerriero più forte dell'esercito nemico.

LA CITAZIONE

"Come potrei essere in pace con me stesso se abbandonassi ora gli amici che hanno saputo combattere per salvarmi, amici con cui ho condiviso timori, che ormai considero alla stregua di fratelli! Li lascerei a se stessi per il solo scopo di avere salva la vita? No, Scorpio, non lo farò! Sopravvivere a questo prezzo non mi interessa, a chi interesserebbe? L'amicizia che lega è un vincolo che non si disonora! La storia dei Cavalieri di Atena al Grande Tempio narra episodi di altruismo e di spirito di sacrificio senza precedenti, narra gesta di generosa amicizia e di nobiltà d'animo! Mai lealtà ed audacia avevano albergato qui al Grande Tempio come in questi gloriosi giorni, ed io dovrei abbandonare tutto questo per sopravvivere? No, Cavaliere, la vita di un traditore è un peso insopportabile, se fuggissi ora sarebbe anche peggio di un tradimento!" [episodio #62]

IL MITO

Secondo la mitologia greca, il Cigno è in realtà Cnido il re dei Liguri, amico inconsolabile del defunto Fetonte. Quest'ultimo, figlio di Apollo, volle a tutti i costi una dimostrazione del fatto che il Dio fosse veramente suo padre, perciò gli chiese di poter guidare il carro del Sole come dimostrazione. Apollo accettò ma Fetonte perse il controllo del cocchio e precipitò a terra bruciando campi e foreste. Infine venne fermato da l'intervento di Zeus, che con un fulmine lo fece precipitare nell'Eridano. Cnido era così inconsolabile per la morte dell'amico che Zeus lo tramutò nel cigno celeste in modo da permettergli di sorvolare il luogo della morte di Fetonte per recuperare almeno il suo corpo.

LA COSTELLAZIONE

La costellazione del Cigno si trova nel cielo Boreale ed è formata da 9 stelle principali, disposte in modo da formare la cosiddetta "Croce del Nord", pseudonimo della costellazione del Cigno. Le stelle più luminose sono Deneb e Albireo.

LA CURIOSITÀ

Nel manga, Cristal è il primo sicario che il Grande Tempio invia a uccidere Pegasus e gli altri protagonisti. Questa versione del personaggio viene ripresa in *Knights of the Zodiac*.

NEGLI SPIN-OFF

Tutte le serie mostrano Cristal padroneggiare totalmente i poteri del ghiaccio. In *Saint Seiya Omega* rimane Cavaliere del Cigno, mentre in *Episode G: Assassin* è ufficialmente il nuovo Cavaliere dell'Acquario, oltre a gestire una catena di bar e locali che utilizza per raccogliere informazioni. L'essere destinato all'armatura dell'Acquario è stabilito anche in *Next Dimension*, dove viaggia indietro nel tempo insieme agli amici per salvare la vita di Seiya.

LA VOCE

Il doppiatore italiano principale di Cristal è Luigi Rosa, oggi noto soprattutto come la prima voce di Luffy (*OnePiece*), ma in generale attivissimo interprete di personaggi come Gaara (*Naruto*), Ryo del Fuoco (OAV dei *Cinque Samurai*), Max (*Mighty Max*), Jayce (*Jayce il Cavaliere dello Spazio*) e tanti altri. Rosa è inoltre adattatore, direttore del doppiaggio e persino attore in alcune produzioni italiane.

Rosa ha doppiato Cristal nella serie classica, la saga di Hades, tutti i film animati e la serie in CGI. Altro interprete del Cavaliere del Cigno è stato Francesco Bulckaen nel ridoppiaggio Dynamic dei lungometraggi.

I PROTAGONISTI: SHUN DI ANDROMEDA

Ragazzo dal cuore puro e per nulla amante della battaglia, Andromeda (Andromeda Shun) è sicuramente il più gentile tra i cinque protagonisti. Ha un carattere gentile, pacifista, che rifugge la guerra anche quando è inevitabile, e, pur consapevole dell'importanza delle sue azioni, soffre profondamente per il dover essere obbligato a combattere e uccidere come Cavaliere di Atena. In diverse occasioni queste esitazioni lo spingono persino ad arrendersi ed offrire la propria vita nella speranza di poter in questo modo terminare il conflitto, ma il coraggio e la determinazione dei compagni o gli interventi del fratello maggiore Ikki lo spronano a reagire.

A differenza della maggior parte dei Cavalieri non è completamente solo al mondo ma gli resta appunto il fratello maggiore Ikki, col quale viene portato alla Grande Fondazione. Da bambino è timido, insicuro e facile alle lacrime, il che lo rende il bersaglio dei compagni più attaccabrighe obbligando spesso Ikki a difenderlo. Il luogo in cui Shun viene sorteggiato per diventare cavaliere è l'isola della Regina Nera, un luogo da cui quasi nessuno è mai tornato, ma Ikki decide di prendere il suo posto per salvarlo e così Shun viene inviato all'isola di Andromeda, dove, sotto la guida del maestro Albione, si allena con molti compagni per diventare Cavaliere. Oltre al maestro, unica persona amica è Nemes, sacerdotessa guerriera, che più volte lo aiuta ad andare avanti ricordandogli il sacrificio di Ikki e la promessa, fatta al fratello stesso, di fare ritorno da Cavaliere. Durante gli anni dell'addestramento Shun risveglia la forza che in lui era sopita, e un cosmo spaventosamente forte che lui si sforza di reprimere il più possibile per non ferire accidentalmente nessuno. Alla fine i suoi sforzi sono premiati con la conquista dell'armatura di Andromeda.

Nella prima parte della storia Shun mostra un forte rispetto per la vita di compagni e avversari, al punto da rischiare la propria pur di salvare Pegasus durante gli scontri con i Cavalieri Neri, e si rivela anche disposto a sacrificarsi pur di far tornare in sé Ikki. Ciononostante non esterna ancora totalmente la sua natura pacifista e anzi in alcuni scontri mostra persino una lieve arroganza. Col proseguire della storia però la sofferenza per il dolore procurato alle vittime di guerra diventa progressivamente insostenibile, venendo fuori con prepotenza durante lo scontro con Mime di Asgard, prima vera occasione in cui Shun brevemente si arrende nella speranza di non dover lottare più.

Il resto della serie classica mostra una parabola che alterna belle vittorie contro nemici anche potenti – in particolare il Generale degli Abissi Sirya – a profondi momenti di scoramento e resa, e ad una tendenza a cercare troppo facilmente il sacrificio come sottolineato da Kira di Scilla.

Tale spirito di sacrificio è messo particolarmente in luce nella parte finale dell'opera, la serie di Hades, dove si scopre che, proprio grazie alla sua purezza, Andromeda è stato scelto come corpo in cui il Dio dell'aldilà si sarebbe reincarnato. Anziché opporsi, il ragazzo si lascia possedere, in modo da dare ai compagni una speranza di uccidere Hades anche a costo della vita. Tale atteggiamento ricomparirà di tanto in tanto anche negli spin-off, per esempio in *Saint Seiya Omega* o *Next Dimension*.

Nonostante questi episodi, nel corso della serie in Andromeda ha luogo anche una lenta evoluzione che lo vede acquistare fermezza e decisione e accettare meglio il proprio ruolo di guerriero, seppur sempre a malincuore. Paradossalmente, il carattere gentile di Andromeda cela un cosmo immenso e potentissimo che, quando non è tenuto a freno dalla sua personalità, si rivela devastante contro i nemici.

L'ARMATURA

Conservata sull'Isola di Andromeda al largo dell'Etiopia, l'armatura di Andromeda è resa celebre dalle due catene di cui è dotata: una catena dall'estremità piramidale o triangolare specializzata nell'attacco e una dall'estremità sferica o circolare specializzata nella difesa. Le due catene sono l'arma principale del Cavaliere di Andromeda e hanno numerosissimi poteri e peculiarità: dalla capacità di circondare totalmente il loro padrone a quella di adattarsi agli attacchi del nemico e disegnare forme diverse per neutralizzarli, dal ripararsi da sole al moltiplicarsi, dal poter percepire e attaccare da sole una minaccia all'allungarsi teoricamente all'infinito e colpire nemici persino ad *"universi di distanza"*. Viene spesso indicato che le catene possiedano una vita propria e siano abbastanza aggressive nonostante il buon cuore di Shun le tenga in qualche modo a bada. Come tutte le corazze dei protagonisti anche l'armatura di Andromeda diventa più potente ad ogni riparazione, e a partire dalla versione divina è dotata anche di sottili ali.

I COLPI SEGRETI

Andromeda combatte prevalentemente usando le catene della sua armatura e per tantissimo tempo non esegue nemmeno veri e propri colpi segreti ma si limita a controllare gli istinti offensivi e difensivi delle sue armi. Durante la battaglia delle Dodici Case però si rende necessario l'utilizzo di due tecniche più precise: la Difesa Circolare (*Rolling Defense*) – molto spesso attivata solo affermando *"catena, disponiti a difesa!"* e le Onde del Tuono (*Thunder Wave*). La Difesa Circolare è una spirale che la catena forma attorno ad Andromeda, roteando vorticosamente in modo da respingere la maggior parte degli assalti, anche se può essere varcata da tecniche molto sottili, attacchi particolarmente potenti o facendo esplodere il suolo sotto di lui. Le Onde del Tuono sono un attacco a zig zag che finisce per speronare la vittima provocando spesso seri danni. Nella serie di Nettuno Andromeda mostra la piena capacità di adattamento della sua catena creando tutta una serie di forme difensive apposite contro gli attacchi del Generale Kira di Scilla – dalla ragnatela alla tagliola, dal boomerang alla rete. La vera forza di Andromeda però risiede nel colpo segreto che utilizza di solito senza armatura: la Nebulosa di Andromeda (*Nebula Storm*), un tremendo vortice di vento e cosmo che finisce per spazzare via il nemico non lasciandogli scampo. Considerata una delle tecniche più potenti della saga, la Nebulosa è spesso preceduta dalla Corrente (*Nebula Stream*), un vento crescente che imprigiona il nemico e ne limita i movimenti dando a Shun la possibilità di supplicarlo di arrendersi. In *Episode G: Assassin*, Shun combatte utilizzando catene create con il cosmo e in grado di proteggere persino la Terra da assalti interplanetari, e ha ereditato l'*Om* dei Cavalieri della Vergine.

LE BATTAGLIE PIÙ BELLE

I combattimenti di Andromeda sono spesso caratterizzati da ritrosia alla lotta e tentativi di trovare una soluzione pacifica, elementi che vengono introdotti in punta di piedi ma diventano dominanti dalla serie di Asgard in poi, portando di frequente all'intervento di Phoenix in soccorso del fratello o a vittorie cariche di malinconia e rimpianti. Tra queste, impossibile non citare la battaglia della Casa dei Pesci, in cui Andromeda sfodera per la prima volta la sua temibile Nebulosa, o quella contro Kira del Pacifico del Sud, in cui vediamo per la prima volta la vera forza della sua catena. È però contro Sirya dell'Atlantico del Sud che Andromeda raggiunge la piena maturazione, rifiutando una possibile resa e sconfiggendo uno tra i nemici più potenti in assoluto.

LA CITAZIONE

"L'odio per la bassezza stravolge il viso, l'ira per l'ingiustizia ha reso roca la nostra voce. Noi che cercammo di spianare il terreno alla gentilezza, noi non si poté essere gentili. Ma ditemi, voi pensate forse che vi sia qualcuno nel nostro mondo che possa scagliare la prima pietra? E allora vi sbagliate! Per poter sopravvivere, anche la persona più virtuosa prende la vita degli animali e delle piante. Anche il più dolce tra gli umani prova odio o invidia per qualcuno. Ma questa è la natura umana. Sentire non vuol dire acconsentire. Se tutto questo fa di noi individui malvagi corrotti da una colpa imperdonabile allora lo stesso atto di vivere è un crimine!" [episodio #129]

IL MITO

Secondo la mitologia greca, Andromeda era una principessa etiope, figlia di re Cefeo e di Cassiopea. Per il peccato di vanità commesso dalla madre contro le dee, un enorme mostro marito stava flagellando il regno. I sovrani decisero allora di offrirla quale vittima espiatoria e la incatenarono ad una roccia, dove destinata a morire. Fu però salvata da Perseo che, al ritorno dalla sua impresa contro Medusa, se ne innamorò e promise a Cefeo che avrebbe ucciso il mostro se avesse acconsentito a dargliela in moglie.

LA COSTELLAZIONE

La costellazione di Andromeda si trova nel cielo Boreale ed è formata da 4 stelle principali, la più luminosa delle quali è Alfa Andromedae. Caratteristica di questa costellazione è il fatto che al suo interno si trovi la Nebulosa di Andromeda, la Galassia a Spirale più vicina alla Via Lattea.

LA CURIOSITÀ

Il design delle catene di Andromeda, con un'estremità circolare e una triangolare, è tratta direttamente da un'illustrazione dell'atlante celeste di Hevelius del 1687.

NEGLI SPIN-OFF

Andromeda è il primo protagonista storico a entrare in azione in *Next Dimension*, serie in cui accompagna Isabel prima sull'Olimpo e poi indietro nel tempo per salvare la vita di Pegasus. Nel corso di *Next Dimension* stringe un legame con Tenma – il Pegasus dell'epoca – e viene rivelato essere il futuro successore dell'armatura della Vergine. In questo ruolo compare anche in *Episode G: Assassin*. Sia in *Assassin* che in *Saint Seiya Omega* è inoltre diventato un dottore, finanziandosi da solo gli studi. La sua sensibilità e il suo pacifismo rimangono una parte integrante del personaggio in tutte le serie.

LA VOCE

La voce italiana di Andromeda è Andrea De Nisco, la cui carriera nel doppiaggio ha ricoperto negli anni personaggi iconici come Porthos (*D'Artagnan*), Kimo (*I Cinque Samurai*) il Sergente Stone (*Power Rangers*) o Kurama (*Yu Yu Hakusho*), film, serie TV, videogiochi, telenovelas e pubblicità. De Nisco è stato inoltre adattatore, speaker, direttore di doppiaggio e voce narrante di audiolibri.

De Nisco ha doppiato Andromeda in tutta la serie storica, i film e la serie di Hades. In occasione del ridoppiaggio Dynamic dei film il personaggio è stato invece affidato ad

Alessandro Tiberi. La serie in CGI *Knights of the Zodiac* ha sostituito il personaggio con una ragazza – Shaun – la cui doppiatrice italiana è stata Deborah Morese.

CINQUE DOMANDE CON: ANDREA DE NISCO

Ciao Andrea! Partiamo dal passato: ricordi qualcosa di quando ti venne offerta la parte di Andromeda? Venisti scelto subito o ci fu prima un provino tra più candidati?

ADN: *Avevo da pochi mesi ripreso a doppiare e in quel periodo ero stato scelto anche per altri personaggi, come Kimo nei 5 Samurai e Arthur in Milly, un giorno dopo l'altro. Proprio nella serie Milly, che all'epoca andava in prima serata, interpretavo la parte di un nobile ragazzino dalle belle maniere. Credo sia per questo che Enrico Carabelli, sentendomi in sala, mi propose di diventare Andromeda. La sua sensibilità nel catturare la mia indole recitativa è stata premiata, e soprattutto mi ha permesso di recitare uno dei personaggi più epici della mia carriera.*

Il tuo è uno dei personaggi il cui nome proprio venne allineato alla costellazione, cosa che inevitabilmente finì per rendere strane alcune battute. Ricordi se fosti mai coinvolto in discussioni a riguardo o se si cercò in qualche modo di affrontare questa situazione, dargli un nome diverso ecc?

ADN: *No, il merito e il demerito (scherzo) di tutto è sicuramente di Stefano Cerioni e di Enrico, che liberi dal controllo del "cliente" hanno appagato la loro idea di fare qualcosa di diverso dalle centinaia di serie animate trasmesse a quel tempo. Merito delle voci invece è quello di voler sperimentare anche una recitazione diversa, molto più appassionata e struggente, emotiva e toccante, sicuramente incoraggiati dai testi straordinari che arrivavano sul leggio.*

A oltre trent'anni di distanza Andromeda con il suo pacifismo rimane un personaggio complesso nel panorama degli anime. Fu un'interpretazione impegnativa dal punto di vista di immedesimazione? Che percezione avevi di lui?

ADN: *Dico spesso che doppiare Andromeda è stata una delle esperienze più gratificanti di tutta la mia professione di doppiatore. La libertà di creare un personaggio, anche se lontano dalla mia indole, mi ha permesso di esprimere (nonostante la giovane età) pensieri profondi. La tecnologia di registrazione non ci aiutava molto nel lavoro e quindi un turno di doppiaggio di tre ore, dove spesso ero solo a recitare, era anche molto faticoso e stancante. Ma rimaneva sempre la consapevolezza di fare e avere parte in una storia importante, anche se nessuno di noi avrebbe mai immaginato un successo tale rimasto inalterato lungo gli anni.*

Dovendo scegliere un'unica scena in cui ritieni di aver dato il meglio di te col personaggio, quale sarebbe?

ADN: *Ci sono diversi episodi devo ho potuto esprimermi al meglio, ma non riesco a sceglierne uno in particolare. Lascio a te, a voi, la classifica.*

Purtroppo non hai potuto partecipare al doppiaggio della recente serie in CGI perché Andromeda è stato trasformato in una ragazza. Che ne pensi di questo cambiamento?

ADN: *I veri Cavalieri sono tutti quelli con i personaggi originali, e con le voci originali... tutte le altre proposte hanno solo cercato di rubare il successo alle prime serie, senza secondo me riuscirci. L'aver poi snaturato Andromeda facendolo diventare una ragazza, solo* *per piacere al pubblico, stupendolo 'con effetti speciali ma poi non tanto'..., è stato inutile, dannoso, irrispettoso, e... teso solo a fini squisitamente commerciali... Questo, almeno, il pensiero del vero e unico Andromeda uomo.*

Un grazie va anche a tutti voi, che dopo ormai quasi quarant'anni trovate ancora emozioni nell'ascoltare questa iconica produzione di "anime".

I PROTAGONISTI: IKKI DI PHOENIX

Cavaliere della costellazione della Fenice e fratello maggiore di Andromeda, Phoenix (Phoenix Ikki) è il primo vero nemico che i protagonisti devono affrontare nella serie, ma, come spesso accade, in seguito alla sconfitta diventa loro compagno e alleato. Anche dopo questo cambiamento però Phoenix resta un lupo solitario, poco avvezzo ad esternare le proprie emozioni ed alle dinamiche di gruppo. Il più delle volte infatti si unisce agli amici soltanto in un secondo momento, arrivando da solo e solitamente appena in tempo per salvare Andromeda dal nemico. Le ragioni del carattere introverso di Phoenix sono molteplici, ma la più profonda di esse è la morta dell'amata Esmeralda cui assistette nel corso dell'addestramento. Proprio tale trauma inizialmente lo spinse ad odiare tutto e tutti ed a passare al male, prima che il coraggio dei Cavalieri e l'amore di Andromeda lo riportassero sulla retta via.

La personalità di Phoenix è complessa e varia molto nel corso della storia. Da bambino, orfano e responsabile del fratellino minore, era protettivo, aggressivo e sfacciato, ma sempre fondamentalmente buono e generoso. Poco prima di partire per l'isola della Regina Nera al posto del fratello – inizialmente destinato a quel luogo infernale – le percosse e gli abusi subiti da Mylock generarono però in lui odio, risentimento e astio. Durante l'addestramento inizialmente conserva un forte rispetto verso il maestro nonostante quest'ultimo cercasse di spingerlo a mettere da parte i buoni sentimenti, e l'affetto di Esmeralda diventa un filo che lo tiene attaccato a innocenza e speranza. Tale filo viene brutalmente reciso alla morte della ragazza, per di più avvenuta accidentalmente proprio durante l'ultima lezione dell'addestramento, e in tutta risposta un Phoenix ormai succube dell'odio uccide il suo maestro e diventa Cavaliere. Nel manga, a tutto ciò si somma la scoperta di essere figlio biologico di Alman di Thule e quindi di essere stato mandato a morire dal suo stesso padre, ma l'anime elimina questo passaggio. È possibile ci sia stato anche un incontro con il Grande Sacerdote, ma è qualcosa che non viene mai definito chiaramente.

Il Phoenix oscuro che interrompe la Guerra Galattica è quindi corroso da odio verso tutto e tutti, desiderio di vendetta verso la fondazione Thule, astio, brama di potere e probabilmente anche un desiderio suicida di fondo. La sconfitta per mano di Pegasus è simbolica perché frutto dell'unione dei Cavalieri contro lui che al contrario contava solo sulle proprie forze, ma è l'affetto di Andromeda che in un certo senso purifica il suo cuore. Da questo momento in avanti Phoenix alterna atteggiamenti affettuosi e socievoli – specie nelle scene esclusive dell'anime – ad altri schivi, attaccabrighe e ostili, frutti di un misto di senso di colpa e vergogna per il suo passato, indole e strategia. Tutte queste emozioni esplodono in superficie durante la battaglia delle Dodici Case e il conflitto finale contro Gemini.

Pur non dandolo a vedere, e anzi trattandoli occasionalmente con superiorità, Phoenix è profondamente legato al fratello ed ai compagni, al punto da rischiare la vita per loro, e ne riconosce forza e qualità. Phoenix è molto onesto con se stesso riguardo gli errori fatti in passato. Questo viene messo in risalto in particolare nella guerra di Asgard, durante la quale resta colpito dalle tragiche storie dei nemici, in parte simili alla sua, e si adopera perché anche loro non si lascino divorare dall'odio, combattendoli sia con la forza che con le parole. Il regno del nord ci mostra infatti un Cavaliere della Fenice perfettamente integrato nel gruppo, che collabora con i compagni e li sostiene, ma è anche pronto a rischiare la vita per salvare un nemico dalla via dell'odio.

Nella successiva saga di Nettuno cambia ancora una volta tutto. Phoenix, ora molto più allineato alla controparte del manga anche nell'anime, ha atteggiamenti freddi e scostanti, non esitando a criticare duramente il fratello e i compagni dopo le sconfitte per mano di Lemuri. Comportamenti che magari stonano con quelli di Asgard, ma mirati a rendere gli amici il più autonomi possibile e a rispettarli come guerrieri. Questo Phoenix è nuovamente periferico al gruppo e divide pochissime scene con i compagni, ammettendo a se stesso di aver quasi dimenticato l'esistenza dell'amore finché le illusioni di Lemuri non lo riportano in superficie. Tale caratterizzazione prosegue nella serie di Hades, ma stavolta freddezza e impassibilità cedono alle lacrime di fronte al sacrificio di Andromeda posseduto da Hades e poi alla presunta morte di Pegasus, due eventi che commuovono Ikki fino alle lacrime.

Omega ed Episode G: Assassin hanno poi portato avanti questa versione di Phoenix incapace di crearsi una vita e un ruolo che non sia quello del guerriero, destinato a passare sempre da una battaglia all'altra, mentre Next Dimension amalgama un po' l'Ikki più empatico di Asgard mostrando scambi interessanti con Suikyo o Cain dei Gemelli.

In battaglia, Phoenix è dichiaratamente il più aggressivo dei cinque protagonisti ed è dotato di due colpi segreti devastanti come le Ali della Fenice ed il Fantasma Diabolico. Suo asso nella manica è l'immortalità di cui è dotata la sua armatura, capace di ricrearsi ogni volta che viene distrutta, donandogli nuove energie.

L'ARMATURA

Unica nel suo genere, l'armatura della Fenice era conservata sulla terribile Isola della Regina Nera e nessuno era mai riuscito a ottenerla prima di Ikki. Pur essendo ufficialmente un'armatura di bronzo, la corazza della Fenice possiede il potere della rigenerazione e una capacità di autoriparazione superiore persino a quella delle armature d'oro. Ispirandosi al mito della fenice immortale l'armatura è infatti in grado di rigenerarsi dopo qualunque danno e persino dopo essere stata completamente polverizzata. Queste rigenerazioni spesso si estendono a Ikki stesso, che ricompare tra le fiamme dopo essere stato apparentemente annientato. La velocità della rigenerazione varia sensibilmente tra i pochi secondi e le molte ore o persino giorni senza una spiegazione apparente, anche se sembrerebbe almeno in parte collegata allo stato del cosmo di Ikki. Secondo *Time Odyssey*, l'armatura possiede anche la capacità di adattarsi all'ambiente circostante. La corazza è inoltre dotata di ali – la cui funzione si risveglia spontaneamente verso la fine della serie – ed è l'unica a non aver bisogno di sangue altrui per evolversi e cambiare aspetto – ragion per cui nel manga non diventa mai dorata (nell'anime al contrario riceve il sangue di Shaka di Virgo e diventa brevemente dorata durante la battaglia con Poseidone). È armata anche di tre code metalliche le cui piume possono essere lanciate come *shuriken*.

I COLPI SEGRETI

Come anticipato, il principale colpo segreto di Phoenix sono le Ali della Fenice (*Hoyoku Tensho* – letteralmente Volo della Fenice), una tecnica aggressiva e distruttiva che genera una fenice di vento fiammeggiante che si abbatte sulla vittima. Pur essendo una tecnica abbastanza semplice, la potenza esplosiva del cosmo di Phoenix la rende particolarmente minacciosa e sono tanti i nemici che sono stati annientati al primo colpo. Molto più insidioso è il Fantasma Diabolico (*Hoo Genma Ken* – Pugno Illusorio della Fenice), una tecnica mentale che a seconda dell'intensità può sbloccare memorie represse o far vivere tremendi incubi basati per lo più si una distorsione di quel che la vittima ha di più caro. Il Fantasma Diabolico sembra basarsi sulle paure più profonde e non ha effetto se il nemico non teme assolutamente nulla, ma in caso contrario lo shock dell'incubo può essere istantaneamente fatale. Anche chi riesce a sopravvivere non rimane incolume, subendo un grave danno a tutti i nervi del corpo e un temporaneo indebolimento sia degli attacchi che delle difese, inclusa persino l'armatura. In *Time Odyssey* scopriamo che Ikki possiede un altro attacco, che però aveva ripromesso a se stesso di non usare mai: le Piume Incandescenti di Phoenix (*Hoo Hakunetsu Hane*) con cui crea un cerchio di fiamme al suolo attorno ai piedi del nemico, per poi farlo esplodere in una fenice di fuoco che vola verso il cielo.

LE BATTAGLIE PIÙ BELLE

Phoenix affronta frequentemente il nemico più potente dell'esercito avversario al di fuori di quello finale e le sue vittorie avvengono sempre senza che nessuno intervenga in suo aiuto, anche grazie ai poteri dell'armatura della Fenice che gli permettono di rialzarsi quando tutto sembra perduto. Nel manga i combattimenti di Phoenix sono molto aggressivi e diretti, mirati alla distruzione totale dell'avversario, mentre nell'anime spesso mostra un lato più comprensivo e tende a psicanalizzare i nemici per portarli a comprendere i loro sbagli. In tal senso, impossibile non citare il combattimento con Virgo alla sesta casa, in cui per la prima volta Phoenix si ritrova soverchiato da qualcuno più potente di lui e riesce a formulare una strategia vincente con l'astuzia più che con la forza, e il combattimento con Alcor di Asgard, catartico nel modo in cui il legame tra il nemico e il fratello Mizar viene messo a confronto con quello tra Phoenix stesso e Andromeda. Menzione speciale per la totale distruzione di Lemuri in un combattimento a senso unico semplice ma da grandi soddisfazioni.

LA CITAZIONE

"È l'alba della vita, la nascita, che ci vede innocenti e pieni di amore e comprensione gli uni verso gli altri. Le ore del giorno, poi l'adolescenza e la maturità, ci tendono insidie che possono rendere nemico chi era amico, straniero chi si amava come fratello. Le ore del giorno possono portare lontano! Dobbiamo imparare ad amarci, prima che scenda la notte! E per amarci, imparare a conoscerci e capirci... come fratelli" [episodio #94]

IL MITO

La Fenice, il leggendario uccello di fuoco capace di risorgere dalle proprie ceneri, è una figura presente in numerose mitologie occidentali. Secondo la versione fornitaci da Ovidio nelle "Metamorfosi" essa «*Dopo aver vissuto 500 anni, con le fronde di una quercia si costruisce un nido sulla sommità di una palma, ci ammonticchia cannella, spigonardo e mirra, e ci s'abbandona sopra, morendo, esalando il suo ultimo respiro fra gli aromi.*» Dal corpo del genitore esce una giovane Fenice, destinata a vivere tanto a lungo quanto il suo predecessore. Una volta cresciuta e divenuta abbastanza forte, solleva dall'albero il nido (la sua propria culla, ed il sepolcro del genitore), e lo porta alla città di Eliopoli in Egitto, dove lo deposita nel tempio di Iperione, il Titano padre del dio Sole. Sebbene il suo ciclo di vita vari a seconda degli autori, viene quindi utilizzata per illustrare il concetto di eternità, di ritorno ciclico e continuo.

LA COSTELLAZIONE

La piccola costellazione della Fenice è si trova nel cielo Australe ed è composta da quattro stelle principali. È una delle cosiddette costellazioni moderne, introdotta negli atlanti stellari solo nel 1603. La stella più luminosa è Alpha Phoenicis.

LA CURIOSITÀ

Il color ocra della prima armatura della Fenice è dovuto al fatto che i coloristi inizialmente non sapessero che Ikki sarebbe successivamente diventato uno dei protagonisti, e quindi la colorarono con le tinte anonime solitamente riservate agli avversari. Al contrario, per la

V2 venne totalmente ricolorata di blu, uno dei tre colori primari.

NEGLI SPIN-OFF

Tutte le serie fanno di Ikki un lupo solitario, che arriva solo nei momenti più difficili per dare una mano in battaglia ma è incapace di crearsi una vita normale come gli altri compagni. In *Next Dimension* segue Andromeda e Isabel sull'Olimpo e poi nel passato, affrontando vari avversari e venendo dichiarato futuro Cavaliere del Leone. In *Episode G: Assassin* non solo è Cavaliere del Leone ma è persino è il primo a essere riuscito a far evolvere la sua corazza in una Authentic Cloth, ibrido di Fenice e Leone, e in questa veste combatte per primo contro Zeus che ha preso possesso di Ioria. In *Episode G: Requiem* è a lungo l'unico Cavaliere rimasto in vita dopo la distruzione del mondo e deve difendere gli ultimi sopravvissuti dall'assalto della divinità ancestrale Ponto.

LA VOCE

Doppiatore principale di Phoenix è stato il compianto Tony Fuochi, pietra miliare del doppiaggio italiano purtroppo scomparso nel 2022. Lo ricordiamo, tra gli altri, per Megatron (*Transformers*), Rambo (*Rambo*), Re Hiss (*He-Man*), Dracon (*Dragon Quest*), Buggy (*One Piece*), Garcia (*Zorro*) e tanti altri personaggi dal timbro forte e profondo. Fuochi ha inoltre doppiato anche altri personaggi dei Cavalieri, prestando la voce ad Aquarius, Thor, Docrates, Krisaore e Toro.

A causa del deteriorarsi di problemi di salute, Fuochi ha doppiato Phoenix solo nella serie classica – ad eccezione di un'unica battuta recitata da Enrico Maggi – nei film, nella serie di Hades e nel film *La Leggenda del Grande Tempio*, ma nella serie in CGI è sostituito dal giovane Mattia Bressan. Claudio Moneta si è invece occupato di Phoenix nel ridoppiaggio Dynamic dei film.

CHI È IL MAESTRO DI PHOENIX?

Volto perennemente celato da una maschera, nome ignoto, corpo coperto da cicatrici. L'identità del maestro di Ikki è un mistero cui anime e manga non hanno mai dato risposta. Il cartone lo identifica come custode dell'Isola della Regina Nera e padre di Esmeralda, aggiungendo che era originariamente un uomo buono ma poi tornò profondamente cambiato da un viaggio in Grecia e lasciando intendere fosse stato plagiato dal Sacerdote. Nel fumetto invece Esmeralda è una schiava venduta da qualcuno a uno dei pochi contadini dell'isola e non ha alcuna parentela con il maestro di Ikki, che nell'enciclopedia in coda al volume tredici viene chiamato Guilty, ovvero "colpevole" lasciando a intendere che sia lì in esilio. Il manga inoltre non accenna mai a un viaggio in Grecia o a cambiamento di personalità, eliminando qualsiasi collegamento con Saga. Il databook Taizen e l'Ipermito aggiungono che la maschera che l'uomo indossa possiede il potere di tenere i Cavalieri Neri imprigionati sull'isola – concetto poi ripreso anche in uno dei volumi Extra di *Lost Canvas* – suggerendo quindi che Guilty sia il loro carceriere e una sorta di guardiano del luogo. L'artbook Jump Gold Selection 1 sposa questa teoria e indica Guilty come un "Sonota Saint" ovvero un ex Cavaliere ormai "in pensione" che ha perso rango e armatura.

Di recente, *Time Odyssey* ha approfittato della carenza di informazioni sul personaggio per fare un po' di luce. Dopo aver ottenuto l'autorizzazione di Kurumada, gli autori hanno fatto di Guilty l'ex Cavaliere d'Argento della costellazione della Fornace di nome

Jorge, peruviano, che viene sottomesso e plagiato con il GenroMaoKen di Saga con l'esplicito ordine di far sprofondare Ikki nell'odio. Il nome Guilty deriverebbe da una finta accusa di essersi infiltrato nel Grande Tempio mentre le cicatrici sarebbero conseguenze di ferite infertegli da Shura del Capricorno. Prima di cedere del tutto all'oscurità però Jorge fa in tempo a chiedere ad Esmeralda di aiutare Ikki e cercare di tenerlo lontano dal male.

Sarà questa la risposta finale all'annosa domanda? Ai posteri l'ardua sentenza. In quanto fumetto europeo scritto su licenza, *Time Odyssey* ha un ruolo persino più in disparte del solito nel variegato panorama degli spin-off dei Cavalieri, e l'autorizzazione di Kurumada non vieta che in futuro altre opere magari diano una spiegazione e un'identità del tutto diversa al personaggio.

Ma fino ad allora, che Jorge sia.

I PROTAGONISTI: LA DEA ATENA

Fulcro attorno alla quale ruota l'intera saga dei Cavalieri dello Zodiaco, Atena è la divinità principale tra quelle che compaiono nella serie, nonché l'unica ad essere schierata dalla parte degli esseri umani nelle numerose Guerre Sacre che si combattono per il dominio del mondo. Le ragioni per una tale scelta di campo non vengono mai spiegate chiaramente, ma solo accennate in qualche riassunto e nell'Ipermito, che legano tale scelta al suo titolo di Dea della Giustizia. A differenza del mito greco infatti, Atena non è la Dea della guerra, ma anzi una Dea di pace, che usa la battaglia solo per proteggere gli esseri umani e come ultima risorsa, preferendo persino sacrificare se stessa se ciò dovesse servire ad evitare spargimenti di sangue di persone innocenti o dei suoi Cavalieri.

Paradossalmente, il più delle volte è proprio tale spirito di sacrificio a spingere i Cavalieri ad intervenire in suo soccorso, sebbene sia quasi sempre Atena stessa a sferrare il colpo di grazia al nemico di turno. In linea con questa caratterizzazione, i suoi poteri sono sempre mostrati in modo vago, ma generalmente sono più orientati alla cura e alla difesa che all'attacco. A differenza di Nettuno e Hades, che prendono possesso di corpi predestinati, annullandone le personalità con la propria, Atena si reincarna in Lady Isabel sin dalla nascita, al punto che viene occasionalmente accennato come la neonata, anziché essere venuta normalmente alla luce da genitori mortali, sia "comparsa" materializzandosi dal nulla al Grande Tempio.

Per questo motivo, nel manga le personalità di Isabel ed Atena sono spesso una sola: determinata, schietta, avvezza al comando, ma anche giusta, gentile e con un forte amore per la vita. Suo difetto principale è una certa passività, specie nelle fasi iniziali delle guerre. L'anime invece inizialmente sottolinea il conflitto interiore tra la natura umana e quella divina, con Isabel che solo verso la fine della saga delle Dodici Case prende piena coscienza di sé.

Pur amando, in senso lato, tutti i Cavalieri ai suoi ordini, e soffrendo anche della morte di coloro che le erano nemici, nel corso della serie Atena sviluppa un sentimento più profondo per Pegasus, al punto che nel film *Tenkai-Hen Overture* offre ad Artemide la propria vita e il dominio del mondo in cambio della salvezza del suo protetto, mentre in *Next Dimension* sfida l'ira degli dei per viaggiare indietro nel tempo e liberarlo dalla maledizione di Hades.

I PROTAGONISTI: I CAVALIERI D'ORO

I Gold Saint sono i supremi difensori di Atena, nonché guardiani delle Dodici Case del Grande Tempio, residenza della dea o, in sua assenza, del Grande Sacerdote. Sono i più potenti tra i Cavalieri, capaci di muoversi e lanciare colpi alla velocità della luce, e indossano le armature d'oro, che solo la forza di un dio può danneggiare. Le loro costellazioni sono le dodici costellazioni zodiacali, indicate dal percorso che il sole compie attraverso l'ellittica. Nel corso della serie, i Cavalieri d'Oro svolgeranno un ruolo vitale, inizialmente come avversari e in seguito come alleati dei protagonisti.

MUR DELL'ARIETE (Mu di Aries): Custode della Prima Casa, maestro di telecinesi ed unica persona al mondo capace di riparare le armature, Mur ha un carattere pacato e riflessivo, che però cela una forza di combattimento straordinaria. Consapevole della malvagità del Sacerdote, vive per anni in eremitaggio nelle montagne del Jamir ed è in generale uno tra i più saggi e sapiente tra i dodici, finendo per diventare il tramite ufficiale di Dhoko in diverse occasioni, anche se questo lo pone occasionalmente in contrasto con i compagni più irruenti come Ioria. Allievo del precedente Grande Sacerdote Shion, Mur è molto legato a Dhoko della Bilancia e al vicino di casa Aldebaran del Toro.

Pur senza rivelare la sua identità di Cavaliere d'Oro, Mur appare per la prima volta quando Sirio si reca da lui per far riparare la sua armatura e quella di Pegasus, entrambe frantumatesi durante il loro scontro nella Guerra Galattica ed ora necessarie per la battaglia contro Phoenix. Inizialmente Mur rifiuta di riparare le due corazze perché sono ormai morte e neanche lui può più fare qualcosa, ma di fronte all'insistenza del Cavaliere, che lo prega in ginocchio, Mur decide di acconsentire e poco dopo salva anche la vita del ragazzo. La rivelazione della sua identità di Cavaliere d'Oro avviene qualche tempo dopo, quando compare in Cina durante lo scontro tra Sirio e Cancer. Durante la battaglia del Grande Tempio, Mur prima ripara e fortifica le armature dei Cavalieri, poi rivela a Pegasus e compagni l'esistenza del Settimo Senso "*La forza dei Cavalieri d'Oro non dipende dal nome che portano, ma dalla capacità che hanno di bruciare il loro cosmo. I Cavalieri d'Oro sono molto potenti perché hanno imparato col tempo a conoscere il cosmo che è dentro di loro fin dal profondo. Il cosmo di un Cavaliere d'Oro non nasce solo dal suo pensiero e non dipende esclusivamente dalla sua capacità di concentrazione, non soltanto. C'è anche un altro fattore molto più importante e decisivo: il settimo senso, qualcosa che supera l'intuizione e che permette ai cavalieri d'oro di muoversi e di lanciare colpi alla velocità della luce. Solo riuscendo ad acquisire questo settimo senso, è possibile combattere alla pari con un Cavaliere d'Oro; ma solo dentro di se è possibile trovare la forza che conduce a tale stato*".

Dopo la battaglia del Grande Tempio, Mur ripara la corazza di Sirio, creando Dragone di Smeraldo. Nelle serie di Asgard e Nettuno riporta gli ordini dell'anziano maestro e vieta l'intervento dei Cavalieri d'Oro, mentre nella serie di Hades rivela tutta la sua forza contro gli ex compagni Cancer e Fish e contro lo Spectre Papillon, prima di sacrificarsi insieme a tutti i compagni al Muro del Pianto.

Presente nella maggior parte degli spin-off, combatte contro il Titano Giapeto in

Episode G, coordina le difese del Grande Tempio in *Saintia Sho*, risveglia l'armatura divina in *Soul of Gold* e risorge dalla parte di Aiolos nel Mondo Perduto in *Episode G: Assassin*.

I suoi colpi segreti mostrano un perfetto equilibrio di difesa e offesa: con il Muro di Cristallo (*Crystal Wall* in originale) può fermare gli attacchi del nemico e rispedirli al mittente, mentre con la Trappola di Cristallo (*Crystal Net*) può imprigionare l'avversario in una rete o ragnatela di cosmo. La Rivoluzione Stellare (*Stardust Revolution*) consiste in un bombardamento di meteoriti che crivellano il corpo del nemico fino a distruggerlo, mentre l'Onda di Luce Stellare (*Starlight Extinction*) genera una luce accecante che dissolve tutto quel che avvolge. Mur è uno degli ultimi discendenti del popolo dell'isola di Mu, gli antichi fabbri che forgiarono le armature al tempo delle epoche mitologiche. Suo apprendista, successore e – nell'anime italiano – fratello minore è il piccolo Kiki.

TORO (Aldebaran di Taurus): Il massiccio difensore della seconda casa ha una personalità generosa e leale, che gli permette di riconoscere i pregi di nemici e alleati. Dopo aver inizialmente sbarrato la strada a Pegasus, decide di lasciarlo passare colpito dalla sua forza, e passa il resto della battaglia delle Dodici Case in attesa che l'esito chiarisca i suoi dubbi circa il Grande Sacerdote. Dopo la sconfitta di Gemini, giura fedeltà ad Atena e continua a proteggere il Grande Tempio e la seconda casa. Purtroppo per lui colleziona parecchie sconfitte, perdendo contro l'attacco a sorpresa di Alcor e Mizar, contro la musica del Generale Sirya e contro il profumo fatale dello Spectre Niobe, finendo per perdere la vita.

Si rifà un po' negli spin-off, sconfiggendo facilmente Heracles di Tanngrisnir in *Soul of Gold* o, con molta più difficoltà, il Gladiatore Mordred in *Episode G: Assassin*. Il suo colpo segreto principale è il Sacro Toro (*Great Horn*), tecnica estremamente veloce che Aldebaran di solito esegue tenendo le braccia incrociate per impedire all'avversario di prevedere la direzione degli attacchi. Paragonato alla carica di un toro furioso, il colpo mostra tutta la sua devastante potenza nella serie di Hades, quando disintegra totalmente lo Spectre Niobe. In *Episode G: Assassin* un Aldebaran ormai anziano sfodera una versione nuova e potenziata della tecnica chiamata Glorious Horn.

Aldebaran è un uomo generoso e dal carattere semplice, che non ama sotterfugi e cerca sempre lo scontro diretto e leale, cosa che gli si ritorce contro davanti ad avversari dai poteri più variegati o dalle strategie infide. Nell'anime dopo la battaglia delle Dodici Case ripara l'armatura di Shun creando Andromeda la Notte.

GEMINI (Saga di Gemini): L'uomo che ha ucciso il Grande Sacerdote, prendendone il posto e governando per anni, ribellandosi ad Atena stessa. Gemini è il nemico principale della prima serie e possiede due personalità, totalmente opposte tra loro. La personalità malvagia è astuta, crudele, spietata ed assetata di potere, che spera di ottenere grazie allo scudo di Atena ed all'emblema di Nike. Al contrario, la personalità buona è fedele ad Atena e la giustizia, al punto da suicidarsi tra le braccia della sua dea per chiederle perdono dei propri crimini.

La sua storia varia leggermente tra anime e manga: nel fumetto, ucciso il precedente

Sacerdote Shin all'Altura delle Stelle, prendendone il posto e sostituendosi a lui. Nell'anime invece uccise prima Arles, Cavaliere d'Argento assistente del Sacerdote, e poi il Sacerdote stesso, sostituendolo nei panni di Arles. In ambo i casi, poco dopo si recò nella stanza dove dormiva la neonata Atena per ucciderla, ma venne fermato e smascherato da Micene del Sagittario. Saga costrinse Micene alla fuga e lo accusò pubblicamente di tradimento, poi trascorse gli anni successivi a stabilizzare il suo regno e governare il Grande Tempio. Al ritorno di Atena, inviò numerosi assassini e sicari per cercare di ucciderla, venendo però sempre fermato dai Cavalieri di Bronzo che la dea aveva riunito.

Durante la battaglia delle Dodici Case prima plagia Ioria del Leone e prende temporaneamente il controllo della sua mente, poi usa i suoi poteri per creare una sorta di fantasma alla terza casa con il quale scaglia Cristal nella Dimensione Oscura e mette in serie difficoltà Andromeda. Quando Pegasus raggiunge la sala del trono, sotto l'influsso della metà buona gli spiega come salvare Atena, per poi attaccarlo senza pietà sotto l'influsso del lato oscuro. Al termine della battaglia, ormai sconfitto e privo dell'armatura, Gemini si suicida davanti ad Atena, chiedendo perdono per le sue colpe.

Al termine della battaglia del Grande Tempio la personalità malvagia viene distrutta, e così è un Gemini totalmente devoto alla giustizia quello che viene riportato in vita da Hades nella terza serie. Indipendentemente da chi sia al comando, Gemini possiede comunque un cosmo potentissimo, superiore persino alla media dei Cavalieri d'Oro, ed è devastante in tutte le serie in cui compare. In *Episode G* inganna persino gli dei ma finisce per essere maledetto da Crono e condannato a un destino di sconfitta, in *Time Odyssey* lo vediamo plagiare il maestro di Ikki e collaborare con Chronos mentre in *Saint Seiya: Origin* viene rivelato che la personalità malvagia è in realtà causata dall'essere posseduto da un lemure, uno spirito maligno inserito nel suo corpo dalla dea Ker.

Guerriero dalla forza devastante e terribile, Gemini usa come colpo segreto principale l'Esplosione Galattica (*Galaxian Explosion*), paragonata all'energia distruttiva di stelle e pianeti che esplodono e considerata una delle tecniche più potenti di tutta la serie. Più insidiosa è la Dimensione Oscura (*Another Dimension*) con cui Gemini imprigiona il nemico in uno spazio dimensionale distorto, teoricamente per l'eternità anche se in molti sono riusciti a uscirne. Infine, Gemini possiede il Demone dell'Oscurità (*GenroMaoKen*) noto anche come Colpo del Re Diavolo, una tecnica sinistra che gli permette di controllare la volontà della vittima e asservirla ai suoi scopi almeno fino a quando non avrà ucciso la persona desiderata. È tra i personaggi più noti e memorabili dell'intera serie.

CANCER (Death Mask di Cancer): Il crudele custode della Casa del Cancro è il più spietato tra i Cavalieri. Convinto che la giustizia vada di pari passo con la forza, non esita a compiere stragi, anche fra innocenti, e colleziona le teste delle sue vittime sulle pareti della Quarta Casa, godendo delle grida di dolore delle loro anime. Possiede il potere di separare l'anime del nemico dal suo corpo, e di spedirla direttamente in Ade.

La sua prima apparizione avviene ai Cinque Picchi, dove viene inviato per uccidere l'anziano Cavaliere di Libra e rivela le sue convinzioni riguardo forza e giustizia. Si scontra con Sirio e sta per batterlo prima che l'arrivo di Mur lo convinca a ritirarsi. Affronta di

nuovo Dragone alle Dodici Case e si mostra totalmente spietato, al punto da venir abbandonato dalla sua armatura e ucciso quando Sirio raggiunge il settimo senso. Riportato in vita temporaneamente da Hades, è il primo a comparire insieme a Fish ma viene annientato da Mur. La sua anima risorge ancora una volta al Muro del Pianto, dove collabora con gli altri Cavalieri d'Oro per aprire una breccia e permettere a Pegasus e compagni di salvare Atena.

Molti spin-off cercano di redimerlo o almeno di mostrarlo in maniera più ambigua, tra crisi di coscienza e pentimenti dichiarati come in *Soul of Gold* o atteggiamenti sopra le righe ma comunque tutto sommato a fin di bene in *Episode G: Assassin* e *Saintia Sho*. *Episode G* conferma che era a conoscenza della vera identità del Sacerdote, mentre *Assassin* rivela che fu addestrato nell'aldilà dallo spirito del suo predecessore Death Toll.

Il suo colpo segreto più noto sono gli Strati di Spirito (*Sekishiki Meikai Ha*), delle onde di energia con le quali Cancer separa l'anima della vittima dal corpo e la precipita nella Valle di Ade, la cosiddetta anticamera dell'aldilà. Se necessario, Cancer può raggiungere a sua volta questa zona degli inferi e continuare il combattimento, anche se così facendo diventa a sua volta soggetto alle leggi del luogo e può essere ucciso se la sua anima cade nella Bocca di Ade che conduce all'aldilà vero e proprio. Gli spin-off gli hanno aggiunto numerosissimi colpi segreti, dalla Calamità dell'Oltretomba (*Sekishiki Mekyu Ha*) di *Soul of Gold* con cui sigilla l'anima del nemico negli inferi al Pugno Spettrale (*Kirin Gouken*) di *Episode G: Assassin* con cui assorbe nel braccio il potere dei dannati e genera un'onda distruttiva sul suolo. Sempre in *Assassin* mostra anche la Supremazia Distruttiva dello Tsei She Ke (*Sekishiki Meisai Ha*) con cui brucia gli spiriti per creare una devastante esplosione.

IORIA DEL LEONE (Aioria di Leo): Custode della Quinta Casa e fratello minore di Micene di Sagitter, Ioria è un ragazzo onesto, coraggioso e generoso, ma anche impulsivo e, a tratti, collerico. Essendo stato isolato per anni da tutti coloro che credevano Micene un traditore, sente sulle proprie spalle il dovere di lavare l'onta di famiglia. Nel manga è già Cavaliere d'Oro prima della scomparsa di Micene, mentre nell'anime quando il cavaliere del Sagittario fu accusato di tradimento, Ioria, ancora bambino, decise di andare in esilio per punizione, nonostante non fosse sua la colpa, e giurò di ridare dignità alla memoria del fratello. Fa ritorno molti anni dopo al Grande Tempio, mentre Pegasus sta ricevendo l'addestramento, e appare solo come un buon amico di Castalia e occasionale sostenitore del bambino stesso.

Durante la guerra tra il Sacerdote e Lady Isabel, quando Arles richiama i Cavalieri d'Oro e ordina a Scorpio di uccidere i guerrieri della ragazza, Ioria si fa avanti e ottiene la missione vedendola come un modo per redimere l'onta di famiglia. Ciò lo porta a combattere proprio contro Pegasus, ma l'intervento dell'armatura del Sagittario e l'arrivo di Lady Isabel, che rivela il suo cosmo divino di Atena, fanno comprendere a Ioria di star lottando dalla parte sbagliata. Ioria così diventa il primo Cavaliere d'Oro a giurare fedeltà ad Atena, ma compie l'errore di provare a sconfiggere Arles da solo, finendo per venir soggiogato dai suoi poteri mentali. Durante la battaglia delle Dodici Case affronta nuovamente Pegasus, finendo per tornare in sé grazie al sacrificio di Cassios.

Dopo il conflitto dona il suo sangue per riparare l'armatura di Pegasus dando vita a Pegasus di Fuoco. Durante la guerra contro Nettuno vorrebbe intervenire in soccorso di Pegasus, ma Mur e Dhoko glielo impediscono. Durante l'attacco delle truppe di Hades uccide numerosi Spectre e alla fine si sacrifica insieme ai compagni per aprire una breccia nel Muro del Pianto.

In battaglia è temuto dai nemici per via della sua forza selvaggia, e in generale è tra i Cavalieri più propensi all'azione, cosa che lo pronta a scontrarsi verbalmente con Mur in un paio di occasioni. Per il suo passato tormentato e carattere diretto è uno dei Cavalieri d'Oro più usati negli spin-off, protagonista assoluto di *Episode G* e personaggio principale di *Soul of Gold*. In *Assassin* si rivela destinato a ospitare lo spirito di Zeus. Il suo colpo segreto più noto è il Sacro Leo (*Lightning Plasma*), una fitta ragnatela di milioni di colpi alla velocità della luce. Meno frequente è l'utilizzo della Zanna del Leone (*Lightning Bolt*) con cui tutti i colpi vengono concentrati in uno solo dalla maggior potenza distruttiva. In *Episode G* mostra anche il Lightning Fang, tecnica tramite la quale colpisce il suolo e fa esplodere fulmini attorno ai bersagli, e soprattutto il Photon Burst, colpo devastante persino per le divinità ma molto lento e complesso da eseguire, con il quale fa penetrare una pioggia di fotoni nel corpo della vittima per poi farli esplodere e distruggere il nemico dall'interno bypassando l'armatura.

VIRGO (Shaka di Virgo): Definito "l'uomo più vicino ad Atena" a causa dei suoi poteri quasi divini, Virgo è considerato da molti come l'incarnazione di Buddha, con il cui spirito ha trascorso l'infanzia conversando quotidianamente. Fermamente convinto che la giustizia risieda al Grande Tempio, Virgo è fiero di non aver mai conosciuto il dubbio nella sua vita. In battaglia possiede un cosmo terribile, il più grande tra i Cavalieri d'Oro, e affronta senza pietà chiunque si opponga al Sacerdote, persino se si tratta di un suo stesso compagno, non esitando neppure di fronte alle spiegazioni più accorate. Per concentrare al meglio il suo potere tiene gli occhi perennemente chiusi, aprendoli soltanto per sferrare la sua tecnica suprema: il Sacro Virgo (*Tenbu Horin*).

Compare per la prima volta all'alba della battaglia delle Dodici Case, interrompendo lo scontro tra Ioria e Arles e aiutando il Sacerdote. Nonostante il suo potere, Virgo è infatti fedele all'uomo, che giudica il rappresentante di Atena in terra e custode dell'ordine costituito. Sconfigge facilmente Pegasus, Sirio e Andromeda, e mantenendo questa convinzione non crede alle parole di Phoenix circa la reale natura di Arles. Il sacrificio di Ikki lo rimuove per qualche ora dal campo di battaglia e lo spinge per la prima volta a dubitare, così durante lo scontro tra Pegasus e Arles fa ritorno alla sesta casa con l'aiuto di Mur e salva Phoenix, rigenerandone l'armatura e mandandolo ad aiutare il compagno. Alla fine della battaglia, Virgo nell'anime usa il suo sangue per forgiare Phoenix la Luce, mentre nel manga ripara l'armatura di Andromeda in segno di rispetto ad Ikki.

Durante l'assalto delle forze di Hades Virgo si rivela uno scoglio quasi insormontabile, annienta tutti gli Spectre che entrano nella sesta casa e sembra in grado di fermare persino i redivivi Gemini, Capricorn e Aquarius. La sua reale intenzione però è spostare la battaglia nell'aldilà contro Hades stesso e a tale scopo si lascia uccidere dai tre avversari spingendoli a usare la tecnica proibita chiamata l'Urlo di Atena. In realtà sin dall'infanzia – trascorsa a dialogare con Buddha e apprendere i segreti dell'esistenza – Shaka ha risvegliato l'ottavo senso o Arayashiki, che permette di rimanere in vita nell'aldilà. Ciò gli consente di entrare negli Inferi e scontrarsi con Hades stesso, anche se senza successo. Insieme agli altri Cavalieri d'Oro si sacrifica al Muro del Pianto e il suo spirito ascende al Nirvana.

Silenzioso e ieratico, trascorre la maggior parte del tempo in meditazione ma è spesso decisivo nelle guerre sacre. In *Soul of Gold* rivela per primo il segreto delle armature divine, in *Episode G* purifica inizialmente il pianeta dal cosmo malvagio dei Titani e in *Next Dimension* il suo spirito fa brevemente ritorno dal Nirvana per aiutare Andromeda e Tenma contro il suo predecessore Shijima. Virgo è dotato di enormi poteri cosmici e spirituali per i quali è considerato uno dei Cavalieri d'Oro più potenti, giocandosela spesso con Gemini per il gradino più alto del podio. Tutti i suoi numerosi colpi segreti hanno una forte componente buddhista a partire dal più noto e potente, il già citato Sacro Virgo (*Tembu Horin*) che gli permette di privare il nemico dei sei sensi impedendogli contemporaneamente sia di attaccare che di difendersi. Con la *Volta di Minosse* (*Rikudo Rinne*) può imprigionare l'anima del nemico in uno dei sei mondi dell'aldilà, mentre con l'*Abbandono dell'Oriente* (*Tenma Kofuku*) genera una devastante esplosione di energia. Affermando "*Elevatevi Spiriti. Danzate Ombre delle Tenebre*" (*Tenku Haja Chimi Moryo*) invoca degli spiriti dall'aldilà aizzandoli contro gli avversari. Infine, Virgo può creare attorno a sé una barriera di energia quasi indistruttibile, il Kaan, o accumulare e rilasciare una piccola quantità di cosmo con l'Om.

LIBRA (Dhoko di Libra): Il Cavaliere della Bilancia è l'anziano Maestro dei Cinque Picchi, nonché uno degli unici due superstiti della Guerra Sacra combattuta secoli prima. Avendo ricevuto da Atena il dono del Misopethamenos, che rallenta enormemente il suo battito cardiaco e gli permette di vivere per secoli, ha lasciato la Grecia per vigilare in attesa del ritorno di Hades. È il custode delle armi della Bilancia, e grazie alla sua esperienza secolare è forse il personaggio più saggio e sapiente della serie. È legato al suo allievo Sirio e a Fiore di Luna da un profondo amore paterno, e al vecchio compagno Shin da una fortissima amicizia.

Nella prima parte della serie nasconde la sua vera identità di Cavaliere d'Oro e agisce solo come maestro e consigliere di Sirio. Smascherato da Cancer, rimane comunque in disparte fino alla fine della battaglia delle Dodici Case, quando rivela telepaticamente la verità ai Cavalieri d'Oro. Dopo la sconfitta di Gemini assume la guida del Grande Tempio, svela il segreto di Balmung e dei sette zaffiri di Odino e vieta l'intervento dei custodi dorati nella battaglia contro Nettuno per non lasciare sguarnite le dodici case. Nel manga è lui a donare il proprio sangue per la riparazione dell'armatura del Dragone.

Durante l'attacco degli Spectre fa finalmente ritorno al Grande Tempio, annulla gli effetti del Misopethamenos e torna giovane, portando avanti un finto scontro col vecchio amico Shin. In seguito rivela l'esistenza dell'ottavo senso e conduce i Cavalieri nell'aldilà, dove si sacrifica al Muro del Pianto.

È uno dei pochissimi personaggi a essere comparso in tutte le serie, inclusi i prequel *Lost Canvas* e *Next Dimension* nel quale scopriamo che in precedenza era un Cavaliere di Bronzo. A differenza della sua personalità da anziano, da giovane era impulsivo, imprudente e tendeva spesso a cacciarsi nei guai. Possiede e sa usare tutti i colpi segreti del drago tramandati poi a Sirio (Colpo Segreto del Drago Nascente, Colpo del Drago Volante e Pienezza del Dragone), ma la sua tecnica più caratteristica è il Colpo dei Cento Draghi Nascenti (*Rozan HyakuRyuHa*), con il quale scatena un centinaio di dragoni di energia contro il bersaglio. In *Lost Canvas* mostra anche una tecnica basica di arti marziali detta Danza della Tigre Giocosa (*Yuko Sennin Enbu*).

SCORPIO (Milo di Scorpio): Custode dell'Ottava Casa, Scorpio ha un carattere insieme nobile ed ironico, che lo spinge a provocare i nemici ma anche a rispettarli. Crede fortemente nell'onore e nell'orgoglio, non solo proprio ma anche dell'intera casta dei Cavalieri d'Oro, al punto da rifiutare missioni che reputa indegne o da attaccare senza pietà i traditori. D'altra parte è in grado di guardare le cose con obiettività e ammira onore e spirito di sacrificio, come dimostrato quando lascia passare Cristal o mette alla prova Kanon prima di credere al suo pentimento.

È il primo Cavaliere d'Oro che il Sacerdote convoca con la missione di uccidere i seguaci di Lady Isabel, ma Ioria gli soffia la missione. Nell'anime Scorpio viene successivamente inviato sull'Isola di Andromeda, dove uccide Albione con il fondamentale aiuto di Fish, mentre nel manga lo rivediamo direttamente nella battaglia delle Dodici Case, dove sconfigge Pegasus e Sirio e affronta Cristal in una dura lotta. Nutre dei dubbi nei confronti del Grande Sacerdote che proprio l'eroismo di Cristal fa riemergere, al punto che alla fine del duello salva la vita all'avversario e gli permette di proseguire. Scoperta in seguito la verità, giura fedeltà ad Atena.

In disparte durante le saghe di Asgard e Nettuno, è tra gli ultimi a scendere in campo durante l'attacco degli Spectre, quando lascia di proposito l'ottava casa e scende alla sesta per punire i traditori Gemini, Capricorn e Aquarius e vendicare Virgo. Insieme a Mur e Ioria viene sconfitto da Radamante e imprigionato nel Cocito, prima di partecipare alla distruzione del Muro del Pianto e perdere la vita.

Il suo colpo segreto, la Cuspide Scarlatta (*Scarlet Needle*), riproduce le mortali punture dell'animale della sua costellazione con quindici colpi che trafiggono i punti nevralgici del nemico. Il danno delle cuspidi è cumulativo e l'ultima, Antares, dovrebbe condurre a morte certa. È inoltre in grado di paralizzare avversari più deboli con le Onde di Scorpio (*Restriction*), una tecnica che però non adopera mai contro nemici di alto livello. Un po' in ombra nei primi spin-off, è particolarmente importante in *Saintia Sho*, serie nella quale combatte contro numerosi avversari e guida la carica contro Eris, dimostrandosi determinante per la vittoria finale. Sia *Episode G: Assassin* che *Saintia Sho* gli danno una tecnica in grado di sferrare le quindici cuspidi insieme, chiamata Crimson Stinger nel primo e Scarlet Assault Needle nel secondo. Sempre in *Sho* ha anche lo Scarlet Needle Blaze – con cui lancia le prime quattordici cuspidi tutte insieme – e l'Ignited Stinger, con cui infonde le cuspidi del calore dell'Ignis Fatuus di Rigel di Orione.

MICENE DI SAGITTER (Aioros di Sagittarius): Il più nobile tra i Cavalieri, eroe della verità e della giustizia, guardato da tutti come un esempio da seguire e scelto persino per essere il nuovo Grande Sacerdote. Fu il primo a scoprire gli inganni di Gemini e fuggì dal Grande Tempio portando con sé la neonata Atena. Gravemente ferito, perse la vita subito dopo essere riuscito ad affidarla ad un turista, Alman di Thule. Il suo spirito sembra risiedere nell'armatura del Sagittario, che accorre sempre in aiuto dei protagonisti nei momenti critici. Per anni venne considerato un traditore da tutti, ma in seguito alla sconfitta di Gemini la sua memoria è stata finalmente riabilitata.

Nell'anime il suo spirito mette alla prova i Cavalieri con un dedalo di trappole nelle caverne sotterranee della nona casa, cosa che nel manga non avviene. In entrambe le versioni ha invece lasciato un'iscrizione sul muro del suo tempio, in greco antico, con la scritta "Giovani Cavalieri, a voi affido Atena". Ciò serve a evidenziare come, nel momento in cui fuggì con Isabel, in cuor suo sapeva che non avrebbe fatto ritorno, accettando quindi di perdere la vita per il bene delle generazioni future.

Assente dalla maggior parte degli spin-off, dà un assaggio delle sue imprese leggendarie in alcuni capitoli speciali di *Episode G*, mentre in *Soul of Gold* viene riportato in vita per primo e combatte insieme a Ioria contro Loki, senza mai impressionare veramente. *Episode G: Assassin* mostra una versione alternativa del personaggio corrotta dal male e potente come un dio. È però in *Episode Zero* che Kurumada evidenzia tutto il suo spirito di sacrificio, mostrandolo che rifiuta di contrattaccare contro Shura, Aphrodite e Death Mask per timore di ferirli e indebolire l'esercito di Atena in vista della guerra contro Hades.

I suoi colpi segreti variano tra le serie. L'anime gli da il Sacro Sagitter (*Atomic Thunderbolt*), molto simile al Fulmine di Pegasus, mentre *Episode G* gli assegna l'Infinity Break, una pioggia di frecce dorate, e in *Assassin* ha ormai il nono senso delle divinità e numerosi colpi segreti in grado di ribaltare persino l'Urlo di Atena. L'unica tecnica datagli da Kurumada è però la Shadow Arrow in *Zero*, una freccia che trafigge l'ombra del nemico e lo immobilizza.

CAPRICORN (Shura di Capricorn): Il difensore del tempio del Capricorno è praticamente un personaggio diverso tra anime e manga. Nel fumetto ha una morale simile a quella di Cancer e identifica la forza con la giustizia, anche se non è mai crudele contro il nemico. È consapevole della malvagità del Sacerdote e compare per la prima volta alla fine della saga delle Dodici Case, combattendo un duello mortale contro Dragone. Quando Sirio ricorre alla Pienezza del Dragone per sconfiggerlo rimane talmente impressionato dal suo altruismo e spirito di sacrificio che si pente e gli salva la vita.

Nell'anime invece è noto come "l'uomo più caro ad Atena", avendo da lei ricevuto in dono la sacra spada Excalibur. Possiede un forte senso di giustizia e aveva in Micene un amico e un esempio da seguire prima di essere vittima degli inganni del Grande Sacerdote come la maggior parte dei Cavalieri d'Oro. Anche in questo caso apre gli occhi solo di fronte allo spirito di sacrificio di Sirio e al percepire il cosmo di Atena.

Da questo punto in poi entrambe le versioni convergono, mostrando che in punto di morte affida a Dragone la spada Excalibur e da allora veglia su di lui in spirito. Ritorna come apparente traditore nella saga di Hades ma in realtà è sempre dalla parte di Atena e si sacrifica insieme ai compagni al Muro del Pianto. La sua personalità finale è nobile ma inflessibile, simile a quella di un samurai. *Soul of Gold* rivela che prova un forte senso di colpa verso Ioria per essere stato l'assassino di Micene e, pur non essendosi pentito del fatto in sé, è disposto a lasciarsi uccidere dal Cavaliere del Leone per ripagare le sue colpe. *Episode Zero* unisce in qualche modo le caratterizzazioni di manga e anime mostrandolo molto legato a Micene e ambiguo nel momento in cui sembra ucciderlo.

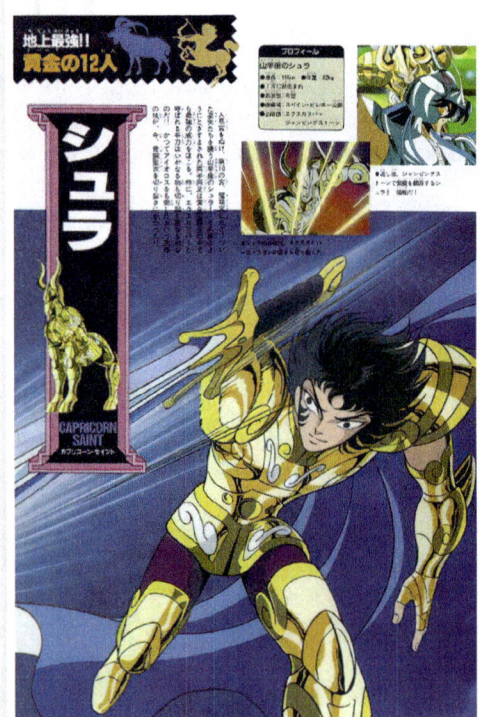

È uno dei Cavalieri d'Oro principali in *Episode G*, nonché il protagonista assoluto di *Episode G: Assassin*, durante il quale combatte persino contro l'incarnazione di Zeus. Queste due serie calcano pesantemente sul lato cavalleresco del suo carattere, facendone un tragico paladino che continua a combattere in nome della giustizia resistendo contemporaneamente all'attrazione del Tartaro. *Assassin* rivela inoltre che fu addestrato da Izo, Cavaliere del Capricorno dell'epoca di Next Dimension ritornato in vita attraverso un'evocazione. In *Episode G: Requiem* trascende il nono senso e diventa un giustiziere che viaggia tra le dimensioni e i mondi alternativi, continuando a combattere per l'eternità contro qualsiasi tipo di minaccia.

Il suo colpo segreto principale è la sacra spada Excalibur, che alberga in ambo le braccia (anime) o in tutti e quattro gli arti (manga) e può tagliare quasi qualsiasi cosa. Possiede poi una bizzarra tecnica di contrattacco, il Jumping Stone, con cui sfrutta la forza del colpo del nemico per ribaltarlo e lanciarlo via con le gambe. Gli spin-off gli aggiungono numerose varianti di Excalibur: Double Excalibur, una croce sferrata con entrambe le braccia contemporaneamente; Eclipse Calibur, con cui trancia non solo le membra ma anche le cose immateriali come il cosmo e lo spirito del nemico; Ex Kamui, una tecnica divina con cui raggiunge addirittura il decimo senso, invoca tutte le spade divine e ne concentra il potere in tre fendenti capaci di annientare qualsiasi cosa incontrino, anche se a rischio di annullare l'autoconsapevolezza di Shura stesso.

ACQUARIUS (Camus di Aquarius): Signore delle energie fredde e custode dell'Undicesima Casa, è il maestro di Cristal (nel manga) o il maestro del suo maestro (nell'anime). All'apparenza glaciale e privo di sentimenti, sostiene che sia necessario mantenere la freddezza in ogni circostanza. Nella versione italiana è geloso della crescita di Cristal e teme che possa superarlo, mentre in originale ha una personalità complessa, a volte contraddittoria e ipocrita, che lo spinge a rischiare di uccidere Cristal e poi a perire lui stesso per rendere l'allievo più forte e permettergli di raggiungere il settimo senso.

Nella serie classica compare per la prima volta alla settima casa, in cui sconfigge e imprigiona Cristal in un feretro di ghiaccio, e poi di nuovo all'undicesima, dove i due si affrontano in un duello mortale. Nella serie di Nettuno (manga) scopriamo che aveva un altro allievo di nome Abadir. Ritorna come presunto traditore nella serie di Hades ma in realtà è ancora dalla parte di Atena e si sacrifica al Muro del Pianto insieme a tutti i compagni. Il suo spirito aiuta spesso Cristal inviandogli l'armatura dell'Acquario.

È tra i Cavalieri d'Oro meno usati negli spin-off, anche se molte serie calcano la mano sui suoi rapporti interpersonali e in *Soul of Gold* tradisce per un po' gli altri Cavalieri d'Oro per ripagare un vecchio debito. È legato da una profonda amicizia con Scorpio – la cui origine non è mai mostrata – il che intensifica il peso dei suoi tradimenti presunti o reali nella serie di Hades o in *Soul of Gold*.

Tutte le sue tecniche si basano sulle energie fredde e fino all'arrivo di Cristal era l'uomo che più si era avvicinato allo zero assoluto, la più bassa temperatura possibile. La sua tecnica più identificativa è il Sacro Aquarius (*Aurora Execution*), con il quale unisce le mani sopra la testa a disegnare l'anfora del suo segno e concentra al massimo il suo gelo. Con il Sarcofago di Ghiaccio (*Freezing Coffin*) può erigere barriere difensive o imprigionare il nemico in una teca quasi indistruttibile. Possiede inoltre la Polvere di Diamanti e il Koliso.

FISH (Aphrodite di Pisces): Il Cavaliere dei Pesci, custode della Dodicesima Casa e considerato il più bello tra i seguaci di Atena, della qual cosa va estremamente fiero. La sua personalità iniziale varia leggermente tra anime e manga, con il fumetto che inizialmente lo dipinge sostenitore dell'idea che forza e giustizia vadano di pari passo. L'anime invece lo mostra profondamente narcisista, al punto da vivere venerando la bellezza esteriore oltre ogni cosa nella convinzione che essa sia il più alto scopo da perseguire, e alla lunga questa versione diventa predominante anche nel manga. Di conseguenza preferisce combattere senza sporcarsi le mani, non esitando comunque mai ad eseguire gli ordini del Sacerdote. Nel manga è consapevole del fatto che quest'ultimo non sia davvero fedele ad Atena, ma nell'anime non accenna a nulla del genere.

È l'ultimo Cavaliere d'Oro a essere introdotto e ben presto scopriamo che è stato l'assassino di Albione, maestro di Andromeda, con il quale combatte alla dodicesima casa. Finisce per essere sconfitto dalla Nebulosa di Andromeda e mostra qualche traccia di rammarico prima di morire, ma è anche fiero di aver impedito al nemico di oltrepassare il suo tempio. Ritorna come presunto traditore nella serie di Hades, venendo spazzato via insieme a Cancer già alla prima casa, salvo poi risorgere brevemente al Muro del Pianto e sacrificarsi insieme ai compagni.

Gli spin-off lo usano sporadicamente e solo *Saintia Sho* ne approfondisce un po' la personalità, mostrandolo in grado di entrare nella Dimensione Oscura di Gemini e salvare Atena per metterla alla prova e vedere se sarà abbastanza forte da affermare la sua giustizia.

Le sue armi principali sono delle rose, manifestazione del suo cosmo, con poteri diversi in base al colore. La Rosa di Sublime Bellezza (*Royal Demon Rose*) è rossa e avvelena rapidamente il nemico con le spine e il polline, facendolo morire senza provare alcun dolore. Può inoltre essere sia lanciata che usata per creare un tappeto di fiori, letale per chi non ne conosca il segreto. La Rosa di Fatale Incanto (*Pirana Rose*) è nera e dolorosa, in grado di distruggere tutto quel che incontra incluse le armature di classe inferiore. La Rosa di Fatale Incanto (*Bloody Rose*) è bianca e si conficca nel cuore del nemico, assorbendone rapidamente il sangue e diventando rossa prima di ucciderlo.

Nonostante queste tecniche è a lungo considerato tra i Cavalieri d'Oro più deboli e forse per questo riceve nuovi poteri praticamente in tutti gli spin-off. *Episode G* lo mostra in grado di usare i fusti delle rose come fruste o per creare un bozzolo guaritore, in *Soul of Gold* può usare le rose per leggere la mente del nemico e ha un certo grado di controllo sulle piante che lo rendono determinante per la vittoria finale. In *Episode Zero* sfoggia la Dagger Rose, una rosa viola che lancia a mo' di pugnale e può perforare persino un'armatura d'oro.

SHIN (Shion di Aries): Il Grande Sacerdote che venne ucciso da Gemini è in realtà Shin, antico Cavaliere di Ariete e, insieme a Libra, unico superstite della Guerra Sacra combattuta secoli prima. Ha un ruolo rilevante nella serie di Hades, in cui, riportato in vita dal Dio dell'aldilà, organizza un complesso piano per aiutare segretamente Atena. Pur avendo un carattere normalmente pacato, a volte si lascia andare a gesti di frustrazione o disperazione. Era il maestro di Mur, al quale ha insegnato praticamente tutte le sue tecniche. Ha un ruolo importante in *Lost Canvas* e *Next Dimension*, nel quale scopriamo che in precedenza era un Cavaliere di Bronzo.

KANON (Kanon di Gemini): Il fratello gemello di Saga, introdotto da nemico nella serie di Nettuno col nome di Dragone del Mare e poi redento Cavaliere d'Oro nella serie di Hades. Personaggio amatissimo da molti fan, è spesso considerato l'eminenza grigia dietro molti degli eventi della saga, anche se il suo ruolo è stato retroattivamente ridotto con l'introduzione di Ker. Guerriero dalla forza devastante, Kanon è in grado di usare tutti i colpi di Saga e persino qualcosa di molto simile al Fantasma Diabolico di Ikki. Caratterialmente è inizialmente viscido e ambizioso, ma dopo la redenzione si mostra spietato e determinato, poco propenso alle chiacchiere e sempre diretto sia verso gli alleati che gli avversari, con un profondo spirito di sacrificio spinto dal desiderio di espiare le sue colpe. È tra i personaggi riportati in vita più spesso, visto che torna sia in *Episode G: Assassin* che in *Rerise of Poseidon*.

ODYSSEUS (Odysseus di Ophiucus): Il tredicesimo Cavaliere d'Oro appartenente alla costellazione dell'Ofiuco. Introdotto per la prima volta in *Next Dimension*, era un Cavaliere specializzato nelle tecniche mediche e curative cui tutti i Cavalieri d'Oro della sua generazione dovevano la vita, e finì per sacrificarsi per salvare Dhoko, Shion ed Escarlate dello Scorpione. Posseduto dallo spirito del primo Cavaliere di Ofiuco Asclepius, ritorna in vita per prendere il controllo del Grande Tempio e scala le Dodici Case, mettendo alla prova i Cavalieri d'Oro.

CHI È IL CAVALIERE D'ORO PIÙ FORTE?

Fonte di eterni dibattiti tra i fan, la questione della forza dei Cavalieri d'Oro è tra gli argomenti più caldi di sempre. È più potente Saga o Shaka? La fama leggendaria di Aioros vuol dire che era il più forte di tutti? Aioria sconfiggerebbe Milo o verrebbe annientato dalla Cuspide Scarlatta? E chi è il più debole tra i dodici? O magari hanno tutti la stessa forza? Questioni magari di secondaria importanza per gli spettatori occasionali e del tutto irrilevanti per i fan giapponesi – paese in cui in generale i rapporti di forza non sono considerati un tema importante – ma assolutamente cruciali per migliaia di appassionati occidentali, e sulle quali sono state scritte migliaia e migliaia di pagine nei forum o sui social, sulla spinta dei rari indizi sparsi qui e là che sono stati meticolosamente analizzati, confermati, smentiti o ignorati a seconda della tesi che si supporta.

A onor del vero, gli autori stessi raramente si sono sbilanciati, e quando lo hanno fatto non sono andati tutti nella stessa direzione, contribuendo a esaltare o deludere i fan di questo o quel Cavaliere. Saga viene definito il più forte di tutti in più occasioni in *Soul of Gold*, ma in *Episode G* ammette che Shaka è più potente di lui e nella serie classica sembra incapace di sconfiggerlo in uno scontro diretto; Mu viene considerato il più forte nel databook *Taizen* e pari a Shaka nell'artbook *Cosmo Special* ma in *Saintia Sho* ammette la superiorità del parigrado della Vergine; Milo ha la meglio su Aioria in *Knights of the Zodiac* e sembra in generale più forte in *Saintia Sho*, ma il leone pare a lui superiore in *Episode G*, *Soul of Gold* e *Assassin*; DeathMask si definisce il più debole dei dodici in *Soul of Gold*, ma ha nel complesso meno sconfitte e tecniche più insidiose di Aldebaran. E così via.

Neppure gli spin-off in cui i Cavalieri d'Oro classici non compaiono sono esenti da queste discussioni. In *Lost Canvas* Regulus del Leone è in grado di lanciare i colpi di tutti e dodici i Gold Saint da solo, ma a detta dell'autrice Asmita della Vergine è più forte di lui, mentre in *Saint Seiya Omega* non ci si capacita di come Amor dei Pesci possa aver ucciso Mikene del Leone con la sola emanazione cosmica. E non parliamo poi dei dibattiti che mettono a confronto Cavalieri d'Oro di serie, epoche o generazioni diverse.

La verità probabilmente è che si tratta di un dibattito che non avrà mai una risposta, sia perché secondario alle esigenze di trama e sia perché mantenere la questione eternamente aperta genera interesse, discussioni e, in ultima battuta, vendite, mentre definire tutto nero su bianco potrebbe alienare molte fette di fan.

Così almeno sembra pensarla Masami Kurumada, che in quasi tutte le interviste ha sempre evaso la domanda con una risata o una battuta, limitandosi a dire di averli concepiti perché fossero simili tra loro ma avendo poi finito per far risaltare alcuni più di altri. Unica occasione in cui è sembrato sbilanciarsi è stata una chiacchierata online con i fan sudamericani del portale *Saint Seiya Info Red* nel lontano 2014, ma chi non è d'accordo ribatte che non trattandosi di un'intervista ufficiale su rivista potrebbe essere stata falsifica e non avere valore. E il dibattito continua...

LE ARMI DELLA BILANCIA

L'Armatura della Bilancia è dotata di sei paia di armi, per un totale di dodici, da usare o affidare ai Cavalieri d'Oro in caso di estremo bisogno secondo le indicazioni di Atena o del Cavaliere di Libra stesso. Dal momento che l'uso delle armi normalmente è vietato, vengono di solito adoperate contro nemici divini o oggetti inanimati, e solo nella serie *Lost Canvas* Dhoko ne fa un utilizzo più "libero". Le armi hanno un doppio aspetto: normalmente sono più piccole e nascoste in apposite aperture dell'armatura, ma all'occorrenza possono essere estratte ed impugnate. Quando ciò accade di solito cambiano forma, ingrandendosi e rivelandosi per quel che realmente sono. Le armi hanno la nomea di poter distruggere "persino le stelle", e si sono mostrate capaci di abbattere barriere come le Colonne degli Abissi. Hanno tuttavia anche loro un limite e possono essere distrutte sbattendo contro oggetti più forti, come la Colonna Portante o il Muro del Pianto, o a causa di attacchi divini. Nello specifico, le armi sono:

Gli SCUDI, chiamati anche scudi rotanti. Sono un'arma principalmente difensiva e si dispongono sui bracciali (nell'anime) o sul bracciale sinistro e sul coprispalla destro (nel manga). Hanno un diametro abbastanza grande da coprire per intero il torace, e possono ingrandirsi o rimpicciolirsi nel passaggio da armatura a totem. Spessi diversi centimetri, dovrebbero essere dotati della capacità difensiva più grande tra le ottantotto armature, superiore persino ad altre corazze d'oro, anche se possono essere frantumati da un cosmo divino. Sono formati da tre dischi incastrati tra loro. In caso di necessità si aprono all'altezza tra il secondo e il terzo, facendo uscire una catena d'oro con maniglia. L'estremità interna di questa catena non viene mai mostrata, ma dovrebbe essere agganciata o avvolta attorno all'asse centrale dello scudo. Grazie ad essa, gli scudi possono essere trasformati in armi d'attacco e lanciati contro il bersaglio. La lunghezza della catena è indefinita, ma dovrebbero essere almeno decine di metri visto che gli scudi vengono lanciati senza nessun problema contro la parte centrale delle Colonne degli Abissi o contro la Colonna Portante, talmente lontana che Pegasus, spinto ad altissima velocità dagli amici, impiega qualche secondo a raggiungere. Sono l'arma vista più spesso nei vari spin-off.

Le BARRE GEMELLARI (*Twin Rod*) sono sostanzialmente dei nunchaku, ovvero due bastoni legati da una catena. Normalmente sono appena più grandi del palmo di una mano perché ristretti in piccoli ovetti uniti al centro da un bastoncino di pochi centimetri. In questa forma si infilano in piccoli scompartimenti sul lato esterno dei bracciali, all'altezza del gomito. Il bastone però è telescopico, e le parti ovali in caso di necessità si aprono a spicchi facendo emergere cinque punte su ciascun'estremità. La catena che unisce i due bastoni sembra formata solo da cinque o sei anelli, ma, come quella degli scudi, se necessario può allungarsi fino a coprire decine di metri, rendendo le barre gemellari utili sia per la media che la lunga distanza. Quando vengono agitate, rilasciano un luccichio simile al brillare delle stelle. Le cinque punte su ciascuna estremità le rendono capaci di trapassare un'armatura o un corpo umano senza sforzo, come dimostrato da Andromeda contro Kira, e rendono l'arma più adatta a sferrare affondi che sferzate.

Le SPADE sono gladi di dimensioni abbastanza ristrette. Nel totem sono ridotte a poco più che pugnali triangolari, e normalmente sono riposte in un compartimento dietro la caviglia del Cavaliere, sul tendine di Achille appena sopra il tallone. Impugnate, si allungano mostrando di avere elsa e lama telescopiche, mentre le parti che compongono la guardia si abbassano di novanta gradi diventando orizzontali. Le spade sono abbastanza sottili, specie nell'anime, e, pur non essendo particolarmente devastanti, sono la più controllabile delle armi, perfetta per i duelli a breve distanza.

I TRIDENTI, come evidente dal nome, sono lance a tre punte. Per certi versi sono la più interessante delle armi perché quando l'armatura è indossata formano le fibbie sul fronte e sul retro della cintura. L'asta e la lama centrale infatti sono telescopiche, e le due lame laterali si chiudono su quella centrale formando una piastra triangolare con la punta verso il basso. Questo significa che, quando entrambi i tridenti sono utilizzati, la cintura è composta solo dalle placche laterali, ma resta aperta anteriormente e posteriormente. In caso di bisogno, il vertice superiore della fibbia, di forma rettangolare, si allunga mostrando il lunghissimo manico dei tridenti, alto quasi quanto un essere umano adulto. Le lame laterali si allargano e quella centrale si allunga, superandole di qualche centimetro. I tridenti sono perfetti per i duelli a medio raggio, ma possono anche essere lanciati con efficacia.

Le **LANCE BRACCIALI** sono tonfa, armi quasi sconosciute in Occidente ma piuttosto comuni nel Giappone medioevale. Nel totem o quando non sono impugnati sono delle piccole mazze dalla forma ovale, che vengono riposte in appositi scomparti sul lato esterno degli schinieri, appena sotto il ginocchio. La parte superiore è più sottile, a forma di cubo coperta su tutti i lati tranne uno da minuscole punte coniche, mentre la parte inferiore è più massiccia. Quando vengono impugnate, il manico si allunga in maniera telescopica ed una delle quattro punte laterali fa lo stesso, dando all'arma una forma ad L. Sono lunghe dalla mano a poco oltre il gomito e possono essere impugnate sia stese sull'avambraccio, per difendersi, che nel verso opposto, con la punta verso l'esterno. La "punta" in sé in realtà non è appuntita ma arrotondata, e le lance bracciali sono da considerare più simili a mazze che ad armi da taglio. Sono particolarmente adatte per gli scontri a breve distanza e per sferrare affondi o sferzate.

La **BARRA TRIPUNTE** (*Triple Rod*) è la meno utilizzata delle armi, al punto che non la vediamo mai davvero in azione. È una specie di incrocio tra il tridente e le barre gemellari, ovvero un bastone diviso in tre sezioni da due catene, e forma l'asta orizzontale del totem, cui sono legati i piatti della bilancia. Quando l'armatura è indossata, sono ristrette a bastoni lunghi quanto l'avambraccio o quanto metà delle barre gemellari, incastrati diagonalmente in una placca triangolare dietro le spalle, in mezzo alle scapole. L'asta è telescopica e può essere allungata fino a rendere la barra alta quasi quanto un essere umano. Tutto considerato, la barra dovrebbe servire soprattutto a medio e lungo raggio e potrebbe anche essere lanciata in avanti.

LA FRECCIA DEL SAGITTARIO

Arma tra le più iconiche della serie, la freccia di Sagitter è spesso risolutiva nelle battaglie contro i nemici più potenti e il suo utilizzo è uno dei capisaldi dei film animati. Solitamente è nascosta all'interno del coprispalla mentre l'arco è ripiegato sulla placca posteriore del cinturino, ma è possibile che l'armatura possa generare altre frecce all'occorrenza, un po' come le catene di Andromeda o gli artigli dell'Idra. La sua enorme pericolosità è dovuta all'essere in grado di assorbire e accumulare i cosmi circostanti, convogliandoli in un unico colpo dalla forza potenzialmente enorme. Caricata a sufficienza, la freccia apre una breccia nel Muro del Pianto, supera il cosmo di Nettuno e trafigge il mostro Tifone. Anche in condizioni normali inoltre la freccia è capace di perforare qualsiasi armatura, inclusa un'altra armatura d'oro o in alcuni casi la corazza di un dio. Nel primo film viene stabilito che la "freccia di Sagitter non può ferire la Dea Atena che deve proteggere", e che quindi, se scoccata contro la Dea, si fermerà sempre senza colpirla. La validità di quest'affermazione è stata confermata decenni dopo in *Next Dimension*.

L'ESERCITO PIÙ POTENTE?

La questione della forza dei Cavalieri d'Oro paragonati alle altre armate è complessa, e varia tra manga e anime. Nel fumetto, i Cavalieri d'Oro rimangono sempre un punto di riferimento nonché una casta rilevante per tutta la durata della serie. Gli avversari vengono spesso paragonati – positivamente o meno – ai Cavalieri d'Oro, che diventano quindi una specie di cartina tornasole della potenza altrui, e per rendere l'idea della pericolosità di una minaccia di solito Kurumada mostra la sconfitta di Aldebaran del Toro (per mano di Sirya nella serie di Nettuno e di Niobe nella serie di Hades). Pur non comparendo in tutte le saghe, i Cavalieri d'Oro nel fumetto rimangono rilevanti fino alla fine, fino al fondamentale sacrificio di gruppo per aprire una breccia nel Muro del Pianto.

L'anime invece inizialmente segue logiche più tipicamente da *shonen* secondo cui ogni nuovo gruppo è più potente del precedente e la crescita dei protagonisti procede in maniera parallela. Così il povero Aldebaran viene sconfitto con un colpo solo – a tradimento – da Alcor, Mime di Asgard è definito pari a Gemini e i Cavalieri d'Oro vengono massacrati spesso con facilità dai protagonisti nel terzo film (la teoria che indossassero versioni false delle armature d'oro è smentita sia dai dialoghi giapponesi che dai libretti di DVD e Blu-Ray) e dai demoni di Lucifero nel quarto. Persino nella serie di Hades inizialmente l'intenzione degli autori era di rendere lo Spectre Rhadamantis più potente di tre Cavalieri d'Oro uniti senza alcun elemento esterno come la barriera di Ade. Solo in un secondo momento lo staff creativo dell'anime si sarebbe reso conto delle intenzioni di Kurumada e della popolarità dei dodici custodi dorati, tornando in qualche modo sui suoi passi e allineando le vicende del cartone a quelle del fumetto.

Tale enorme successo dei Cavalieri d'Oro li avrebbe poi portati a diventare i protagonisti assoluti in serie come *Episode G* e *Soul of Gold*, obbligando nel contempo gli autori a fargli fare sempre la miglior figura possibile, per esempio facendoli combattere direttamente contro gli Dei o mostrandoli annientare facilmente la maggior parte dei nemici umani quando il combattimento si svolge ad armi pari.

Al di là di qualsiasi logica commerciale, l'enorme fascino dei dodici è comunque innegabile, così come la varietà di poteri a loro disposizione. Nessun altro esercito può infatti annoverare in un unico schieramento poteri fisici (Toro, Ioria, Capricorn, Libra, Scorpio), cosmici (Gemini, Mur), spirituali (Virgo, Cancer), mentali (Mur, Gemini, Virgo), congelanti (Aquarius) e naturali (Fish). Una rappresentazione pressoché totale di tutte le tipologie di combattimento esistenti insomma, con la sola eccezione dei musici.

LE ARMATURE D'ORO DIVINE

L'enorme successo dei Cavalieri d'Oro tra i fan si è prevedibilmente riversato su gadget e merchandise, spingendo alla fine alla creazione delle armature d'oro divine nella saga *Saint Seiya Soul of Gold*. L'idea di armatura divina era infatti stata introdotta alla fine della serie classica, ma solo relativamente ai cinque protagonisti durante le battaglie con Thanatos, Hypnos e Hades nell'Elisio. *Soul of Gold* l'espande, introducendo gradualmente le versioni dorate delle dodici, anche se con qualche scusa e buco narrativo di troppo visto che non tutte avevano avuto modo di entrare in contatto con il sangue o le lacrime di Atena – elementi indispensabili alla trasformazione. Inizialmente le armature d'oro divine compaiono solo per pochi momenti, agevolando le già relativamente facili vittorie dei Cavalieri d'Oro contro i nuovi Cavalieri di Asgard ma non trasmettendo mai la stessa potenza devastante

delle cinque originali. In seguito, durante il combattimento finale tra i Cavalieri d'Oro e Loki, il coraggio dei custodi dorati arriva fino ad Atena imprigionata nell'Elisio, permettendole di inviare in loro aiuto petali intrisi di sangue e quindi di ottenere una trasformazione più permanente con cui sconfiggere Loki. Ironia della sorte, le tempistiche della serie fan sì che i Cavalieri d'Oro ottengano le loro armature divine leggermente *prima* dei protagonisti.

Dal punto di vista grafico le armature d'oro divine hanno un design barocco e pesante, pienissimo di fregi ed elementi decorativi, oltre che di svariate ali o elementi simili che in alcuni casi sono difficili da digerire. A giudicare da una dichiarazione dell'autore su *Twitter*, il design dovrebbe essere opera di Megumu Okada, l'autore di *Episode G* e seguiti, e infatti alcune armature d'oro divine ricompaiono in *Episode G: Assassin*, in un rarissimo esempio di elemento grafico dell'anime trasferito al manga (per ragioni di copyright, solitamente accade solo il contrario).

Al momento le armature d'oro divine non sono più comparse al di fuori di queste due opere e – con un look leggermente diverso – del videogioco cinese *Saint Seiya Awakening*. Ma visto il loro successo commerciale è probabile che per un loro ritorno sia solo questione di tempo.

CHI È IL SACERDOTE CHE HA INVESTITO SEIYA?

La grande confusione tra anime e manga, persino in Giappone, è ben esemplificata dalla questione del Sacerdote che consegna l'armatura a Pegasus. Nel manga è Saga, che si fingeva Shion – ucciso poco dopo la rinascita di Atena tredici anni prima – e quindi agiva da uomo buono e misericordioso. L'anime nel primo episodio ricalca questa versione e mostra lo stesso uomo con i paramenti bianchi ed elmo dorato, ma nell'episodio sedici introduce il personaggio di Arles – con elmo rosso e paramenti scuri – che diversi personaggi dicono essere appena succeduto al Sacerdote precedente. Questo apre due scenari: o Saga prima si fingeva Shion e poi Arles, oppure Shion ha dato l'armatura a Seiya ed è morto tredici anni più tardi rispetto al manga. Chi ha visto l'anime solo in italiano potrebbe ricordare un altro riferimento alla successione tra Shion e Arles nel flashback dello scontro tra Shura e Aiolos nell'episodio sessantacinque, ma in originale la cosa non viene più citata. Tutto finito quindi? In realtà no. Nell'episodio settantatré Dhoko dichiara che il precedente Sacerdote venne ucciso poco prima del tentato omicidio di Atena, andando quindi a contraddire l'episodio sedici.

Per far chiarezza, i produttori chiesero allo sceneggiatore Takao Koyama di scrivere un racconto a riguardo. Pubblicata nell'artbook Jump Gold Selection 2 con il titolo *"Saga! Il preludio dell'ambizione!"* ma più spesso noto tra i fan come *"La storia segreta di Excalibur"*, la storia mostra Gemini uccidere il vero Arles, Cavaliere d'Argento e assistente del Sacerdote Shion. L'assassinio di Shion stesso non viene mostrato, ma alla fine del racconto quando Shura fa ritorno al Grande Tempio viene informato che l'uomo è venuto a mancare qualche mese prima e che Arles ha preso il suo posto. Questo vorrebbe dire che a dare l'armatura a Seiya sarebbe stato proprio Arles, forse sotto il controllo della metà buona e che magari aveva il vestito scuro in lavatrice visto che per qualche motivo indossava i paramenti e l'elmo di Shion.

Ma ovviamente non poteva finire qui. Nel 2002, per preparare il pubblico al lancio della serie *Hades Sanctuary*, Toei fece uscire un filmato speciale che, rimontando scene dalla serie classica, ne raccontava la storia dal punto di vista dei Cavalieri d'Oro. Peccato che la persona cui fu affidato questo lavoro evidentemente non aveva letto la Jump Gold Selection 2, così il Sacerdote del primo episodio tornò a essere Shion, che evidentemente vittima di senilità per tredici anni avrebbe creduto al tradimento di Micene e si sarebbe tenuto Saga accanto credendolo Arles e non accorgendosi del cambiamento. A sua volta la presenza di Shion farebbe venir meno le motivazioni per la lunga assenza di Mu dal Grande Tempio, e così via in un circolo eterno di correzioni e illogicità.

Quindi alla fine chi era il Sacerdote? Saga rimane l'ipotesi più logica, ma ambo le versioni hanno delle dichiarazioni e dei prodotti ufficiali a sostegno, a confermare quanto contorto possa essere l'universo di Saint Seiya e quanto infinite le discussioni che lo riguardano.

COSA ACCADDE LA NOTTE DEGLI INGANNI?

"Notte degli inganni" è il soprannome dato dalla versione italiana dell'anime alle ore del tentato omicidio di Isabel e della fuga di Micene, ingiustamente accusato di tradimento. Evento tra i più narrati, accennati, omaggiati e ripresi di Saint Seiya, quella notte ha ormai talmente tante versioni che è necessario fare quasi un puzzle per incastrarle in qualche modo tutte insieme, a conferma di come gli autori giapponesi tengano molto poco a coerenza interna e continuity. Vediamole un po' in ordine cronologico.

Nel manga classico gli eventi della Notte degli Inganni vengono coperti in maniera abbastanza superficiale, ma contemporaneamente vengono poste le basi principali: nel numero sei originale (equivalente al cinque della *Perfect Edition*), Isabel racconta a Pegasus di come tredici anni prima Alman, durante un viaggio in Grecia, incontrò il morente Micene che gli affidò lei stessa da neonata e lo scrigno del Sagittario. Senza andare nei dettagli, Micene avverte di un grande male che si è impossessato del Grande Tempio, e indica ad Alman di radunare attorno ad Atena una nuova schiera di Cavalieri che in futuro possano proteggerla. Nel numero sette (equivalente al sei della *Perfect Edition*) Isabel va più nei dettagli e racconta a Ioria come Micene la salvò – come lei ne sia a conoscenza, visto che all'epoca era appena una neonata, non ci è dato saperlo. Vediamo il Sacerdote cercare di ucciderla con il pugnale d'oro, Micene fermarlo e smascherarlo – senza però indicare in maniera chiara di aver riconosciuto Gemini – venire ferito e fuggire. Nel volume undici (otto della Perfect) infine, prima Pegasus e compagni trovano l'incisione lasciata anni prima da Micene, e poco dopo Capricorn rivela a Sirio di essere stato lui a dare il colpo di grazia al compagno 13 anni prima. La cosa però viene narrata a parole, senza un flashback che mostri gli eventi effettivi.

L'anime classico segue la falsariga del manga, riproponendo gli stessi eventi nel 25° e nel 38° episodio. L'unica differenza, sottile ma importante, è che viene lasciato intendere che Micene abbia riconosciuto Gemini sotto la maschera del Sacerdote, anche se la cosa non viene affermata espressamente. Nel 64° episodio, i protagonisti trovano l'iscrizione, ma la prima vera novità avviene nel 65° episodio, in cui Capricorn racconta a Sirio di come affrontò Micene, e stavolta la narrazione è accompagnata da un flashback. Nella nuova scena, vediamo uno scontro in cui Micene, dopo un'iniziale difficoltà, si era portato in vantaggio indossando l'armatura e contrattaccando. La neonata Atena però si avvicinò a Capricorn, impedendogli di attaccare di nuovo e lasciandolo alla mercé dell'avversario, che lo colpì gravemente e diede per morto facendolo cadere in un crepaccio. Capricorn fu anche sul punto di uccidere Atena, ma si sentì paralizzato e, convinto di provare un sentimento di pietà verso la neonata, andò via lasciandola da sola. In seguito, Micene riuscì a trascinarsi fuori dal crepaccio e gli eventi proseguirono come nel manga.

Il primo approfondimento con materiale nuovo arriva nel già citato artbook Jump Gold Selection 2, sempre nella side story scritta da Takao Koyama. Da considerarsi in continuity con la versione anime, questa storia si concentra su Capricorn, che scopriamo essere stato amico fraterno di Micene, prima di essere subdolamente raggirato dal Sacerdote. La storia si concentra sugli eventi precedenti la notte, aggiungendo qualche dettaglio come il risveglio di Excalibur o l'identità del vero Arles, e giustificando l'assenza di Gemini con una missione nel regno Sottomarino. E' però importante soprattutto per offrire la prima revisione sulla personalità di Capricorn, che poi verrà ripresa da più parti, e facendo di lui un guerriero fondamentalmente nobile e giusto, ma anche vittima di una troppo militaresca obbedienza agli ordini. La storia finisce prima dello scontro tra lui e Micene, quindi non viene mai chiarito perché non riporti Atena al Grande Tempio.

A parte un breve accenno nell'11° episodio della serie di Hades, in cui Capricorn in una scena extra dell'edizione DVD prova a chiedere perdono a Ioria, per un po' di anni la Notte degli Inganni non riceve più revisioni, ma le cose cambiano nel 2002, con l'ondata di spin-off che investe i Cavalieri. Il primo a toccare l'argomento è *Episode G*, nel numero #1 (#1 e #2 edizione italiana). Prima, nel prologo, vediamo Gemini ricevere il pugnale addirittura dallo spirito del dio Crono, e scopriamo che si tratta di un'arma speciale capace di uccidere le divinità. Si passa al tentativo di omicidio, con Micene che lo ferma e smaschera, anche in questo caso dando l'impressione di averlo riconosciuto senza però chiamarlo per nome. Qualche capitolo dopo, in un flashback, Shura ricorda quel che accadde poco più tardi, mostrando stavolta una versione molto diversa da quella vista nell'anime: raggiunto Micene, che era senza armatura e stava difendendosi da un gruppo di soldati senza ferirli, Capricorn cercò di colpirlo alle gambe per immobilizzarlo e riportarlo vivo al Santuario. Il Sagittario però si posizionò in modo da ricevere il colpo di Excalibur in maniera tale da accecare Shura con lo spruzzo di sangue della ferita, e approfittò di quel momento per saltare in un precipizio e fuggire. E' la prima volta che lo scontro tra i due ci viene mostrato su carta, e stavolta le intenzioni di Shura sono dichiaratamente nobili: sa che la neonata è

Atena e vuole riportarla indietro, se possibile senza uccidere Micene. A sua volta, il Sagittario combatte senza ferire nessuno, neppure i soldati, perché sa che sono stati ingannati e che credono di essere dalla parte del giusto. Nel numero #7 (#14 in Italia) c'è una specie di epilogo, in cui Shura, nascosto nella nona casa durante la visita di Ioria, riflette sul fatto che sia stata creata una finta copia dell'armatura di Sagitter e della salma di Micene, il cui vero corpo non venne mai ritrovato.

L'incisione con il testamento compare anche in *Saint Seiya Omega* e in *Saint Seiya Next Dimension*, ma è l'anime *Saint Seiya Soul of Gold* ad aggiungere qualche informazione in più. Nel primo episodio, un flashback ci mostra Micene, già ferito e con Atena in braccio, che parla di nascosto a Ioria, dicendogli addio. L'episodio cinque invece mostra un altro flashback in cui Capricorn riceve dal Sacerdote l'ordine di uccidere Micene e lo insegue, assistendo tra l'altro al suo addio con Ioria. Compatibile con le versioni precedenti, specie dell'anime, questi flashback sono utili soprattutto a indicare che gli altri Cavalieri d'Oro fossero presenti al Grande Tempio, dettaglio omesso da tutte le altre opere. Da notare che nei vari manga Ioria, Mur, Toro, Virgo, Scorpio e Aquarius erano già Cavalieri d'Oro, pur se piccolissimi e inesperti, mentre negli anime si lascia intendere che non lo fossero ancora diventati. I flashback di Soul of Gold tutto sommato si allineano alle versioni della Jump Gold Selection ed Episode G per quanto riguarda la personalità di Shura, ma aggiungono quindi qualche dettaglio extra, e correggono graficamente l'aspetto di Shura, che nell'anime classico era disegnato come un adulto pur avendo solo 10 anni.

Passiamo a *Saint Seiya Saintia Sho*, che ovviamente non poteva farsi mancare qualche intreccio con la fatidica notte. Nel numero #9 scopriamo che Micene era stato svegliato e messo in allarme da Micene e da Olivia, la ragazza a capo della casta delle Saintia, che per prima aveva cercato di fermare Gemini, venendo uccisa. La sua emanazione cosmica aveva però spinto il ragazzo a dirigersi alle stanze di Atena, dando il via agli eventi che conosciamo.

Finora quindi tutte le versioni sono compatibili tra loro, almeno in due grossi filoni anime e manga, e una costante è che lo scontro tra Micene e Capricorn avvenga all'interno della zona sacra ma non nelle Dodici Case. A cavallo tra il 2017 e il 2018 arriva però *Saint Seiya Episode Zero* a mischiare di nuovo le carte, specie perché il suo autore è Masami Kurumada, che quindi per la prima volta dice la sua sugli eventi di quella notte. Per prima cosa, viene indicato come tutti i Cavalieri d'Oro fossero già stati eletti, ma anche come solo Micene, Gemini, Capricorn, Cancer e Fish fossero al Grande Tempio, mentre gli altri erano fuori a perfezionarsi. Poco dopo, anche Gemini scompare perché si è sostituito al Grande Sacerdote. Shura mostra rispetto verso Micene, ma non ci sono riferimenti a una particolare amicizia tra i due. Passando al tentato omicidio, Micene vede il volto di Gemini sotto la maschera sacerdotale ma non è sicuro che sia lui, ingannato dal diverso colore dei capelli. Ferito e messo in fuga, deve attraversare le Dodici Case e affrontare i tre Cavalieri d'Oro presenti, in qualche modo avvertiti dal Sacerdote. I tre sono stati convinti che Micene voglia rapire Atena per portarla da Hades, e per questo lo affrontano senza pietà, anche se nessuno sembra fare troppa attenzione a non ferire la dea. Questa serie si contraddistingue inoltre per l'enorme passività di Micene, che rifiuta quasi sempre di contrattaccare per timore di uccidere i parigrado e indebolire l'esercito in vista della prossima guerra con Hades. Questo pacifismo gli comporta gravi ferite e rende necessario più volte l'intervento di Atena stessa. Dopo essere passato dalla nona casa a curarsi in qualche modo le ferite, Micene incide il messaggio sul muro, convinto che probabilmente non sopravviverà alla notte. Alla terza Saga imprigiona il compagno nel labirinto dei Gemelli e poi nella Dimensione Oscura, prima che la metà buona riesca a riprendere il sopravvento e a liberarlo. Da notare, in questo caso, che Micene è sorpreso da quella situazione perché convinto che Gemini sia assente dal Grande Tempio, segno che alla fine non lo ha riconosciuto. La fine del Sagittario avviene vicino l'uscita dalla zona sacra, dove viene attaccato da Death Mask, Aphrodite e Shura insieme. Quest'ultimo, che in precedenza aveva dato a intendere di avere dei dubbi circa tutta la situazione, si comporta in modo ambiguo e lascia cadere Micene e Atena in un dirupo, vietando poi ad Aphrodite e Death Mask di inseguirli perché tanto presto Atena si incarnerà di nuovo. L'assurdità di quest'ultima frase, e il fatto che Shura pianga di nascosto dando le spalle ai due compagni suggerisce che sia un inganno per dare a Micene una speranza e che Capricorn voglia credere in lui pur non essendo abbastanza convinto da aiutarlo apertamente, ma l'intera situazione rimane incerta.

Rispetto alle precedenti, la versione di Episode Zero, che – coincidenza o meno – parrebbe ispirata a una missione speciale del videogioco *"Saint Seiya – Il Santuario"*, è incompatibile con tutte le altre eccezion fatta per Saintia Sho, e paradossalmente non collima alla perfezione neppure con il manga classico, pur essendo opera della stessa persona. Nel manga originale infatti Shura si vantava di aver ucciso Micene, mentre qui è visibilmente amareggiato della piega degli eventi, e Micene dice che "quasi tutti i Cavalieri" sono passati al male, mentre nello Zero è evidente anche per lui che gli altri siano stati ingannati e debbano comunque restare in vita per le guerre future. Si tratta, alla fin fine, di fenomeni di *retcon* (abbreviazione di *retroactive continuity*), ovvero piccole correzioni a posteriori. Volendo ignorare le contraddizioni più piccole, ed evitando solo le principali, si possono creare tre linee temporali sensate:

Episode G → Saintia Sho → Episode G → manga classico: una continuity manga in cui le varie serie si incastrano più o meno bene.

Jump Gold Selection → Soul of Gold → anime classico. Una continuity anime.

Episode G → Saintia Sho → Episode Zero → manga classico. La continuity Kurumadiana, in cui comunque possono rientrare anche il flashback di *Saintia Sho* e il prologo di *Episode G*.

Esiste, infine, un'ultima versione a sé stante, che è quella del film in CGI *La Leggenda del Grande Tempio*. Qui, Micene fugge in volo con la piccola Isabel e viene inseguito da Gemini e Capricorn, sempre volando. Gemini alla fine sembra sacrificarsi per permettere a Shura di colpire, e Micene precipita da qualche parte sull'Himalaya. Questa versione – palesemente slegata dalle altre – ha acquistato traino negli ultimi anni, venendo riproposta sia nella serie in CGI *Knights of the Zodiac* – dove l'Himalaya viene sostituita con le isole greche – che nel film live action, dove Gemini viene rimosso ed è presente il solo Shura.

GLI ALTRI CAVALIERI

Oltre ai cinque protagonisti e ai Cavalieri d'Oro, sotto il nome di Cavalieri (*Saint*) sono riunite numerose altre caste di guerrieri. Vediamole tutte.

I CAVALIERI DI BRONZO (*Bronze Saint*) sono la casta più bassa con le armature più fragili. Il loro numero massimo varia tra quarantotto e cinquantadue a seconda delle versioni e spesso sono dotati di armi, che in alcuni casi possono essere il loro unico mezzo di attacco. Possono raggiungere la velocità del suono ed essendo dotati comunque di cosmo hanno il comando sui soldati semplici, ma a parte questo in generale sono le ultime ruote del carro usati per missioni di minore importanza. A parte i protagonisti, i più noti sono i cinque che combattono nella Guerra Galattica: Asher (Jabu) dell'Unicorno, Black (Nachi) del Lupo, Aspides (Ichi) dell'Idra, Ban del Leone Minore e Gerki (Geki) dell'Orsa, ma a questa casta appartengono anche Nemes (June) del Camaleonte e – nell'anime – Reda e Salzius.

I CAVALIERI D'ARGENTO (*Silver Saint*) sono la casta mediana, ampiamente superiore ai Cavalieri di Bronzo ma lontanissima da quelli d'oro. La cosa si riflette nelle loro armature e tecniche di lotta, con il particolare requisito di non dover mai dipendere esclusivamente da un'arma e avere almeno un colpo segreto. Possono essere al massimo ventiquattro, hanno spesso poteri particolari e vengono adoperati per missioni importanti da soli o in supporto ai Gold Saint. Di frequente sono inoltre i maestri dei Cavalieri di Bronzo, anche se non si tratta di una regola fissa. Anime e manga fanno una certa confusione riguardo i loro membri finendo per sforare il tetto dei ventiquattro, ma i più noti sono Castalia (Marin) dell'Aquila, Tisifone (Shaina) dell'Ofiuco, Eris (Misty) della Lucertola, Asterione dei Cani da Caccia, Moses della Balena, Babel del Centauro, Argor di Perseo, Damian del Corvo, Agape (Capella) dell'Auriga, Vesta (Dante) di Cerbero, Orione (Sirius) del Cane Maggiore, Dedalus (Dio) della Mosca, Argetti di Eracle, Betelgeuse (Tramy) della Freccia, Albione (Daidaros) di Perseo e Orfeo della Lira. A questi l'anime aggiunge Aracne, Loto (Argora), Pavone (Shiva), Seryan (Jagger) di Orione, Ian dello Scudo e Relta (Christ) della Croce del Sud, oltre al Cavaliere dell'Altare assistente del Grande Sacerdote e a quello della Coppa.

I CAVALIERI SENZA RANGO (*Sonota Saint*) sono una casta esclusiva dell'anime composta da varie tipologie di guerrieri dotati di armatura ma non collegati a una costellazione specifica. Ne fanno parte ex Cavalieri "in pensione" come il Maestro dei Ghiacci (Crystal Saint) o Guilty, Cavalieri assegnati alla guardia privata del Sacerdote come Docrates, il Cavaliere della Fiamma (Ennetsu Saint) e Virnam (Spartan), e Cavalieri esiliati come Morgana (Geist) e il suo trio di guerrieri Serpente di Mare, Delfino e Medusa. Questa casta non viene mai nominata direttamente nel cartone, ma è aggiunta e descritta negli artbook e altro materiale accessorio per spiegare un po' a posteriori la categoria di molti dei personaggi creati appositamente dall'anime negli episodi riempitivi.

I CAVALIERI NERI (*Black Saint*) sono guerrieri rinnegati che indossano le armature nere, copie delle corazze regolari ma più fragili e prive della capacità di autoripararsi o di una volontà autonoma – essenzialmente degli scarti creati tentando invano di copiare le vesti originali. Per ragioni mai davvero spiegate, i Cavalieri Neri sono esteticamente quasi dei cloni dei personaggi originali, con piccole differenze solo nel colore della pelle o dei capelli. Si tratta solitamente di uomini che non riuscirono a ottenere una vera armatura per carenza di forza o senso di giustizia e che quindi si sono accontentati di un'armatura nera. Vivono confinati sull'Isola della Regina Nera sotto il controllo del guardiano mascherato prima e di Phoenix poi, e nutrono un odio profondo verso Atena e il Grande Tempio. Le loro tecniche di lotta sono insidiose più che potenti e spesso causano effetti ritardati. I più noti sono Pegasus Nero, Dragone Nero, Cigno Nero, Andromeda Nero e Jango, ma sembrano esisterne decine o centinaia.

I CAVALIERI D'ACCIAIO (*Steel Saint*) sono un'altra casta esclusiva dell'anime: guerrieri che non bruciano il cosmo ma si avvalgono solo della loro forza fisica coadiuvata da armature tecnologiche dotate di vari gadget speciali. Vengono creati dal professor Rigel (Dr. Asamori) su richiesta e con i finanziamenti di Alman di Thule, per aiutare Isabel una volta che sarà diventata adulta e avrà radunato i Cavalieri di Bronzo attorno a sé. Sono più o meno a un livello intermedio tra Bronzo e Argento. Nell'anime originale sono solo tre: Shadir (Sho) del Cielo, Benam (Daichi) della Terra e Lear (Ushio) del Cielo. Vengono ampiamente ripresi in *Saint Seiya Omega* e trasformati in un vero e proprio esercito con centinaia di soldati.

GLI AVVERSARI: I CAVALIERI DI ASGARD

Protettori della città di Odino nascosta tra i ghiacci del Nord Europa, agli ordini della regina Ilda di Polaris (Polaris Hilda), i Cavalieri di Asgard sono personaggi esclusivi dell'anime, creati sull'onda del successo del secondo mediometraggio per permettere a Kurumada di portare avanti il manga. I loro simboli sono creature della mitologia nordica o germanica e in particolare delle opere di Wagner, e a ciascuno di loro corrisponde una stella dell'Orsa Maggiore. Il loro design è opera della coppia Araki-Himeno, anche se i modelli di partenza sono stati creati da Masaya Sasano, ingegnere meccanico impiegato dalla Bandai tra il 1980 e il 1996 e in questo caso incaricato di progettare nuovi modellini die-cast per *Saint Seiya*.

I Cavalieri di Asgard sono tra i personaggi più tragici e drammatici della serie, destinati a perdere la vita vittime di inganni e circostanze nonostante quasi nessuno di loro sia realmente malvagio. Indossano le armature di Odino, al cui interno sono incastonati gli zaffiri necessari per ottenere la spada Balmung. Le loro file contano:

ORION (Sigfried della stella Alfa): l'eroico leader del gruppo, prototipo del paladino della sua patria, fedelissimo a Ilda e forse anche qualcosa in più. Di gran lunga il più potente tra i sette, Orion è quasi completamente invulnerabile come il Sigfrido leggendario, ad eccezione di un piccolo punto in corrispondenza del cuore sia sul petto che sulla schiena. Sulla natura esatta della sua invulnerabilità non viene mai fatta del tutto chiarezza: nel doppiaggio italiano uccise un drago e si bagnò del suo sangue, ma in quello giapponese l'impresa è del Sigfrido leggendario che aveva il suo stesso aspetto. Orion è un guerriero prettamente fisico e sconfigge uno a uno quasi tutti i protagonisti finché Sirio non riesce a individuare il suo punto debole e comunicarlo a Pegasus, che riesce a trionfare sostenuto dai cosmi degli amici. Poco prima della fine della battaglia Orion, che già era rimasto impressionato dalla lealtà e spirito di sacrificio dei suoi avversari, scopre la verità sulla possessione di Ilda e si sacrifica per togliere di mezzo il Generale degli Abissi Sirya, venendo salutato da Pegasus come "tardivo amico". Il suo spirito e la sua armatura ricompaiono brevemente in *Soul of Gold*, serie in cui scopriamo che aveva un fratello maggiore di nome Sigmund. Il suo simbolo è il drago bicefalo. Di recente è emerso che nei progetti originali della storia sarebbe dovuto essere il Sigfrido originale, liberato da una prigionia millenaria in un blocco di ghiaccio dal potere di Hilda.

MIZAR (Cyd della stella Zeta): il primo Cavaliere di Asgard ad attaccare il Grande Tempio. Di nobile famiglia, è leale a Ilda e protegge il palazzo reale sia personalmente che con una trappola, finendo però per venir sconfitto da Andromeda. Utilizza un misto di tecniche fisiche e congelanti e sembra puntare particolarmente sull'agilità in battaglia. Buona parte della sua storia è legata all'esistenza del fratello gemello Alcor, di cui era segretamente a conoscenza anche se fingeva di non sapere nulla. Sembrerebbe perdere la vita dopo un ultimo titanico sforzo per bloccare Phoenix e permettere ad Alcor di sconfiggerlo. Il suo simbolo è la tigre dai denti a sciabola.

ALCOR (Bud): fratello gemello di Mizar nonché suo Cavaliere Ombra, incaricato di accompagnarlo e proteggerlo restando però sempre nascosto. È abituato a colpire all'improvviso o osservare da lontano ed è il vero responsabile della sconfitta di Aldebaran del Toro. Abbandonato alla nascita per le rigide leggi di Asgard, venne salvato e adottato da un viandante finché, cresciuto, non scoprì la verità. Sembra covare un odio profondo verso Mizar al punto da gioire della sua morte, ma alla fine grazie a Phoenix scopre di provare sincero affetto fraterno nei suoi confronti e rinuncia alla battaglia, abbandonando il palazzo con il corpo del fratello in braccio. Una scena successiva suggerisce che potrebbe essersi lasciato morire nella tormenta, ma il suo destino rimane incerto. Alcor è una figura passionale, rabbiosa, contraddittoria, con uno stile di lotta aggressivo e dirompente che mette in crisi persino Phoenix, Andromeda e Tisifone uniti. L'armatura ombra che indossa è quasi una copia esatta di quella di Mizar ma è priva dello zaffiro di Odino e sembra un po' più fragile.

MEGREZ (Alberich della stella Delta): tessitore d'inganni e unico tra i Cavalieri di Asgard a essere realmente malvagio. Megrez è subdolo, manipolatore, astuto, ambizioso e sembra privo di qualsiasi qualità positiva. È consapevole della possessione di Ilda e cerca di sfruttarla a suo vantaggio, mirando a conquistare gli zaffiri, uccidere la Celebrante e prendere il potere grazie alla spada di Odino. In combattimento punta più su strategie e ricatti che sulla forza bruta, anche se possiede numerose tecniche particolarmente pericolose ed è un buon incassatore che sopravvive a colpi diretti di numerosi avversari. Le sue caratteristiche più peculiari sono la capacità di imprigionare i nemici in teche di ametista che ne assorbono la vita e il potere di controllare le anime della natura per scatenare l'ambiente stesso contro gli avversari. Ha la meglio su Cristal, Pegasus e Castalia ma ironicamente viene sconfitto da Sirio proprio attraverso un sotterfugio. Un suo antenato (padre nella versione italiana) affrontò e venne sconfitto da Dhoko della Bilancia.

MIME (Mime della stella Eta): Musico e cantore, è un Cavaliere che combatte sia utilizzando le melodie della sua lira che tecniche più fisiche e ortodosse. La sua storia è segnata dall'essere un orfano di guerra adottato dall'assassino dei suoi genitori, uomo rigido e marziale verso il quale non riuscì mai a provare affetto e che finì per uccidere a sua volta dopo aver scoperto la verità. Inizialmente mostra una natura pacifica e gentile che rende inutile la catena di Andromeda e lo porta a sconfiggere il Cavaliere, ma dopo aver raccontato a Phoenix la sua storia cede all'odio e alla rabbia, salvo riappacificarsi con se stesso quando Ikki fa tornare in superfice ricordi repressi di gesti d'amore del padre adottivo nei suoi confronti, nonché le vere circostanze della morte dei suoi genitori biologici. Figura complessa e tormentata, Mime è quasi una metafora degli orrori della guerra e degli orfani che questa si lascia alle spalle, con il suo combattimento con Phoenix che spesso è tanto verbale e morale quanto fisico. Viene definito forte quanto Gemini ed è considerato tra i Cavalieri di Asgard più potenti, venendo sconfitto solo dopo essersi privato spontaneamente dell'armatura. Mime è il primo musico introdotto nella serie regolare e il secondo in assoluto dopo Orfeo nel primo film. Nei piani originali degli autori avrebbe dovuto essere proprio la reincarnazione dello spirito di Orfeo del primo film, rinato per vendicarsi di Andromeda e Phoenix.

ARTAX (Hagen della stella Beta): Cavaliere che domina sia il ghiaccio che il fuoco, sembra essere cresciuto a palazzo e ha un legame palesemente romantico con Flare, la sorella minore di Ilda di cui è amico sin dall'infanzia, ma ciononostante non le crede quando lei nota ripetutamente il cambiamento della Celebrante. L'arrivo di Cristal precipita la situazione, facendo cadere Artax in un vortice di odio e gelosia verso il Cavaliere, che peggiora ulteriormente quando Flare giunge in soccorso del Cavaliere di Atena al punto da proteggerlo con il proprio corpo. Emotivo e ingenuo, Artax interpreta il gesto come un tradimento sia di causa che personale e finisce per anteporre il dovere ai sentimenti personali. La sua morte è tra le più tragiche per la sua evitabilità. In combattimento Artax è l'unico personaggio della serie a utilizzare sia attacchi congelanti che colpi fiammeggianti, grazie ai quali arriva a un passo dalla vittoria. La sua armatura raffigura Sleipnir, il cavallo a otto zampe di Odino.

LUXOR (Fenrir della stella Epsilon): versione cavalleresca di Tarzan o Mowgli, un ragazzo cresciuto insieme ai lupi della foresta dopo la morte dei suoi genitori causata da un orso. Luxor apparteneva originariamente a un nobile casato legato in qualche modo ai lupi a giudicare dallo stemma di famiglia, ma il tradimento dei servitori che preferirono abbandonarlo e fuggire lo spinse a rinnegare gli esseri umani e preferire la compagnia degli animali che l'avevano salvato, vivendo insieme a loro fino all'incontro con Ilda. Pur non essendo cattivo nel senso di malvagio, Luxor è un nichilista, sadico e crudele nei confronti degli umani e privo di particolari legami verso i compagni o Asgard, al punto da obbedire a Ilda solo perché i lupi le si inchinano davanti. Affronta Sirio in uno scontro tanto morale quanto fisico, anche se alla fine neppure le parole di Dragone riescono a far realmente breccia e muore senza alcuna traccia di redenzione. Il suo stile di lotta incentrato sull'agilità e attacchi taglienti ricorda una versione più selvaggia di quello di Mizar. Il suo simbolo è il lupo Fenrir destinato a uccidere Odino.

THOR (Thor della stella Gamma): il gigantesco Cavaliere che per primo sbarra la strada a Pegasus, Andromeda e Cristal all'inizio della corsa di Asgard. Dietro una facciata orgogliosa, ambiziosa e a tratti arrogante si nasconde un guerriero genuinamente legato alla sua patria e a Ilda, che gli aveva salvato la vita in passato e dal cui candore era rimasto colpito. È tra i pochi Cavalieri di Asgard ad aver notato il cambiamento della Celebrante dopo la possessione dell'anello e inizia gradualmente a dubitare degli ordini ricevuti, sospettando che Pegasus possa star dicendo la verità. Ciononostante combatte quasi fino alla fine, e nel morire chiede in lacrime a Pegasus di salvare Ilda. È quindi la classica figura di gigante burbero ma buono, per certi versi molto simile ad Aldebaran del Toro. Il suo stile di lotta è molto fisico ed è armato di due asce di nome Mjolnir che tornano sempre nelle sue mani dopo essere state lanciate. Il suo simbolo è Jormungander, il serpente che nel mito nordico combatte contro il dio Thor durante il crepuscolo degli dei.

GLI AVVERSARI: I GENERALI DEGLI ABISSI

Sono i sudditi di Poseidone, guerrieri di élite del suo esercito e protettori delle sette colonne del Regno degli Abissi, su cui poggia la volta dei mari. I sette Generali degli Abissi (*Marine Shoguns*) compaiono alla fine della seconda serie, affrontando i protagonisti in numerosi scontri per impedire la distruzione dei pilastri che proteggono. Come prevedibile i loro simboli sono per lo più creature marine, reali o leggendarie.

Nel corso della serie classica i Generali patiscono l'essere inseriti in una saga cuscinetto tra il Santuario e Hades, con combattimenti ben strutturati ma poco spazio alla caratterizzazione e quasi nessun approfondimento. L'anime, che era già alle battute finali, non li espanse in alcun modo, riducendo la maggior parte di loro a un paio di episodi appena. Di recente però sono stati ripresi e temporaneamente riportati in vita nello spin-off *Rerise of Poseidon*, che li vede protagonisti e difensori del pianeta e sembra intenzionato ad aggiungere un po' di background su ciascuno di loro.

Nei piani originali di Kurumada le armature dei Generali avrebbero dovuto essere blu, in riferimento ai colori del mare e alle scaglie dei pesci, ma la tinta fu successivamente modificata in arancio/oro per sfruttare il successo dei modellini die-cast dei Gold Saint e spingere le vendite.

Molte delle informazioni che li riguardano provengono da interviste e databook. Come casta, i Generali precedono la creazione dei Cavalieri di Atena, che anzi vennero formati proprio per combattere contro di loro nel corso della prima guerra tra la dea e Poseidone. Tali guerre portarono all'inabissarsi del continente di Atlantide e alla creazione del regno sottomarino visto nella serie. I Generali sono:

CAVALLO DEL MARE (Baian di Sea Horse): il custode della colonna dell'Oceano Pacifico del Nord, nonché primo generale a scendere in campo dimostrandosi subito un guerriero di grande valore. Ad affrontarlo è Pegasus, ma i colpi del cavaliere non superano la difesa di Cavallo del Mare che, con una tecnica molto simile a quella di Eris, il primo cavaliere d'argento, crea un muro d'aria per difendersi dagli attacchi. Solo riunendo nella Cometa Lucente i colpi del Fulmine, come già fece contro Eris, Pegasus riuscirà a distruggere non solo il muro d'aria, ma anche l'armatura di scaglie d'oro che Baian indossa e trionfare. Vanaglorioso, supponente e un po' arrogante, Cavallo del Mare è comunque assolutamente fedele a Nettuno tanto che prima di morire, vedendo che Pegasus non è in grado di abbattere il pilastro del Pacifico del Nord, gioisce convinto di aver comunque trionfato. Il suo colpo segreto è il "Vortice del Pacifico" dotato di una potenza tale da scagliare Pegasus in superficie sin dalle profondità marine.

KIRA DI SCILLA (Io di Scilla): difensore del Pacifico Meridionale, il suo nome non è frutto del caso visto che i suoi attacchi si basano sul mito di Scilla, che nel racconto era una creatura con la parte superiore del corpo a forma di donna e quella inferiore formata da sei bestie. Gli attacchi di Kira si basano proprio su quegli animali: il lupo, l'aquila, l'ape regina (libellula nel doppiaggio italiano), il pipistrello vampiro, il serpente e l'orso bruno. È in assoluto uno dei Generali più fedeli a Nettuno e alla sua causa, arrivando anche a sacrificarsi per provare a impedire la distruzione del suo pilastro. In battaglia però pecca di arroganza, finendo per svelare troppo presto le sue carte e perdere. Combatte contro Andromeda e si porta inizialmente in vantaggio, ma non può nulla contro la grande adattabilità della catena del nemico e finisce per essere uno dei pochissimi avversari di alto livello contro il quale non è necessario ricorrere alla Nebula Storm. Rimane comunque colpito dalla generosità dell'avversario e muore tra le sue braccia, consigliandogli di non avere pietà del suo nemico altrimenti prima o poi anche lui morirà.

KRISAORE (Krishna di Crisaore): il Generale che protegge la colonna dell'Oceano Indiano, scende in campo per terzo e affronta Sirio in uno scontro mortale. Uomo onorevole e di poche parole, è tra i maggiori sostenitori del piano di Nettuno ritenendo l'umanità irrimediabilmente corrotta. All'inizio sembra combattere basandosi solo su una lancia d'oro in grado di oltrepassare qualsiasi difesa, comprese l'armatura di Sirio e soprattutto lo scudo del Dragone, ma quando Sirio risveglia l'Excalibur trasmessagli da Capricorn e lo priva della sua arma, Krisaore svela il suo asso nella manica e rivela di dominare l'energia dello spirito chiamata Kundalini, corrispondente al cosmo dei Cavalieri. Alla fine viene comunque sconfitto quando Sirio trancia i suoi chakra, punti vitali lungo il suo asse corporeo. Di recente *Rerise of Poseidon* ha svelato che da bambino si è allenato nello stesso tempio di Virgo.

LEMURI (Kaysa di Lymnades): il più infido e pericoloso tra i Generali, a difesa della colonna dell'Antartico. Lemuri ha il potere di assumere l'aspetto della persona più cara al suo avversario, imitandone non solo le sembianze ma anche i modi, il carattere e lo stile di lotta. Le sue illusioni sono talmente realistiche da convincere il nemico persino di avere davanti una persona che credeva scomparsa, e neppure per chi conosce la verità è semplice riuscire a contrattaccare contro chi amava. Combattendo in tal modo Lemuri riesce a sconfiggere Pegasus, Cristal e Andromeda, e arriva vicino ad avere la meglio persino su Phoenix prima che le ferite infertegli dal Cavaliere della Fenice gli costino la vita. Sembra inoltre che Lemuri possa riprodurre le tecniche delle persone che imita, come ad esempio il Sacro Acquarius di Camus, anche se non è mai chiaro quanto ciò sia realtà o illusione. Il suo vero colpo segreto sono gli "Occhi della Salamandra".

ABADIR (Isaak di Kraken): Custode della colonna dell'Artico, Abadir è stato originariamente compagno di Cristal ai tempi dell'addestramento, mostrandosi continuamente più forte del futuro Cavaliere del Cigno ma anche tentato dall'usare la forza per dettare la giustizia. Sembrò perdere la vita per salvare Cristal dopo che quest'ultimo si era immerso per la prima volta per rivedere il cadavere di sua mamma, ma in realtà l'armatura di scaglie di Kraken lo salvò e condusse alla corte di Nettuno. Inizialmente rifiutò l'offerta di diventare Generale degli Abissi, ma finì per ripensarci nell'apprendere della morte del Maestro dei Ghiacci e poi di Aquarius per mano di Cristal, convincendosi che solo il pugno di ferro dell'imperatore dei mari avrebbe potuto portare alla vera giustizia. Destino vuole che durante la guerra tra Atena e Nettuno si scontri proprio con Cristal, finendo per perdere la vita. In *Saint Seiya: Destiny* apprendiamo che poco prima della guerra contro i Cavalieri Abadir ha percepito il cosmo di Kanon e ne ha appreso la reale identità, che poi svelerà a Cristal poco prima di morire.

SIRYA (Sorrento di Siren): Musico a difesa della colonna dell'Atlantico del Sud, Sirya viene introdotto in maniera diversa tra anime e manga. Nel cartone compare per la prima volta ad Asgard verso la fine della guerra e per poco non uccide Pegasus, prima che Orion non riesca a toglierlo di mezzo con una mossa suicida simile alla Pienezza del Dragone. Attimi prima di morire però Sirya riesce a salvarsi generando un'illusione e a tornare nel Regno Sottomarino. Nel manga invece si reca all'ospedale di Tokyo dove i Cavalieri di Bronzo sono ricoverati a seguito delle battaglie delle Dodici Case e qui si scontra con Aldebaran del Toro, sconfiggendolo abbastanza facilmente grazie ai poteri delle sue melodie che riducono pesantemente il cosmo di chi le ascolta. L'arrivo di Atena che gli chiede di scortarla da Nettuno gli impedisce però di uccidere i Cavalieri di Bronzo o Aldebaran. Sia nell'anime che nel manga durante la guerra successiva si scontra con Andromeda, finendo per essere sconfitto dalla Nebulosa. Percependo la bontà nel suo cuore però Shun lo risparmia, e in seguito Sirya assiste Phoenix contro Kanon permettendogli di distruggere la Colonna dell'Atlantico del Nord. Sopravvissuto al conflitto, accompagna Julian in giro per il mondo, usando la sua musica per allietare le vittime dei nubifragi causati da Nettuno. In *Rerise of*

Poseidon scopriamo nuovi elementi sul suo passato: orfano sfruttato da tutti per il suo talento con la musica, aveva finito per abbandonarsi al cinismo e per questo aveva accettato l'offerta di diventare Generale degli Abissi, finché il percepire l'immenso amore del cosmo di Atena e il vedere i sorrisi che la sua musica poteva generare non lo spinsero a diventare un vero difensore dell'umanità.

DRAGONE DEL MARE (Kanon di Sea Dragon): fratello gemello di Saga di Gemini (vedi capitolo sui Cavalieri d'Oro), Kanon veste temporaneamente i panni del Generale Dragone del Mare dopo aver trovato per caso il tridente di Nettuno e aver risvegliato lo spirito del dio dei mari. Le ragioni del suo comportamento sono molteplici, e diverse opere hanno aggiunto dettagli: gelosia nei confronti di Saga, ambizione, un complesso di inferiorità e desiderio di essere riconosciuto. Chi sia il vero Dragone del Mare di cui Kanon ha usurpato l'armatura è uno dei misteri irrisolti di *Saint Seiya*, nonché qualcosa che Kurumada ha promesso che svelerà in futuro.

GLI AVVERSARI: GLI SPECTRE

Gli Spectre sono i 108 guerrieri dell'esercito di Hades e corrispondono alle immaginarie costellazioni demoniache, a loro volta ispirate al romanzo cinese Shuihu Zhuan e ai peccati che Buddha si dice dovette evitare prima di raggiungere il Nirvana. Sono divisi in 36 Spectre del Cielo, più forti, e 72 Spectre della Terra, mediamente più deboli, e capitanati dai tre Comandanti o Giudici di Ade: Radamante (Rhadamantis) della Viverna, Minosse (Minos) del Grifone ed Eaco (Aiacos) di Garuda, oltre che da Pandora, braccio destro di Hades.

Gli Spectre sono considerati gli avversari storici di Atena e dei Cavalieri, e in quanto tali fungono da antagonisti principali anche in *Lost Canvas* e hanno un ruolo importante in *Next Dimension*. Molti dei loro poteri dipendono dalle armature che indossano – le Surplici – che permettono loro di viaggiare tra il mondo dei vivi e quello dei morti e all'interno delle quali albergano gli spiriti delle stelle demoniache, di cui gli Spectre veri e propri sono solo dei simulacri. Secondo i databook e le interviste agli autori gli Spectre sono semplici esseri umani predestinati a essere posseduti un giorno da una stella demoniaca, che modifica il loro aspetto e personalità adattandoli a quelli degli spiriti originali, che normalmente esisterebbero solo nell'aldilà. Questa spiegazione non viene mai fornita nella serie vera e propria e anzi è parzialmente contraddetta dagli eventi di *Next Dimension*, ma trova un certo riscontro in *Lost Canvas* e *Dark Wing*.

La caratterizzazione degli Spectre varia profondamente di serie in serie, anche se solo pochissimi di loro hanno ricevuto flashback o sono stati oggetto di approfondimento. La saga originale tende a mostrarli in maniera tutto sommato ambigua, fedeli ad Ade sia per ottenere l'immortalità che spinti dal desiderio di purificare la Terra e trasformarla in un paradiso, ma manga più recenti li hanno spesso dipinti come cattivi più classici, sadici e malvagi sia verso i nemici che tra di loro. A causa di discrepanze tra gli autori ne sono stati disegnati persino più di 108, sebbene molti solo come carne da macello o personaggi sullo sfondo.

In *Lost Canvas* viene spiegato che gli Spectre sono immortali finché dopo una sconfitta le loro anime non vengono imprigionate nel rosario dei Cavalieri della Vergine, ma nulla del genere è mostrato chiaramente nella serie classica o *Next Dimension*. I simboli degli Spectre spaziano da animali reali a bestie mitologiche, passando per creature infernali e persino mostri della letteratura horror.

Pur non essendo ufficialmente parte degli Spectre, al loro esercito vanno aggiunte tre divinità: Thanatos che governa la morte, Hypnos che governa il sonno e Ker tessitrice di inganni. *Lost Canvas* aggiunge cinque ulteriori divinità sottoposte di Hypnos e guardiane dei sogni: Oneiro, Icelo, Fobetore, Morfeo e Fantaso.

I CAVALIERI E LA DIVINA COMMEDIA

Nella serie di Hades, Kurumada realizza una rappresentazione dell'Inferno in tutto e per tutto simile a quella Dantesca vista nella Divina Commedia. Tale similitudine è evidente sin dall'ingresso, segnato dalla Porta dell'Inferno su cui campeggia la celebre scritta *"Lasciate ogni speranza, o voi ch'entrate"*. Superata la porta, si entra in quello che Dante chiama il Vestibolo dell'Inferno, dove, sia nell'opera del sommo poeta che nel manga di Kurumada risiedono gli ignavi, cioè coloro che hanno vissuto la vita inutilmente senza mai scegliere né il bene né il male, venendo condannati quindi a lamentarsi in eterno, non essendo accettati da Dio. Il passaggio seguente è l'Acheronte, l'immenso fiume attraverso cui le anime vengono portate nell'aldilà. Il compito di trasportarle spetta al nocchiero Caronte, di mitologica memoria, che Dante rappresenta come un vecchio dall'aspetto demoniaco, e Kurumada come uno degli Spectre, i guerrieri di Hades.

Superato l'Acheronte si entra nell'Inferno vero e proprio, la cui struttura è identica sia in Dante che in Kurumada, con una sola differenza, ovvero l'assenza del Limbo (Primo Cerchio dantesco) nell'Inferno di Kurumada, che determina quindi una discrepanza tra il numero della Prigione (nome che i "cerchi" hanno nel manga) e la sua effettiva corrispondenza nell'Inferno dantesco: la Prima Prigione di Kurumada corrisponde infatti il Secondo Cerchio dantesco, la Seconda Prigione di Kurumada sarà il Terzo Cerchio dantesco e così via.

Anche la disposizione dei dannati è la stessa in entrambe le versioni. Il Secondo Cerchio dantesco è custodito da Minosse, colui che giudica i defunti che gli si parano davanti. Kurumada modifica leggermente questa versione e, dopo aver rappresentato la Prima Prigione con un vero e proprio Palazzo del Giudizio, l'affida allo Spectre Lune di Barlog, specificando però come egli stia solo sostituendo Minosse, che è impegnato per via del suo ruolo di Comandante di Ade.

Uscendo dal Secondo Cerchio, in entrambe le versioni si raggiunge la Valle della Bufera, che a sua volta conduce al Terzo Cerchio (Seconda Prigione). Qui troviamo Cerbero, il mitico cane a tre teste che divora i dannati e che, nell'opera di Kurumada, è solo il "cucciolo" del custode del luogo, lo Spectre Faraone di Sfinge. In suo omaggio la facciata della Prigione è interamente in stile egizio. Accanto alla Prigione Kurumada colloca il campo fiorito, un luogo originale mostrato come l'unico in tutto l'Inferno in cui possano crescere fiori. La presenza di questo luogo è spiegata con la storia del Cavaliere Orfeo e della sua amata Euridice.

Le Prigioni successive ricevono progressivamente meno spazio nel manga ma rimangono evidenti i riferimenti Danteschi. Nella Quarta Prigione i dannati sono obbligati a spingere enormi massi e nella Quinta, la Palude Nera, i Cavalieri si imbattono in Flegias di Licaone, personaggio accennato anche dal Sommo Poeta. Nella Sesta infine gli eroi di Atena sono sconvolti nel vedere gli eretici che bruciano nelle loro stesse tombe.

L'ultima Prigione ad essere adeguatamente mostrata è l'Ottava, corrispondente al Nono Cerchio Dantesco. Si tratta di un immenso lago di ghiaccio, detto Cocito, che nella Divina Commedia è reso tale dal vento causato dal movimento delle ali di Lucifero. Dante imprigiona qui i colpevoli di tradimento, sepolti nel ghiaccio a vari livelli di profondità a seconda della gravità del loro crimine, e di conseguenza divide il Cocito in quattro zone circolari, concentriche tra loro: Caina, Antenora, Tolomea e infine la Giudecca (che deve il suo nome a Giuda Iscariota). Al centro della Giudecca, l'ultima delle quattro zone concentriche, si trova Lucifero, immerso nel ghiaccio fino alla cintola. Kurumada modifica leggermente le cose, presentando il Cocito come il luogo dove vengono rinchiusi tutti coloro che hanno combattuto contro una divinità, e infatti vi troviamo, oltre a Pegasus e Phoenix, anche Ioria,

Mur e Scorpio e i Cavalieri che hanno lottato per la giustizia nelle epoche precedenti. Le quattro zone, Caina, Antinora, Tolomea e Giudecca, diventano qui quattro templi, residenze di Radamante, Eaco, Minosse e infine Hades stesso.

L'ITALIA IN SAINT SEIYA

Considerando l'influenza storica e culturale della cultura greca sull'Italia, non è poi una gran sorpresa che il nostro paese sia il terzo più rappresentato in *Saint Seiya* dopo Grecia e Giappone. Dalla serie classica agli spin-off, riferimenti diretti o indiretti all'Italia spuntano da tutte le parti, a cominciare dai personaggi. Nell'opera di Kurumada infatti ben quattro Cavalieri sono identificati come italiani: DeathMask del Cancro, Tisifone, Vesta di Cerbero e lo Spectre Caronte, anche se queste nazionalità sono rivelate sempre soltanto nei databook e non hanno alcun impatto sulla storia o caratterizzazione dei personaggi, i cui nomi originali tra l'altro suonano tutt'altro che italiani (poche Shaine da queste parti...). Nel caso di Cancer e Vesta, l'Italia – e nello specifico la Sicilia – è indicata anche come località di addestramento principale, mentre Caronte, nonostante un look smaccatamente veneziano e la barca dall'aspetto di gondola, sarebbe nato a Napoli.

La Sicilia ritorna anche nello spin-off *Episode G* e nel romanzo *Gigantomachia*. Entrambe le opere mostrano infatti una battaglia tra i Cavalieri e Tifone, il mostro che secondo il mito venne imprigionato sotto il vulcano Etna. E se *Episode G* si limita a un capitolo speciale con Aioros del Sagittario in missione nel Tirreno al largo dell'Etna, *Gigantomachia* porta sulle pendici del vulcano tutti i protagonisti, ambientando dalle nostre parti la quasi totalità del secondo volume. Sempre in questo romanzo viene introdotto anche un discepolo di Cancer, Mei, il cui addestramento sarebbe avvenuto sempre in Sicilia.

Risalendo la penisola e lasciando le zone della Magna Grecia, anche il fascino della Toscana non ha lasciato indifferenti gli autori giapponesi. Sia *Next Dimension* che *Lost Canvas* sono a tratti ambientati nella zona di Firenze, e sempre lì sarebbero nati Aron e Sasha, incarnazioni rispettivamente di Hades e Atena, mentre il Cavaliere di Pegasus dell'epoca, Tenma, è indicato come mezzosangue italogiapponese. Italiano è anche Manigoldo del Cancro, così come interamente italiana è l'ambientazione del gaiden a lui dedicato nei volumi extra di *Lost Canvas*, sebbene anche in questo caso per i personaggi si siano scelti nomi e nomignoli bizzarri come Don Avido, Pesce e Gioca. L'Italia non fa però una bella fine in *Lost Canvas*, sollevata in cielo dal potere di Hades e poi dimenticata lì tra le nuvole.

Anche *Saint Seiya Omega* tira in ballo la Toscana, ma in maniera più indiretta. Durante la seconda stagione i Cavalieri combattono l'esercito nemico nella città di Pallasvelda, che è praticamente una ricostruzione di Firenze, con tanto di Ponte Vecchio e Duomo.

Da un punto di vista grafico invece, come non citare il Palazzo dei Tornei che riproduce fedelmente il Colosseo, o la Meridiana dello Zodiaco ispirata all'orologio di Piazza San Marco a Venezia. Due esempi che non sono certo soli, visto che tra David di Michelangelo, Arco di Tito, Colonna Traiana, Fontana di Nettuno e tanti altri l'Italia e la sua arte sono ben presenti nel mondo di *Saint Seiya*.

LE ARMATURE

Paragonabili per importanza ai robot delle serie nagaiane, le armature (Cloth in originale, con il significato di Vesti Sacre) sono uno degli elementi alla base della serie, e ne rappresentano la prima vera caratteristica. Se il cosmo poteva infatti essere considerato una variazione della "forza" di Guerre Stellari o del "ki" di Dragonball, le Armature furono da subito un elemento unico e innovativo, che contribuì ad accendere la curiosità degli spettatori e favorì la diffusione del merchandising grazie ai modellini Bandai.

La loro storia è spiegata a spizzichi e bocconi tra interviste e databook. Vennero create da Atena al tempo della prima guerra contro Poseidone, quando già la maggior parte dei guerrieri della Dea erano morti a causa dell'avversione di Atena alle armi, che li spinse a combattere disarmati contro i Generali degli Abissi. Alla fine non rimasero che i più giovani e Atena, soffrendo all'idea di perdere anche loro, ordinò agli alchemisti del continente perduto di Mu (di cui sono discendenti Shion e Mu dell'Ariete) di forgiare ottantotto corazze utilizzando materiali come l'oricalco – precipitato sulla Terra all'interno di un meteorite – il gamanion e la polvere di stelle. Atena stessa ne progettò l'aspetto, ispirandosi alle costellazioni celesti.

Le Armature sono molto diverse da quelle classiche dei cavalieri medioevali. Non solo hanno forme e poteri particolari e permettono di muoversi con agilità nonostante la loro mole, ma trascendono lo status di semplici oggetti e possiedono addirittura una vita propria, grazie al cosmo di Atena di cui sono pregne, che le spinge ad agire per difendere la giustizia, o perlomeno il senso di giustizia personale di chi le indossa. Volontà forti, convinte di essere nel giusto, possono infatti ingannare le corazze e compiere atti che agli occhi dei più sarebbero giudicati malvagi.

In caso di danni eccessivi, un'armatura infatti morire, e in quel caso l'unico modo per ripararla è usare un'enorme quantità di sangue di Cavaliere, presumibilmente perché carico di cosmo. Inoltre un'armatura può evolversi, cambiando forma e aumentando in resistenza. Perché ciò accada è necessario un medium, solitamente sangue umano o divino dotato di un cosmo più potente.

Nel manga le armature vengono inizialmente concepite come più coprenti man mano che si sale di grado, con quelle di bronzo che proteggono appena le parti vitali, quelle d'argento che si estendono maggiormente sugli arti e quelle d'oro che offrono una copertura quasi integrale. L'anime però modificò questa concezione sia per ragioni estetiche che pratiche, visto che armature più complete permettevano di vendere modellini a prezzi più alti, e in seguito anche il manga si adeguò, presentando armature d'argento in tutto e per tutto coprenti come quelle d'oro. In media, tutte le Armature sono composte di undici parti di base: gli schinieri, le ginocchiere, la cintura, i bracciali, il pettorale, i coprispalla e infine l'elmo o diadema. Quando non sono indossate, le corazze si dispongono in modo da assumere la forma rappresentata dalla loro costellazione, nel cosiddetto Totem o Object, e sono riposte in uno scrigno chiamato Pandora Box, in riferimento al mito del vaso di Pandora. Serie più recenti hanno eliminato gli scrigni, giudicati poco pratici, sostituendoli con medagliette o gioielli che evocano e fanno materializzare le vesti sacre.

In quanto elemento distintivo di *Saint Seiya*, le armature sono comuni a pressoché tutti gli eserciti e persino le divinità, con ogni diversa tipologia spesso dotata di qualche potere particolare di fondo. Oltre alle Cloth di Atena, ci sono le Scale (armature di scaglie) di Poseidone, le God Robe (armature del Nord) dei guerrieri di Asgard, le Surplici degli Spectre e le Kamui o Vesti Divine dei numi olimpici, finora mai mostrate ufficialmente.

Con il proliferare deli spin-off, sono state aggiunte le Soma (Titani), Ars Magna (dei ancestrali), Glory (guerrieri olimpici), Adamas (Giganti), Galaxy (Mars), Chronotector (Pallasite), Orb (Gemme), Nahual (Giaguari), Tattoo (Taonia), Leaf (Driadi), Spade Sacre (Gladiatori), Shells (Spirits) e Aura (Guerrieri del Tempo).

ARMATURE O OPERE D'ARTE?

Con tutto l'affetto per la loro funzione pratica, commerciale e simbolica, quella che conquista non può che essere l'estetica delle armature. Forse il maggior colpo di genio della serie è stato il non limitarsi a semplici corazze dalle forme classiche ma sbizzarrirsi in un tripudio di animali, oggetti e mostri mitologici nelle quali le armature si trasformano, rimanendo più o meno perfettamente riconoscibili anche indosso al guerriero. È la forma Object o Totem, nata come gimmick per spingere le vendite ma poi diventata molto di più.

Kurumada inizialmente prova a mantenere un pizzico di realismo: Seiya la prima volta smonta manualmente il totem dell'armatura di Pegasus e – rivelando inattese doti ingegneristiche – riesce a capire cosa vada dove e a indossare la corazza senza bisogno di un libretto di istruzioni. I giovani lettori potrebbero non avere altrettanto intuito e così vengono create le schede tecniche, diagrammi che mostrano la collocazione di ogni pezzo e soprattutto come debba essere ruotato, piegato o modificato per andare al suo posto. Non sono certo perfetti – le proporzioni in particolare sono quasi sempre dimenticate – ma rendono l'idea, e così vediamo teste trasformarsi in diademi, zampe ruotare e andare sulle spalle o dietro la schiena, cinghie uscire e ali o zoccoli rientrare e scomparire totalmente.

Si vedono già i semi di grandi idee. Ogni armatura è diversa e distinguibile, dotata di elementi unici. Lo scudo del Dragone è totalmente differente da quello biforcuto del Cigno o ovale di Pegaso, i bracciali di Andromeda sono avvolti da lunghe catene mentre dalla schiena della Fenice scendono quattro code piumate. Per quanto tozze e approssimative, nessuno può dire che le vesti siano banali.

Ciononostante, le prime armature del manga non sono certo le più belle. Fin troppo semplici e minimaliste, sono palesemente un work in progress parzialmente giustificato con l'idea che le corazze di bronzo siano volutamente poco coprenti per indicare il basso rango di chi le indossa (perché i Cavalieri che più avrebbero bisogno di un'armatura vengano invece puniti con corazze sgangherate non viene mai adeguatamente spiegato). Kurumada ridisegna di continuo quella di Pegasus, ma è l'anime a voltare pagina trasformando le sparute protezioni dei protagonisti in armature quasi integrali, evocative e stupende. Nascono elementi iconici come gli elmi a forma di testa di animale di Pegasus e Dragone, i coprispalla inclinati di Andromeda, i cinturini frangiati. Le misere protezioni per ginocchia o caviglie diventano schinieri integrali, i sottili diademi caschi chiusi che tante difficoltà daranno ai disegnatori nel corso degli episodi. Soprattutto, c'è un'esplosione di colori: le armature del manga sono monocromatiche e indossate su tute bianche, ma quelle dell'anime – pur non cadendo mai nel pacchiano – non hanno paura di giocare con le tinte. Molti pezzi di Pegasus hanno il bordo rosso, e dello stesso colore sono gli occhi degli elmi del cavallo alato o del drago, mentre il Cigno ne ha addirittura uno rosso e uno blu in riferimento alla stella Deneb. Le fibbie delle cinture sono sempre in due o tre colori, e anche quando la tinta è teoricamente unica riflessi e giochi di ombre la rendono metallica e tridimensionale. Cambiano anche colori dei vestiti, che casualmente tingono Seiya delle tinte della bandiera giapponese. Non tutto è completamente azzeccato, in particolare l'armatura tutta rosa di Andromeda con forme di seni scolpite sul pettorale non aiuta la virilità del personaggio, ma le V1 rimangono tra le corazze più iconiche di tutte.

L'anime sdogana una versione più fantasy delle armature, che non vengono più indossate manualmente ma "esplodono" e si dispongono da sole sui corpi degli eroi. Kurumada apprezza e ripropone nel manga, sbizzarrendosi in armature sempre più belle. Il picco assoluto sono probabilmente le Gold Cloth, che riescono a integrare elementi dei segni zodiacali in corazze dal design affilato ed elegante. Elementi che ovunque altrove sarebbero parsi pacchiani e ridicoli come le enormi corna dell'Ariete, il diadema a forma di coda di scorpione o la maschera di leone sulla schiena qui funzionano, e i fan apprezzano anche armature dalle forme più aggressive come quella piena di squame dei Pesci o le chele e punte del Cancro. Gemelli e Vergine mettono in grande difficoltà Kurumada a causa della natura poco rappresentativa dei loro simboli, ma ne viene fuori con una figura angelica e soprattutto con il memorabile elmo a due facce contrapposte che pur probabilmente ispirato a Mazinger e visivamente pesantissimo (Saga lo indossa in un'unica occasione nel manga) è tra i più iconici di tutti. L'anime tiene botta e stavolta apporta modifiche minime, per lo più cromatiche o mirate a rendere più affusolati alcuni design.

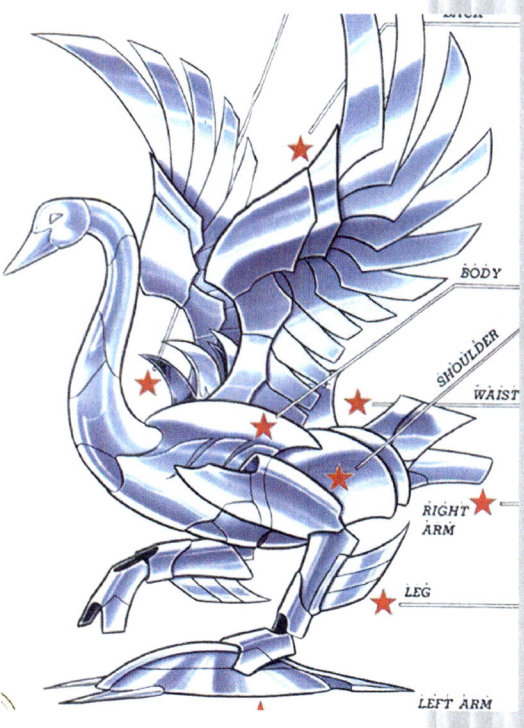

La successiva saga di Asgard è esclusiva dell'anime e lascia campo libero agli ingegneri Toei per sbizzarrirsi, sicuri che poi Araki e Himeno ripuliranno i design. Le armature del Nord hanno un look molto più sinuoso e fantasioso, che abbandona qualsiasi parvenza di realismo kurumadiano creando totem che non sfigurerebbero in un museo. Il drago bicefalo di Orion, il cavallo rampante a otto zampe di Artax, la massiccia ma mai pesante figura di Thor o il totem di Megrez che si dispone addirittura su uno scheletro circondato da ossa fulminano l'immaginazione degli spettatori. Anche una volta indossate le armature hanno delle trovate geniali, come il bracciale a forma di testa di cavallo di Artax (che Kurumada poi riprenderà con la V3 del Dragone), i coprispalla asimmetrici di Orion e Mime e addirittura visiere retraibili per proteggere gli occhi dal riverbero della neve. Cromaticamente, si sceglie di sfruttare gamme più ampie e ogni corazza ha un colore diverso, privando magari l'esercito di una tinta unica ma rendendo più immediato il riconoscimento dei personaggi.

Superato questo picco si comincia però ad assistere a un calo di creatività. Le armature dei Generali degli Abissi hanno totem in pose dinamiche ma non spiccano per fantasia, con la sola eccezione di Scilla in cui l'integrazione delle sei bestie nei pezzi della corazza ha del geniale. L'anime, ormai alle battute finali, stavolta si limita a riprodurre senza modificare. Va peggio nella saga di Hades: le Surplici hanno look estremamente elaborati ma fin troppo barocchi e pesanti a causa di infiniti speroni, corna, spuntoni e zanne, mentre le armature delle divinità sono spesso ingombranti scafandri.

Le armature dei protagonisti però continuano a resistere, specie negli elegantissimi totem, e ci ricordano che potranno anche essere temporaneamente sul campo di battaglia, ma il vero posto per loro è tra le sale di un museo.

ANDROMEDA SAINT

PEGASUS SAINT

CYGN

CINQUE DOMANDE CON: MASAYA SASANO

Uno dei protagonisti meno noti dell'epopea di Saint Seiya, Masaya Sasano è un ingegnere meccanico che lavorò per Bandai dal 1980 al 1996, supervisionando tantissime serie di modellini di successo, inclusa la Saint Seiya Cloth Series, ovvero i modellini die-cast. Soprattutto, Sasano collaborò direttamente con la produzione dell'anime ed è a lui che dobbiamo il design di tantissime armature, il cui look venne poi rifinito per l'animazione da Shingo Araki e Michi Himeno. Sono riuscito a contattarlo per una chiacchierata a riguardo, e c'è scappata qualche domanda in più.

Da quel che sappiamo, il successo della Saint Seiya Cloth Series di Saint Seiya è stato fondamentale per lo sviluppo della serie anime. È stato difficile adattare i concetti e i disegni del manga in oggetti concreti?

MS: *In Giappone, i manga vengono pubblicati su riviste settimanali, ma all'estero sono noti principalmente gli anime. Il concetto originale e i disegni pubblicati sulle riviste settimanali sono stati creati dall'autore, il signor Masami Kurumada. Durante le prime fasi della serializzazione non avevamo considerato i giocattoli, ed è per questo che ci sono differenze nella loro forma. Ero responsabile di tutti gli aspetti dello sviluppo del prodotto, a partire dall'anime, compresa la dimensione delle figure, il design del packaging e persino il contenuto dei promo commerciali. Ho preso la maggior parte delle decisioni fondamentali riguardo la Saint Seiya Cloth Series. Ero personalmente presente e coinvolto nelle decisioni persino per le sessioni fotografiche dei prodotti utilizzati sul retro delle confezioni.*

Molte armature, specialmente le prime armature di bronzo, differiscono molto tra l'anime e il manga. Fu coinvolto nei cambiamenti di design?

MS: *Fui responsabile di tutti questi cambiamenti. Quando l'anime divenne popolare e i prodotti iniziarono a vendere, ho ricevuto bozze dei Gold Cloth dal signor Masami Kurumada. Ho apportato delle modifiche e gliele ho rispedite. Questo è il motivo per cui le differenze tra i Gold Cloth originali e quelli dell'anime sono minime. Riguardo le Cloth di Bronzo, all'inizio della serie, nell'opera originale, i personaggi avevano in testa ornamenti simili a spille per i capelli, per lo più posizionati sopra i capelli. Abbiamo cambiato il design rendendoli tipo elmetto perché la versione originale non funzionava bene in termini di equilibrio. Di conseguenza, tutti i personaggi con capelli lunghi hanno finito per avere i capelli corti. Questo problema è stato corretto durante la produzione della seconda ondata delle nuove Cloth di Bronzo..*

So che è stato anche il creatore delle God Robe dell'arco di Asgard dell'anime. A cosa si ispirò per i loro design, ed è stato un progetto difficile?

MS: *Fu una sfida perché l'anime aveva raggiunto il manga e non c'era niente su queste armature nell'opera originale. Ma alla Bandai ho lavorato su di loro da solo. Ricordo che il nostro soprannome in azienda per l'armatura di Odino era 'accappatoio' ed era oggetto di derisione.*

Sembra che uno dei motivi per cui l'anime non ha adattato l'arco di Hades dal manga sia stato una diminuzione delle vendite della Saint Seiya Cloth Series. Ricorda se andò effettivamente così? Ed è mai stato coinvolto in qualche progetto iniziale per l'adattamento delle armature della serie di Hades?

MS: *Nonostante la serie stesse ancora vendendo piuttosto bene, il pubblico giapponese tende a perdere interesse rapidamente, quindi l'anime venne interrotto. Fu una decisione che richiese un tempo eccezionalmente lungo, ma alla fine venne presa dai vertici per via delle tariffe di trasmissione. La considero una decisione piuttosto miope.*

È vero che inizialmente si prevedeva che Seiya indossasse una Steel Cloth, ed è stata mai progettata una tale armatura? Il concetto delle Steel Cloth è piuttosto unico nella serie di Saint Seiya.

MS: *Preferirei non parlarne. Le Steel Cloth sono state disegnate dal mio superiore senza il mio consenso, e c'era pressione per inserirle nello show. Ecco perché c'è molta incoerenza nella storia e nell'ambientazione. Ho ceduto alla pressione e ho realizzato i prodotti, ma continuo a non considerarli miei.*

Sa quali modelli della Saint Seiya Cloth Series furono il migliore e il peggiore per vendite in Giappone all'epoca?

MS: *Il migliore fu Seiya, la peggiore la Eagle Cloth di Marin. I Black Saint erano a tiratura limitata ma andarono immediatamente esauriti.*

Infine, era a conoscenza della popolarità della Saint Seiya Cloth Series in tutto il mondo? Era immensamente diffusa in Italia all'epoca, e ci sono molti collezionisti ancora oggi.

MS: *Ne sono a conoscenza. Inizialmente avevamo deciso che le figure completamente snodabili sarebbero diventate lo standard globale per i collezionisti. Quando ci sono state imitazioni come 'Samurai Troopers' e 'Red Shadow' in Giappone, sono stato felice di vedere riconosciuta la nostra serie come l'originale. Presso la Bandai ho sviluppato anche la serie di gomme Kinnikuman e SD Gundam. Ho avuto così tanto successo che alla fine ho lasciato Bandai. Sono ancora discretamente coinvolto nella pianificazione di giocattoli.*

LA FRATTURA KURUMADA – TOEI

Quella che segue non è una vera e propria intervista, ma un messaggio di Masashi Yamaguchi, responsabile delle comunicazioni della Kurumada Pro, riguardo la fallimentare uscita nei cinema giapponesi del *Tenkai-Hen Overture* (*Le Porte del Paradiso*), film che in seguito venne disconosciuto da Kurumada stesso e che portò all'allontanamento del regista Shigeyasu Yamauchi. La spiegazione di Yamaguchi fu in seguito rimossa dai siti ufficiali, ma ormai era stata archiviata e ripubblicata altrove.

[...] Poi arrivò il progetto di produrre un lungometraggio di Saint Seiya. A tal proposito il signor Kurumada disse: "Non sarebbe meglio farlo dopo aver finito tutta la saga di Hades? La divisione sarebbe più chiara."

Ma c'erano già in atto strategie di lancio sul franchise, quindi, in ogni caso, il prossimo passo dell'anime di Saint Seiya sarebbe stato un film. In un incontro con i dirigenti della Toei, Masami Kurumada disse: "Siccome stiamo per fare un solo film, e non una piccola produzione come nei vecchi 'Manga matsuri', è meglio offrire ai fan il capitolo del Tenkai per intero visto che non l'hanno mai letto nel lavoro originale. Vorrei dunque ad ogni costo che questo progetto fosse una trilogia".

Fornì poi tutta la storia di base che aveva preparato per questo nuovo capitolo del suo manga. Per la campagna promozionale, Super Jump pubblicò un capitolo speciale tutto a colori. Ma, siccome la versione finale del film era molto diversa dalla storia che aveva proposto, il signor Kurumada rimase molto deluso. "Un film di Saint Seiya noioso, spero non spaventi i fan. Ora è impossibile fare il seguito?" mormorò.

[...] Da quel punto in avanti, tutti i punti di vista di Mr. Kurumada sul film vennero ignorati. L'unica cosa che ottenne, con grande difficoltà, fu di far cambiare la canzone di chiusura. Non poté salvare nulla. La versione finale del Tenkai-Hen *fu così prodotta senza che il signor Kurumada potesse approvare i vari punti del film. In seguito, moltissimi fan furono giustamente critici su questo film. Ma il signor Kurumada affermò che, qualunque cosa accadesse,* Saint Seiya *era imprescindibile dai disegni del signor Araki, la musica del signor Yokoyama e l'interpretazione del signor Furuya.*

[...] Tenkai-Hen Honsho *(Saga dei Cieli - Capitolo Iniziale),* Tentei-Hen *(Capitolo dell'Imperatore Celeste) e infine* Jiku Crono-Hen *(Chronos, alla fine dello spazio-tempo). Questi sogni erano collegati tra loro senza fine".*

LE IDEE DI KURUMADA PER IL TENKAI-HEN

Ma quali erano i suggerimenti di Kurumada sul *Tenkai-Hen* che Toei rifiutò di ascoltare? La risposta ci viene fortunatamente dal *pamphlet* rilasciato nei cinema giapponesi prima delle proiezioni – di fatto un pieghevole contenete interviste, bozzetti e altri retroscena. Mai ripubblicato ufficialmente, è fortunatamente arrivato su internet grazie al lavoro dei fan – in particolare il brasiliano Nicol di *Taizen Saint Seiya* e l'italiano Proteus – che lo hanno recuperato, scansionato, tradotto e diffuso.

Partendo dal principio, dopo il grande successo degli OAV dell'*Hades Sanctuary*, la Toei contattò Kurumada con la proposta di un film. Fu Kurumada a decidere che l'argomento del lungometraggio sarebbe stato il *Tenkai*, dando una prosecuzione alle avventure dei protagonisti.

Come creatore del manga era suo forte desiderio disegnare personalmente un seguito della serie originale. Tuttavia si persuase che i tempi erano cambiati rispetto a quando esistevano soltanto i manga e la televisione, a causa di un proliferare di nuovi media, come internet, i videogiochi, etc che concorrevano a supportare un'opera, rendendola multipiattaforma. Perciò anche in assenza di un cartaceo il film cinematografico sarebbe stata una valida continuazione; non si deve giudicare una cosa dal mezzo attraverso cui viene proposta. Kurumada si sentiva orgoglioso di poter fornire idee fresche, che poi sarebbero state "cucinate" dallo staff Toei.

La loro prima riunione avvenne il 24 gennaio 2003. Kurumada presentò l'idea di un Seiya immobilizzato sulla carrozzina, mentre il fratello minore di Marin era imprigionato nel mondo celeste. Nei giorni successivi si definì l'apparizione della dea della Luna e che Seiya si sarebbe ritrovato isolato. Fu Kurumada a battezzare il fratello perduto Toma. Venne deciso che a differenza dei precedenti film, il nemico finale non sarebbe stato battuto. La premessa fondamentale era che non era possibile sconfiggere un dio.

Il regista ebbe molto da pensare quindi su come rendere il combattimento contro Apollo, finché Kurumada suggerì che a Saori e Seiya sarebbe stata cancellata la memoria come punizione.

Queste sono le principali differerenze tra lo script di preproduzione e l'effettivo film:

- Inizialmente a spingere la carrozzina di Seiya doveva esserci la sorella Seika oltre a Saori.

- Saori avrebbe letto a Seiya una lettera da parte di Shun in cui il ragazzo raccontava cosa era capitato a lui e gli altri dopo la battaglia dell'Elisio e sul loro quotidiano.

- Toma avrebbe fatto la sua apparizione in scena guidando il carro di Zeus, secondo un concept iniziale di Kurumada.

- Insieme a lui, quali suoi subordinati, dovevano esserci quattro Angeli / Guerrieri Celesti. Gli scontri erano concepiti come match due contro due, lasciando Toma a Seiya. Invece nel film un singolo Angelo combatte contro due Cavalieri e il loro numero è stato ridotto da cinque a tre.

- Le anime dei Cavalieri d'Oro sarebbero state sigillate non nella stele di pietra ma in una colonna oppure una parete nel mondo celeste.

Va inoltre detto che la scena del processo ai Cavalieri d'Oro fatta dalle due divinità sconosciute fu completamente ideata e poi aggiunta da Yamauchi. Il regista considerò l'idea di far rivivere i Cavalieri d'Oro durante il combattimento finale contro Apollo, ma poi l'accantonò.

L'EREDITÀ DI SAINT SEIYA

Se l'imitazione è la più sincera delle adulazioni, allora i Cavalieri e Kurumada non possono certo lamentarsi. Il grande successo della serie e del suo merchandise non passarono inosservati in patria e non è esagerato dire che abbiano contribuito a rivoluzionare l'animazione giapponese, sdoganando il genere fantasy e lanciando il sottogenere dei combattenti in armatura. Il clone più noto ed evidente è sicuramente *I Cinque Samurai* (*Yoroiden Samurai Trooper*) della rivale Sunrise, uscito in Giappone nella primavera del 1988 ovvero proprio nel momento di maggior successo di Saint Seiya.

La serie dei Samurai fu creata direttamente come anime e pur avendo una trama molto più semplice e breve di quella dei Cavalieri ne riprende la particolarità di armature semi-senzienti, stavolta però legate al folklore e alle leggende giapponesi e non alla mitologia greca. Il quintetto di protagonisti conferma il disfarsi di personaggi tradizionali come il bambino e la ragazza – qui convertiti nei personaggi di supporto noti in Italia come Ambra e Danny – e ripropone la pacatezza di Shiryu e il pacifismo di Shun in Sami della Luce e Simo dell'Acqua. L'irruento Ryo del Fuoco è ben simile al nostro Seiya mentre Kimo del Cielo incorpora sfumati elementi di Hyoga, e se l'infantile ma generoso Shido della Terra non ha un vero e proprio corrispondente, è evidente come il nemico-diventato-alleato Demon sia ispirato a Ikki. Soprattutto però *I Cinque Samurai* ripropone con discreto successo l'idea di guerrieri restii alla lotta e nemici non troppo banali e stereotipati, persino disposti al sacrificio in qualche caso. Pur non raggiungendo mai i picchi drammatici o la qualità tecnica di *Saint Seiya* e il carisma dei suoi personaggi, i Samurai e i loro gadget hanno avuto un buon riscontro in Giappone e nel mondo, sfornando tre film in home-video che portano avanti la storia, una serie di artbook che la concludono e soprattutto giocattoli diffusi in tutto il mondo e importati in Italia da Gig. In una cosa inoltre i Samurai possono vantarsi di aver superato i Cavalieri: sono arrivati prima di loro in negli Stati Uniti, dove li battono nettamente per fama e popolarità.

La presenza e importanza delle armature rendono I Cinque Samurai il clone più smaccato di Saint Seiya, ma anche tra le serie senza corazze le similitudini non mancano. In molti casi però diventa ingeneroso parlare di copie: ridefinendo il genere, i Cavalieri con le loro caratterizzazioni, dinamiche interpersonali ed enfasi sulle battaglie sono diventati un punto di riferimento, un gradino sul quale altri autori di talento hanno costruito nel portare avanti le proprie creazioni. È il caso per esempio di *Yu degli Spettri* (*Yu Yu Hakusho*), che pur avendo ben poco simile alle avventure di Pegasus in superficie, ripropone elementi come la corsa contro il tempo, l'enfasi sull'amicizia e le dinamiche di gruppo o il protagonista restio alla lotta – in questo caso Kurama.

C'è poi il caso di *Sailor Moon* (*Pretty Soldier Sailor Moon*), che alza l'asticella e mischia il genere di successo delle ragazze con poteri magici e l'ambientazione scolastica dalle tinte romantiche a un gruppo di guerriere con riferimenti cosmici e personalità nelle quali è presente ben più di qualche traccia – rivisitata e adattata – dei Cavalieri. Se i siparietti comici o le gelosie di Bunny e Rea ben poco hanno in comune con il mondo dei protettori di Atena, è altresì impossibile ad esempio non rivedere Sirio, Cristal e Andromeda alle Dodici Case nelle scene della prima stagione in cui le guerriere Sailor si sacrificano una a una per permettere a Sailor Moon di raggiungere la nemica finale. *Topos* narrativi non creati ma sicuramente riportati in auge da *Saint Seiya* e nel tempo divenuti predominanti.

Tra le serie moderne, il caso più eclatante invece è sicuramente *Bleach*, il cui autore Tite Kubo ha candidamente ammesso di essere stato profondamente ispirato dalle avventure dei Cavalieri viste durante l'infanzia. E così abbiamo un gruppo di cinque protagonisti che per salvare una loro compagna deve invadere la roccaforte del nemico in una corsa contro il tempo e affrontare tredici potentissimi e carismatici Capitani di Brigata, le cui personalità sono palesemente una versione riveduta e corretta degli amatissimi Cavalieri d'Oro. E se i combattimenti dei Saint rivolvevano attorno alle armature, quelle dei guerrieri di *Bleach* si incentrano su potenti spade in grado di evolversi e trasformarsi. Non una copia insomma, ma un'ispirazione aggiornata, riveduta e corretta, il cui successo peraltro dimostra come la formula di *Saint Seiya* sia ancora funzionale e necessiti solo di piccole modifiche.

Infine gli omaggi, riferimenti espliciti e sfegatati che compaiono in numerosissimi anime e manga, per lo più sotto forma di strizzatine d'occhio. Così in *Hayate no Gotoku* il protagonista indossa l'armatura d'oro dello Scorpione e mima sia il Fulmine di Pegasus che la Polvere di Diamanti; nei *Digimon* Patamon digievolve in Pegasusmon e sferra il RyuSeiKen; in *Berserk* si vede un angioletto con indosso l'armatura deformed di Pegasus; in *Shaman King* Cristal passeggia tra gli sciamani del ghiaccio; in *Honey and Clover* un personaggio si immagina vestire l'armatura del Sagittario. Qualche esempio tra le dozzine e dozzine possibili che testimoniano quanto *Saint Seiya* sia diventato parte integrante del tessuto dell'intrattenimento nipponico.

Scusate se è poco.

LE TANTE ANIME DI SAINT SEIYA

Il primo capitolo di *Saint Seiya* uscì alla fine del 1985 il che, nel momento in cui scrivo, equivale a quasi trentotto anni fa. In queste quattro decadi l'epopea dei Cavalieri è cresciuta e mutata, spingendosi con alterne fortune in infinite direzioni. I Cavalieri sono stati *shonen*, *seinen*, *isekai*, *shojo*, anime televisivi, anime cinematografici, spettacoli teatrali, CD drama, serie di OAV, serie per il web, serie in CGI e film live-action. Hanno generato uno dei più grandi e ramificati multiversi del Sol Levante, trascendendo il semplice manga monografico delle origini e diventando un *franchise* a tutti gli effetti, in cui le idee e intenzioni di Kurumada si uniscono a quelle di altri autori, editori, produttori. È vera gloria? Ai posteri l'ardua sentenza. Di certo l'esplosione degli spin-off non è andata giù a tutti, con serie accusate di venir create solo per favorire le vendite di questo o quel prodotto. Una critica giusta, anche se applicabile alla stessa serie classica, al tempo plasmata proprio per vender modellini, come abbiamo visto.

Il giudizio sugli spin-off di *Saint Seiya* dipende molto da questo, dall'accettazione che la saga sia andata oltre la serie classica e che esigenze commerciali non è necessariamente sinonimo di cattiva qualità. Se si rifiutano queste premesse, nulla di quel che è stato creato dopo la serie di Hades potrà mai piacere, ma se le si approva, è difficile non si trovi almeno qualcosa di bello in tutte le nuove avventure del mondo dei Cavalieri.

Come sempre insomma, la bellezza è negli occhi di chi guarda.

NEXT DIMENSION

Saori, Shun, Ikki, Shiryu e Hyoga tornano indietro nel tempo al 1743 per distruggere la spada di Hades e salvare la vita di Seiya, ma così facendo rimangono coinvolti nella Guerra Sacra di quel tempo tra Atena e Hades. Saori viene trasformata in una neonata e condannata a morte dal Grande Sacerdote, mentre i Cavalieri devono scalare le Dodici Case del passato e ottenere il permesso di passare dai Cavalieri d'Oro dell'epoca, proprio nel mezzo dell'invasione di un manipolo di Spectre guidati da Suikyo, ex Cavaliere della Coppa passato misteriosamente al nemico. Per di più, il viaggio nel tempo di Atena ha reso possibile anche la resurrezione di Ofiuco, il tredicesimo Cavaliere d'Oro condannato ai tempi del mito e ora bramoso di vendetta contro Atena.

Prequel e sequel della serie classica scritto e disegnato da Kurumada, Next Dimension introduce una nuova generazione di Cavalieri d'Oro, che val la pena vedere uno a uno:

SHION è il giovane Cavaliere d'Ariete, da poco promosso da Cavaliere di Bronzo al rango di Cavaliere d'Oro. Si considera tra i Cavalieri più deboli tra i dodici ma ha comunque spiccate doti telecinetiche e telepatiche che gli permettono di percepire messaggi mentali anche molto deboli. Amico d'infanzia di Dhoko e Suikyo, contrasta la personalità impetuosa del primo con calma e riflessione.

OX è l'enorme Cavaliere del Toro. Personaggio per lo più anonimo, difende strenuamente la sua casa e resta in piedi anche dopo essere stato condotto a un passo dalla morte.

CAIN e ABEL sono le due personalità del Cavaliere dei Gemelli, rispettivamente buona e malvagia. Se Cain è un vero Cavaliere di Atena, Abel mira invece al potere e tenta anche di allearsi con Hades. A differenza di Saga, nel loro caso la doppia personalità è frutto di un difetto genetico: le cellule che normalmente sarebbero dovute svanire col passare degli anni hanno dato vita ad Abel, una sorta di tumore senziente nel corpo di Cain della cui vera natura neppure quest'ultimo era esattamente a conoscenza.

DEATH TOLL del Cancro inizialmente sembra una macchietta che si schiera dalla parte del più forte ma in realtà uomo percettivo e coraggioso che spesso nota la verità ben primo degli altri e non esita a combattere anche contro avversari molto più potenti di lui per difendere l'onore di un compagno. Dice di capire gli uomini con un'occhiata e scopriamo che da piccolo non si identificava nel suo sesso ma desiderava un corpo femminile, suggerendo possa essere il primo personaggio dichiaratamente omosessuale di Saint Seiya.

KAISER del Leone è un uomo fiero e inflessibile che protegge la quinta casa insieme al gigantesco leone Goldie, che lui stesso aveva salvato da piccolo dopo che Dhoko aveva involontariamente causato la morte della madre. In gioventù aveva sfidato il leone sacro del Santuario che, percepito il suo valore, alla fine gli aveva donato il proprio cuore per salvargli la vita dalle gravi ferite. Per questo motivo Kaiser ha nel petto letteralmente un cuor di leone, ma a causa del rigetto deve ingerire regolarmente delle bacche medicamentose.

SHIJIMA della Vergine è colui che per primo salva e protegge Saori, affrontando prove e ferite di ogni tipo pur di portarla in salvo. Viene definito "il silente" perché si è privato del gusto e comunica solo telepaticamente per accrescere il suo cosmo. Come tipico dei Cavalieri della Vergine, ha passato l'infanzia a dialogare con Buddha e risvegliato il segreto dell'ottavo senso. Le peripezie al fianco di Saori lo mettono in contatto con lo spirito del suo successore Shaka e gli permettono di assistere al sacrificio dei Cavalieri d'Oro del futuro al Muro del Pianto.

DHOKO è il Cavaliere della Bilancia che conosciamo, qui da poco promosso al rango. A differenza di Shion è impetuoso e precipitoso, compie spesso errori di avventatezza e ammette di avere molto da imparare. Inizialmente si definisce tra i Cavalieri d'Oro più deboli ma poi è proprio lui a fermare la scalata di Suikyo, del quale era amico d'infanzia. Scopre il suo destino attraverso l'armatura della Coppa.

ECARLATE dello Scorpione da bambino venne punto da un raro scorpione a causa del quale il suo corpo iniziò a diventare invisibile e alla lunga sarebbe passato allo stato gassoso prima di svanire. Venne salvato da Odysseus di Ofiuco con una trasfusione totale che costò la vita a quest'ultimo. Da adulto ha ancora la caratteristica di diventare invisibile di tanto in tanto ed è totalmente fedele a Odysseus per il senso di gratitudine.

GESTALT del Sagittario compare con l'aspetto di un centauro. Dopo aver perso l'amata cavalla Tanya da bambino, supplicò Odysseus di riportarla in vita e quest'ultimo per accontentarlo generò un'illusione che mutò Gestalt in centauro facendogli credere che Tanya fosse sempre parte di lui. Inizialmente affronta Hyoga e Saori, ma quest'ultima spezza l'illusione e gli permette di comprendere la realtà.

IZO del Capricorno, detto "il mietitore di demoni" è il rigido custode della decima casa, l'unico ad essere stato addestrato in Giappone secondo le regole dei samurai. Inflessibile nella sua fedeltà ad Atena, è tra i pochi a non avere debiti verso Odysseus.

MYSTORIA dell'Acquario è il custode dell'undicesima casa e segue il credo del dover mantenere il sangue freddo in qualsiasi circostanza. Per questo motivo inizialmente si oppone a Hyoga, ma poi le parole di Shijima lo convincono ad aiutare Saori.

CARDINALE dei Pesci è tra i primi Cavalieri d'Oro a comparire. Si dice spaventato all'idea della morte e pronto a tradire Atena per passare dalla parte di Hades, ferisce Shijima con un colpo a tradimento e gli dà la caccia per ore. Dopo aver incontrato Saori e percepito il suo cosmo però si rende conto dei suoi errori e passa dalla sua parte, rischiando la vita per proteggerla dai serpenti di Ofiuco.

ODYSSEUS di Ofiuco, ex Cavaliere d'Argento ora risorto come l'invincibile tredicesimo Cavaliere d'Oro. In gioventù ha aiutato praticamente tutti al Grande Tempio, ma ora è controllato dallo spirito di Asclepius, l'Ofiuco leggendario. Le sue azioni sono il fulcro principale della parte finale del manga.

Infine **SUIKYO** di Garuda, uomo sorretto da un incrollabile senso del dovere che lo spinge ad avanzare contro tutto e tutti e a sopportare il marchio del traditore pur di portare a termine la sua missione. La sua scalata occupa la parte iniziale del manga.

Pro e contro: *Next Dimension* è l'unica opera al di fuori del manga classico a essere scritta e disegnata dall'autore originale, è interamente a colori e la trama lo rende sia prequel che sequel ufficiale e canonico. Riporta in scena i protagonisti originali e presenta una nuova scalata delle Dodici Case più articolata della precedente, con passaggi multipli nello stesso tempio che approfondiscono progressivamente il Cavaliere d'Oro di turno fino a caratterizzarlo totalmente. Alcune idee come il tredicesimo Cavaliere d'Oro o Suikyo di Garuda sono affascinanti e ogni protagonista ha qualche bel momento. D'altra parte i disegni sono nettamente peggiorati rispetto alla serie storica e i colori ne evidenziano ancor di più i limiti. Le uscite sono talmente diradate nel tempo da rendere necessarie continue riletture per ricordarsi dove si era arrivati. La pecca principale è una generale mancanza di epicità: non c'è nemmeno un combattimento memorabile e molti Cavalieri d'Oro scivolano verso il grottesco con flashback che tirano al massimo la sospensione dell'incredulità finendo per farli apparire più come mostri da circo che eroi leggendari.

Consigliato a: i fan di Kurumada e del manga classico, chi vuole sapere come proseguono le avventure dei protagonisti storici, chi non cerca necessariamente battaglie memorabili e non ha problemi davanti a caratterizzazioni sopra le righe.

Serie attualmente in corso di pubblicazione in Italia per JPop in doppia edizione *regular* e *black*. L'edizione black si differenzia solo per la copertina estratta da un'immagine interna. https://j-pop.it/it/

EPISODE G

Nel 1979 il Grande Tempio si ritrova coinvolto in una guerra contro i Titani, divinità ancestrali ritornate in vita dopo millenni di prigionia. A guidarli è lo spirito di Crono, desideroso di riconquistare la sua armatura e il suo corpo sigillati nel Santuario dopo la leggendaria Titanomachia, ma un elemento centrale per la sua liberazione è Aioria del Leone, secondo le profezie unico in grado di sciogliere i sigilli che imprigionano il dio. Ancora traumatizzato dalla scomparsa del fratello Aioros e schivo nei confronti degli altri Cavalieri d'Oro ai limiti del disprezzo, Aioria deve così difendere se stesso e il Grande Tempio dagli attacchi del nemico, trovandosi più volte costretto a collaborare con i parigrado e finendo per instaurare con loro rapporti di rispetto reciproco e persino amicizia. Dopo varie battaglie Crono riesce a riottenere il suo corpo ma perde la memoria, spingendo i Titani a rapire Lythos, ancella di Aioria, per attirare il Cavaliere nel loro palazzo. Qui Aioria e gli altri Cavalieri d'Oro dovranno spingersi ben oltre i loro limiti per affrontare i potentissimi nemici, ignari però che esseri persino più antichi e pericolosi stanno tirando di nascosto i fili del conflitto.

Questa per sommi capi la trama di *Episode G*, ma la parte del Leone (pun intended) la fanno i personaggi. AIORIA è una figura immatura, tormentata, contraddittoria, impulsiva, combattuta tra i doveri di un Cavaliere, l'affetto verso Lythos e il disprezzo verso il Santuario e gli altri Cavalieri d'Oro. SAGA è all'apice del suo genio, scaltro e manipolatore all'interno di un quadruplo gioco in cui inganna a turno Santuario, Crono e Ponto solo per perseguire i suoi interessi. SHURA è il paladino marziale e cavalleresco, diviso tra senso di colpa e senso dell'onore. Ancor più memorabili gli avversari: IPERIONE, personaggio sfaccettato che sa essere spietato verso i nemici, leale al limite del sacrificio verso Crono, amorevole verso i fratelli, protettivo e responsabile verso il suo popolo e rispettoso verso gli avversari meritevoli, non esitando a combattere contro tutto e tutti; CEO, il più maturo e razionale tra i Titani, in grado di ricercare la verità anche nel pieno del conflitto; PONTO, l'eminenza oscura che trama di nascosto con inganni degni di Saga e un triplo gioco all'interno del quale sia Cavalieri che divinità sono solo pedine di un disegno più grande.

Pro e contro: *Episode G* è l'opera più matura del panorama dei Cavalieri, con protagonisti, antagonisti e persino alcuni comprimari minori caratterizzati in maniera profonda e sfaccettata. I dialoghi sono aulici e forbiti, la storia ha qualche colpo di scena inaspettato e i combattimenti sono epici, lunghi e dettagliati, con enfasi su motivazioni e strategie. Alcuni Cavalieri d'Oro classici ricevono graditi approfondimenti e flashback. D'altra parte, i disegni iperdettagliati ed efebici stravolgono totalmente l'aspetto classico dei personaggi e insieme ai dialoghi in alcuni punti rallentano un po' troppo l'immediatezza delle scene. Il tema del rapporto tra uomini e dei viene ripetuto talmente tante volte da venire a noia. Soprattutto, non tutti i Cavalieri d'Oro hanno anche lontanamente lo stesso spazio, e la cosa diventa più palese nelle fasi finali in cui Ioria diventa onnipresente, finendo per relegare i compagni al ruolo di tifosi sugli spalti.

Consigliato a: chi ama i Cavalieri d'Oro classici e in particolare Ioria, i dialoghi aulici dell'anime italiano e serie con trame e caratterizzazioni più complesse del solito, nonché a chi non sia frenato da stili di disegno iperdettagliati e poco immediati.

Serie pubblicata integralmente in Italia da Panini Comics. https://www.panini.it/

EPISODE G: ASSASSIN

L'Oracolo di Atena conduce il giovane Shura del Capricorno, da poco reduce dalla guerra contro i Titani, in un viaggio nel tempo che lo porta fino ai giorni nostri. Qui Shura si ritrova invischiato nel Torneo delle Spade Sacre, un combattimento tra Gladiatori armati di armi leggendarie come Lancillotto, Orlando o Sigfrido, nonché nella protezione di una bambina di nome Yoshino. Ben presto Shura incrocia inoltre il cammino di Shiryu, Shun e Hyoga, ormai cresciuti e diventati ufficialmente Cavalieri d'Oro, e di Aioria, giunto a sua volta dal passato per ucciderlo in quanto disertore e traditore. Man mano che la serie prosegue si scopre che è tutto parte di un conflitto tra il Grande Tempio e il potentissimo Aiolos del Sagittario di una dimensione parallela chiamata Mondo Perduto. I Cavalieri d'Oro del passato ritornano in vita divisi tra i due schieramenti, e su entrambe le fazioni incombe la minaccia di Zeus.

Tra i personaggi, spicca ovviamente SHURA, pesce fuor d'acqua in una nuova epoca e continuamente schiacciato dall'attrazione del Tartaro, ma anche leale, onorevole e stoico in combattimento. *Assassin* ne rivela per la prima volta il passato e l'addestramento. SHIRYU, SHUN e HYOGA sono i vecchi protagonisti sotto una nuova luce, più forti e maturi ma anche pieni di emozioni verso i Cavalieri d'Oro che sono tornati e in difficoltà contro la minaccia del Mondo Perduto. Infine AIOLOS, folle, svuotato, rassegnato, spietato ed ebbro della potenza del nono senso che lo rende potente come una divinità.

Pro e contro: *Assassin* applica lo stile di caratterizzazione di Okada ai protagonisti storici, aggiungendo nuove sfaccettature rispetto alla serie storica. La trama è contorta ma affascinante se la si riesce a seguire, Shura è un protagonista che offre più spunti di Ioria e l'introduzione del multiverso da all'autore abbastanza libertà per presentare scene impensabili altrove. I dialoghi rimangono aulici e forbiti ma si diversificano abbastanza nei temi da non diventare ridondanti e ripetitivi, mentre il colore rende più comprensibili i disegni di Okada. D'altra parte lo stile dei personaggi è sempre quello efebico visto in precedenza, c'è un frequente elemento umoristico con gag che non sempre funzionano, così come alcune delle rivelazioni sul futuro dei protagonisti storici possono far storcere il naso. I combattimenti andando avanti diventano eccessivamente caotici, molti personaggi secondari e antagonisti vengono inspiegabilmente abbandonati senza aver avuto una vera e propria risoluzione, l'ultimo antagonista arriva dal nulla senza alcuna preparazione e il finale lascia la sensazione di troppi punti lasciati in sospeso.

Consigliato a: i fan di *Episode G* e di Okada, i fan di Shura e Aiolos, chi i protagonisti classici e in generale i comics americani in cui si parli di multiverso e mondi paralleli.

Serie pubblicata integralmente in Italia da Panini Comics. https://www.panini.it/

EPISODE G: REQUIEM

Subito dopo gli eventi di *Assassin*, Seiya diventa ufficialmente Cavaliere d'Oro del Sagittario, ma quasi contemporaneamente gli dei antichi attaccano la Terra e sterminano l'umanità, inclusi la maggior parte dei Cavalieri. Seiya combatte contro i Ciclopi e scala le Dodici Case, ma non riesce a impedire la morte di Saori. Tredici anni più tardi, il redivivo Ikki protegge quel che resta dell'umanità sull'isola Death Queen, inclusa la nuova incarnazione di Atena. Nel frattempo, Shura di *Assassin* viaggia tra le dimensioni alla ricerca della verità.

La serie è attualmente in corso in Giappone ma sembra intenzionata a riportare in scena sia personaggi di *Episode G* come PONTO che figure dimenticate della serie classica come Mitsumasa Kido, Jango e Black Pegasus.

Pro e contro: Da quanto visto finora, *Requiem* ha il tono adeguatamente epico che si addice al suo titolo, con la presentazione di un mondo apocalittico nel quale nessuno è al sicuro, nemmeno gli amatissimi personaggi storici. Il ritmo della narrazione sembra però eccessivamente lento e dilatato.

Serie al momento (dicembre 2023) inedita in Italia.

THE LOST CANVAS

Nel 1743, tre piccoli orfani di nome Tenma, Sasha e Aron sono rispettivamente il Cavaliere di Pegasus e le incarnazioni di Atena e Hades. Questo li pone in opposti schieramenti quando lo spirito del sovrano dell'aldilà si risveglia in Aron, causando una lunga e sanguinosa guerra tra Cavalieri e Spectre durante la quale Tenma cerca in tutti i modi di risvegliare e salvare l'amico di un tempo prima che quest'ultimo possa portare l'umanità all'estinzione terminando la Tela Perduta, un gigantesco dipinto concluso il quale tutti gli uomini moriranno. Tra alterne fortune, vittorie e sconfitte, i Cavalieri combattono non solo contro Aron e i suoi Spectre, ma anche contro varie divinità come Tanato, Ipno e gli dei dei sogni, e persino contro lo spirito di Poseidone e la divinità dimenticata Kairos, fratello di Crono e vero tessitore di trame e inganni che ha manipolato di nascosto gli eventi per tutto il tempo.

Se la trama di *Lost Canvas* è tutto sommato abbastanza semplice e lineare, per lo più divisa in archi narrativi corrispondenti alle varie missioni dei Cavalieri d'Oro, proprio i Gold Saint sono i personaggi fulcro che tirano avanti la storia ben più di Tenma. Uomini dalle forti emozioni che hanno lasciato il segno nei lettori, e dal look identico ai Cavalieri d'Oro della serie classica per ragioni editoriali, vale la pena di vederli uno per uno:

SHION DELL'ARIETE è il giovane custode della prima casa. Per lunghi tratti incerto e insicuro, vittima in passato di una vera e propria ossessione verso la vita dei precedenti possessori delle armature che aveva imparato a riparare. Pur venendo introdotto quasi subito e comparendo di frequente durante la serie, è solo nella parte finale della saga che è al centro di un vero e proprio arco narrativo durante lo scontro con lo Spectre Lune. È il miglior amico di Dhoko della Bilancia nonché il discepolo di Hakurei dell'Altare, uno dei pochi sopravvissuti alla guerra sacra precedente.

HASGARD DEL TORO, uomo devoto alla causa al punto da cambiare il proprio nome in Aldebaran, stella della costellazione del Toro. Stoico e intransigente verso chi non si schiera apertamente, è comunque in grado di ammettere i propri errori e ha un lato tenero che lo spinge ad adottare e crescere orfani di guerra, e a cercare di redimere persino un nemico a costo di gravi ferite. Il suo credo consiste nello scegliere la propria strada e vivere sempre intensamente.

DEFTEROS e ASPROS DEI GEMELLI si alternano come Cavalieri della terza casa. Gemelli come da tradizione, sono vittime sia dei pregiudizi del Santuario che delle trame di Kairos, che inserisce un seme di oscurità in Aspros – fino a quel momento apprendista Cavaliere modello – spingendolo alla lunga a ribellarsi e tradire il Grande Tempio per cercare di prendere il potere. La sua morte fa diventare Cavaliere dei Gemelli Defteros, uomo apparentemente aggressivo e selvaggio ma in realtà profondamente devoto al fratello e vittima di un complesso di inferiorità. Quando Aspros risorge come Spectre, Defteros lo affronta e riesce in qualche modo a salvarlo, facendolo tornare quello di un tempo poco prima della battaglia finale con Kairos.

MANIGOLDO DEL CANCRO è il discepolo del Grande Sacerdote Sage. Uomo irriverente, dissacrante e sopra le righe, appare sadico e menefreghista in superfice ma in realtà cela uno spirito indomito pronto a tutto per la difesa dei più deboli e per dimostrare agli dei della morte che gli esseri umani sono degli di rispetto e non semplice spazzatura. Pur cercando di non darlo troppo a vedere, è profondamente legato al maestro, accanto al quale combatte prima di morire. Si leva l'enorme soddisfazione di prendere a pugni Thanatos.

REGULUS DEL LEONE è il più giovane tra i Cavalieri d'Oro, figlio del precedente Leone Ilias e nipote di Sisifo del Sagittario. È un bambino prodigio, un genio della lotta in grado di analizzare e replicare tutti i colpi che vede, riuscendo persino a eseguire una sua versione dell'Athena Exclamation e un colpo che sembra racchiudere l'essenza di tutte le tecniche principali dei Gold Saint, la Zodiac Clamation. Questo genio combattivo è controbilanciato da una certa ingenuità quotidiana, che lo porta spesso a commettere gaffe e svarioni.

ASMITA DELLA VERGINE è lo ieratico custode della sesta casa, uomo all'apparenza distante e distaccato. Viene considerato a lungo un enigma anche dai suoi compagni e per un po' sembra dubitare della bontà della missione di Atena, ma alla fine l'amore che pervade il cosmo di Sasha lo spinge a combattere fino in fondo. È tra i primi Cavalieri d'Oro a cadere e si sacrifica per risvegliare il pieno potere dell'ottavo senso e creare un rosario con cui imprigionare gli spiriti degli Spectre.

DHOKO DELLA BILANCIA è l'impetuoso custode della settima casa. Fa da maestro a Tenma per un paio d'anni e prova un profondo legame nei suoi confronti. È emotivo e passionale, generoso e coraggioso, pronto a rischiare la vita per proteggere i compagni. Rispetto al miglior amico Shion ha un ruolo abbastanza importante nella serie e combatte ripetutamente contro vari avversari prima del suo principale arco narrativo contro Kagaho. Viene apparentemente ucciso per un po' ma alla fine è uno dei pochissimi superstiti al conflitto.

CARDIA DELLO SCORPIONE è il più passionale e scatenato tra i Dodici, a causa di una malattia cardiaca che può costargli la vita in qualsiasi momento e che di conseguenza lo spinge a vivere intensamente e a bruciare la sua esistenza come una fiamma. Desidera più di ogni altra cosa affrontare un valido avversario contro il quale estinguere la propria esistenza. Pur essendo devoto ad Atena e legato personalmente a Sasha sin dall'infanzia, non segue le normali regole della cavalleria e combatte più per passione che per dovere, non esitando a torturare un prigioniero. È il miglior amico di Degel dell'Acquario.

SISIFO DEL SAGITTARIO è colui che portò Sasha da piccola al Grande Tempio, allontanandola dall'affetto dei suoi amici e condannandola alle responsabilità di Atena, azione per la quale prova un profondo senso di colpa. Appare a lungo una figura insicura e complessata, finendo per cedere per un po' all'oscurità a causa delle trame di Ipno e degli dei dei sogni, ma si riscatta nella seconda parte della serie e prende il comando dell'esercito di Atena, raggiungendo per primo l'ottavo senso in battaglia e sacrificandosi per permettere ai compagni di proseguire. È un uomo profondamente generoso che si impegna a proteggere sia compagni che avversari se possibile.

EL CID DEL CAPRICORNO è il rigido custode della decima casa, spadaccino dallo spirito del samurai che fa fatica a mostrare o esprimere emozioni anche davanti alla morte dei suoi discepoli. Ha come scopo principale della sua vita l'affilare al massimo la spada che porta nel braccio e risvegliare la vera Excalibur. Caratterialmente opposto di Sisifo, è un uomo serio e stoico che non rallenta neppure dopo aver perso un braccio e combatte ripetutamente contro le divinità dei sogni, finendo per sacrificarsi per sconfiggerle.

DEGEL DELL'ACQUARIO è il sapiente padrone delle energie fredde, amante della cultura e del sapere. Un uomo raffinato che assiste anche il Sacerdote, dovrebbe mantenere le emozioni sotto controllo in ogni circostanza ma fa fatica a mantenere la proverbiale freddezza quando la battaglia si svolge a Blue Grado – sua località di addestramento – e coinvolge gli amici d'infanzia Unity e Serafina. Si ritrova coinvolto in un piano per risvegliare lo spirito di Poseidone e perde la vita per evitare che ciò accada.

ALBAFICA DEI PESCI è l'eroico Cavaliere della dodicesima casa, anche se paradossalmente è il primo tra i dodici a scendere in campo e perdere la vita. Ha una personalità schiva e solitaria a causa del velenosissimo sangue che ha in corpo, che lo rende pericoloso sia per i nemici che per i compagni o gli innocenti, ma è anche un uomo generoso e dal forte spirito di sacrificio, che non tiene per niente alla sua bellezza ed è pronto a subire un vero e proprio martirio pur di proteggere i più deboli.

Pro e contro: *Lost Canvas* è una serie che esalta i Cavalieri visto che il rappresentante di ogni segno viene presentato in maniera eroica, con un arco dedicato che lo fa risaltare al massimo, un passato adeguatamente drammatico e tanta enfasi sull'aspetto emotivo. I disegni sono chiari ed espressivi, arricchiti da una regia delle tavole quasi televisiva. La storia è scorrevole e gradualmente crea una propria mitologia espandendo quella della serie originale. D'altra parte la struttura è spesso ripetitiva e prevedibile, le emozioni di tanto in tanto si trasformano in paturnie melodrammatiche e la necessità di alzare sempre l'asticella porta a situazioni, reazioni e comportamenti eccessive, specie negli archi finali.

Lost Canvas è consigliato a: i fan dei Cavalieri d'Oro, chi vuole che ogni segno abbia un custode eroico e coraggioso, chi predilige le emozioni alla trama, chi apprezza sia elementi *shonen* che *shojo*.

Serie pubblicata integralmente in Italia da Panini Comics (manga) e Yamato Video (anime, doppiato). https://www.panini.it/

THE LOST CANVAS EXTRA

Diciassette volumi di avventure dei Cavalieri d'Oro di *Lost Canvas*, ambientate prima o dopo la serie regolare a seconda del personaggio. La maggior parte dei volumi sono autoconclusivi, anche se alcuni riprendono personaggi, elementi o idee introdotti nei precedenti. Nonostante ogni Cavaliere d'Oro sia protagonista di un solo volume, molti di loro finiscono per fare da comprimari anche nelle avventure di qualche compagno. I racconti traggono beneficio dalla maggior maturità narrativa dell'autrice e spaziano tra elementi di ogni tipo, introducendo nuovi pantheon e gruppi di nemici dalle leggende irlandesi a quelle cinesi, passando per viaggi nel tempo, Cavalieri Neri, Berseker di Ares e persino automi e invasori alieni precipitati sulla Terra.

Pro e contro: Gli Extra arricchiscono ed espandono enormemente l'universo di *Lost Canvas*, attingendo a piene mani a pantheon, mitologie e idee diversissime tra loro. Libera dalle necessità di trama della serie principale, l'autrice fa probabilmente il suo lavoro migliore sui Cavalieri d'Oro, sfaccettandoli e approfondendoli ulteriormente senza sacrificare gli elementi grafici già apprezzati in precedenza. Per contro, non tutti i volumi vengono fuori ugualmente bene e almeno un paio saltano lo squalo.

Consigliati a: chi ha amato *Lost Canvas* e vuole altre storie sui personaggi di quest'epoca.

Serie pubblicata integralmente in Italia da Panini Comics. https://www.panini.it/

CINQUE DOMANDE CON: GIANLUCA BEVERE

Ho avuto il piacere di scambiare quattro chiacchiere con Gianluca Bevere, storico supervisore di Episode G, Assassin e Lost Canvas per Panini Comics.

Ciao Gianluca! Hai avuto modo di supervisionare per molti anni quelli che ancora oggi sono definiti i due principali spin-off dei Cavalieri, ovvero Episode G e Lost Canvas. Partendo da EpG, gli ultimi anni furono resi complicati dalle continue pause dell'autore. Ne fu mai spiegata la ragione, ed è stato difficile gestirle proprio nell'arco narrativo conclusivo? Ricordo certamente un calo di interesse tra i fan e un ritorno sotto le aspettative.

GB: Le pause nella realizzazione dei manga sono comuni. I ritmi richiesti agli autori sono estenuanti e spesso portano all'esaurimento, fisico o psicologico. Le pause non vengono mai spiegate al pubblico. Si tende a preservare la privacy degli autori. Al massimo si parla di vaghi problemi di salute, che quasi sempre ne sono la causa. La storia di Bakuman è un ritratto fedele della professione. Più raramente si tratta di problemi relazionali degli autori: fra di loro, con gli assistenti o con la casa editrice. Famoso è il caso di Shamo, che venne interrotto per anni perché i due autori litigarono fra loro e finirono in una lunga causa giudiziaria. Anni fa lessi in un forum che Okada era una persona con cui è difficile lavorare. Vai a sapere se è vero...

In ogni caso le pause sono nocive per le vendite. Il pubblico generico è distratto e si disaffeziona presto. Una lunga pausa può portare alla cancellazione del titolo, sebbene il titolo vendesse bene. Succede lo stesso con le serie televisive. La soglia d'attenzione degli utenti è sempre più bassa, e basta una interruzione nella continuità di fruizione per far perdere gran parte del pubblico. Questo l'industria dei manga (e solo lei, a quanto pare) lo sa bene, ma se un autore è impossibilitato a lavorare, non c'è niente da fare.

In occidente pubblichiamo condizionati dagli avvenimenti che capitano in Giappone. Non c'è molto spazio di manovra, quindi non c'è neanche molto da gestire.

Poco dopo la conclusione di Episode G venne annunciato un po' a sorpresa Episode G: Assassin, serie per di più interamente a colori. Che ne pensi di quel manga, e fu una scelta difficile mantenere la colorazione o le vendite la giustificavano?

GB: L'idea di partenza di Assassin era molto intrigante. Una figura controversa come quella di Shura era interessante da esaminare. Un uomo fedele ai propri ideali e al proprio superiore, tuttavia accecato da tale zelo. Avrei preferito una analisi profonda dei suoi sentimenti riguardo l'assassinio di Aiolos e vedere un suo percorso di redenzione, invece ci siamo ritrovati con un'altra sequela di combattimenti molto confusi. Apprezzo lo stile originale e senza compromessi di Okada, che ha saputo reinventare il look della serie senza scimmiottare Kurumada, ma a livello di sceneggiatura non ha creato nulla di memorabile.

Un manga tutto a colori è una rarità, e questo fa onore all'autore, che ha saputo imporre il suo stile. Gli editori stranieri potevano solo scegliere se pubblicare in quel modo oppure non pubblicare affatto. Nessuno ha mai avuto l'opzione di fare un'edizione in bianco e nero.

Non ho idea quanto abbia venduto. È mai stato ristampato? Di solito le ristampe sono indicative del successo di un'opera. In ogni caso spesso conviene mantenere il completo controllo di una property o di un autore, anche a costo di pubblicare qualcosa di scarso successo.

Passiamo a Lost Canvas, una serie che editorialmente invece è stata un metronomo con uscite molto regolari, e che ancora oggi è molto amata. Che impatto hai avuto modo di vedere tra i fan?

GB: *Purtroppo nessuno. Gli ultimi contatti coi lettori li ho avuti con Episode G, che ha generato un grande confronto coi fan, ai quali ho spiegato dettagliatamente le mie scelte in fatto di adattamento. Successivamente non fu più possibile pubblicare gli angoli della posta, quindi non ho più avuto modo di confrontarmi coi fan.*

Lost Canvas è stata seguita dai gaiden, o i cosiddetti Extra, prima serie dei Cavalieri che non hai supervisionato personalmente. Hai comunque avuto modo di leggerli, e che tu sappia come mai si passò a un formato più corposo analogo a quello giapponese?

GB: *Non so nulla delle scelte editoriali in proposito e ammetto di non averli letti. Ormai di fumetti ne leggo pochi. Leggo manga da 30 anni, e a un certo punto ti accorgi di aver letto tutto, ovvero la narrativa è ciclica, e se fruisci una generazione di contenuti, la successiva ti sembrerà la copia della precedente. Ormai sono pochissime le cose che mi appassionano. Sono estremamente critico di qualsiasi produzione tesa all'intrattenimento: serie TV, fumetti, romanzi o film. Affinché qualcosa mi piaccia deve essere scritta bene, ovvero coerente e intelligente, deve essere ben realizzata, ovvero ben disegnata, ben recitata, o con uno stile di scrittura o di regia avvincente, e soprattutto deve essere originale: nei contenuti, nella trama, nei personaggi, nell'ambientazione, nei temi trattati... E deve mostrarmi il suo carattere da subito. Abbandono un libro se le prime due pagine non mi convincono, e similmente abbandono una serie dopo dieci minuti di visione della prima puntata, se non sono colpito. Insomma, con l'età sono diventato estremamente esigente, e difficilmente qualcosa mi piace. Una volta seguivo mediamente venti serie di manga all'anno. Adesso forse ne seguo due, eccetto quelle a cui lavoro. Va bene così. Ho già dato.*

Per quel che hai avuto modo di vedere, che riscontro hanno i Cavalieri in Italia, e come è mutato nel tempo? Si teme a volte che i continui spin-off stiano stancando e allontanando i fan, ma d'altra parte se continuano a crearne di nuovi dev'essere perché continuano a fare numeri interessanti.

GB: *Già. Se qualcosa viene messa sul mercato, di solito è perché vende. Ho amici e conoscenti miei coetanei (mi sto avvicinando ai 50) che ancora mi parlano dei Cavalieri* con gli occhi brillanti di emozione. Sono personaggi e storie che hanno plasmato la nostra giovinezza, quando eravamo pieni di entusiasmo, energia e fantasia, e probabilmente non ci abbandoneranno mai. Mio padre ha continuato a comprare Tex per 40 anni... Ci sono persone che riescono ancora ad appassionarsi alle nuove produzioni legate a Star Trek, Star Wars, Doctor Who, eccetera. I supereroi americani si riciclano da una vita, ma continuano a vendere in un modo o nell'altro. Qualche anno fa il direttore di una agenzia immobiliare mi prese da parte per parlarmi, e io credetti che volesse farmi una confidenza riguardo a un immobile che avevo appena venduto, invece con fare serioso questa persona in giacca e cravatta mi chiese che fine aveva fatto Bastard!!...

Mi piace pensare che queste opere continuino a farci sognare e non ci facciano perdere la parte più gioiosa, pura e idealista di noi, quella legata alla nostra gioventù.

SAINT SEIYA OMEGA

Una quindicina d'anni dopo gli eventi della serie classica, Seiya, Shiryu, Hyoga, Shun, Ikki e Saori sono stati maledetti con ferite di oscurità che impediscono loro di bruciare il cosmo e combattere. Seiya, nel frattempo diventato Cavaliere del Sagittario, inoltre è scomparso per proteggere Saori da Mars, dio guardiano del pianeta Marte. Quando Mars fa ritorno e rapisce Saori, è necessaria la formazione di un nuovo gruppo di giovani Cavalieri che provino a salvarla: Koga, erede dell'armatura di Pegasus, Ryuho del Dragone figlio di Shiryu e Shun Rei, Yuna dell'Aquila, Soma del Leone Minore e il ninja Haruto del Lupo, ai quali eventualmente si aggiungono Eden di Orione, figlio di Mars stesso, e Aria, una bambina che possiede dentro di sé il cosmo di Atena. Mars ha però preso il comando del Santuario e così i giovani Cavalieri sono costretti a scalare le Dodici Case e affrontare i Cavalieri d'Oro, ignari delle profonde perdite che subiranno e dell'esistenza di una minaccia più oscura e potente che si cela all'orizzonte. Dopo questa guerra Cavalieri nuovi e vecchi – ormai guariti – devono poi combattere contro la dea Pallas e il suo esercito di Pallasite, anche in questo caso pedine di una divinità estremamente più potente. Stavolta però i Cavalieri d'Oro superstiti sono al loro fianco, e insieme a loro Subaru, giovane e irruente Cavaliere d'Acciaio.

Come evidente da questo breve riassunto, *Saint Seiya Omega* ricorre a un cast misto di personaggi vecchi e nuovi, secondo le intenzioni degli autori di creare una serie che potesse piacere sia ai fan della classica che a un nuovo pubblico. Tra i nuovi personaggi spiccano sicuramente KOGA, che soffre inizialmente il ruolo di nuovo Pegasus e il peso del paragone con Seiya, ma nel corso del tempo matura in sicurezza e autostima, ritagliandosi un suo spazio come leader del gruppo; YUNA, combattente saggia e pacata che rifiuta l'imposizione della legge della maschera; SONIA, figlia di Mars e sorellastra di Eden, una figura tragica rosa dai sensi di colpa per essere stata costretta a una vita di violenze dalle macchinazioni della madre MEDEA, vera eminenza grigia dietro la maggior parte degli eventi della prima stagione ma a sua volta pedina di un'entità più oscura e potente. I nuovi Cavalieri d'Oro sono invece un mix di figure eroiche e completi cialtroni tutto sommato in linea con l'impostazione della serie classica. Tra i tanti spiccano KIKI, il vecchio discepolo di Mu ora diventato Cavaliere dell'Ariete e punto di collegamento tra le due generazioni di Cavalieri; HARBINGER del Toro, introdotto come un amorale sostenitore della violenza fine a se stessa ma che gradualmente si rivela uno strenuo difensore dei deboli anche a costo di rischiare la vita; FUDO della Vergine, divinità indiana che rimane a lungo in disparte per osservare e capire per quale motivo Atena sia disposta a soffrire pur di difendere gli esseri umani; GENBU della Bilancia, eroico discepolo di Dhoko e Cavaliere dal forte senso di giustizia e dell'onore; AMOR dei Pesci, uno dei Cavalieri più potenti di tutti i tempi in grado di controllare la forza di gravità.

Pro e contro: *Omega* nella prima stagione crea un nuovo gruppo di protagonisti e ripropone in maniera aggiornata gli stilemi e la struttura della serie classica, mentre nella seconda mostra la prima vera guerra totale del franchise e riporta in scena i protagonisti storici, finendo quindi per aver qualcosa da offrire sia per chi ama il classico che per chi vuole novità. Le caratterizzazioni sono sfaccettate e moderne, le personalità ben definite e spesso interessanti, la trama non ha paura di uccidere brutalmente anche personaggi positivi, la regia e le animazioni sono discrete e la colonna sonora è di buon livello. Per contro, non sempre c'è la giusta epicità, i combattimenti sono spesso brevi, il look semplificato e modificato delle armature è duro da buttar giù, alcuni concetti come gli elementi o il Cavaliere-ninja sono commercialate senza senso, diversi episodi scadono nel banale e i Cavalieri d'Oro tornano a essere un mix di eroi e cialtroni, destinato a infastidire gli amanti di alcuni segni.

Consigliata a: chi preferisce i Cavalieri di Bronzo a quelli d'Oro, ai fan dei cinque protagonisti classici, a chi non ha problemi con uno stile di disegno e scrittura più moderno.

Serie disponibile in Italia su Crunchyroll (solo sottotitolata).

SOUL OF GOLD

Subito dopo aver aperto una breccia nel Muro del Pianto, i Cavalieri d'Oro si risvegliano ad Asgard come Einherjar, defunti riportati in vita dal potere di una divinità. Ioria si imbatte in Lyfia, una servitrice di Ilda che implora il suo aiuto per indagare su Andreas Riise, l'uomo che ha preso il potere dopo che la Celebrante si è misteriosamente ammalata. Andreas ha fatto sorgere l'albero maledetto Yggdrasill e ora comanda un nuovo gruppo di Cavalieri di Asgard, promettendo di portare prosperità e primavera nel regno di Odino. Con soli pochi giorni di vita a disposizione, i Cavalieri d'Oro, divisi da convinzioni e schieramenti, si ritrovano loro malgrado coinvolti nei piani dell'uomo, che ha bisogno del potere delle armature d'oro per portare a termine i suoi scopi e inizia a catturarli uno a uno. D'altra parte, nei momenti di crisi una misteriosa trasformazione avviluppa le corazze dorate, portandole a nuovi picchi di potenza e trasformandole nelle leggendarie armature divine.

Sfruttando i Cavalieri d'Oro classici, *Soul of Gold* cavalca il più delle volte le caratterizzazioni già note, anche se con qualche novità. DEATH MASK è un uomo pentito delle sue malefatte, che si vergogna del suo passato e cerca disperatamente redenzione; CAMUS combatte dalla parte del nemico per riparare una tragedia causata da un grave errore di gioventù; SHURA è pronto a farsi uccidere da Aioria per averlo privato del fratello Aioros decenni prima. Tra i nemici, la figura più interessante è sicuramente ANDREAS, ambizioso manipolatore che cela l'identità di Loki, dio degli inganni. Da segnalare anche SIGMUND, fratello maggiore del vecchio Siegfried/Orion, e FRODI, primo a scendere in campo e leale Cavaliere di Asgard nonostante gli inganni di Andreas.

Pro e contro: *Soul of Gold* riporta in scena gli amati Gold Saint della serie classica e li inserisce per la prima volta in una serie animata dedicata. Ogni Cavaliere d'Oro ha il suo spazio e i suoi momenti riuscendo per lo più a non pestarsi i piedi a vicenda e a tentare un po' di approfondimento con ognuno di loro. A differenza di quanto visto in *Episode G*, qui Ioria non è un protagonista onnipresente e preponderante. La ripresa di Asgard funziona solo in parte ma è piacevole per i fan della serie storica. Per contro, il numero di episodi è ampiamente troppo basso, il grosso dei nemici è buttato via, la trama ha diversi buchi e incongruenze, i disegni sono spesso mediocri (poi un po' migliorati nell'edizione blu-ray) e l'espediente delle armature d'oro divine appare inevitabilmente come una forzatura.

Consigliata a: chi ama i Cavalieri d'Oro classici e vuole vederli asfaltare nemici quasi senza problemi, a chi cerca una serie breve e autoconclusiva con personaggi già noti.

Serie disponibile periodicamente in Italia su Crunchyroll e altre piattaforme streaming (solo sottotitolata). Doppiaggio previsto per il 2024 da Yamato.

SAINTIA SHO

Durante i giorni precedenti l'inizio della Guerra Galattica, Saori viene attaccata dalle servitrici della dea Eris, che si accinge a far ritorno sulla Terra e ha bisogno del corpo della giovane Shoko. Kyoko, sorella di quest'ultima e Saintia di Atena – una sorta di ancella guerriera – si sacrifica lasciandosi possedere per salvare Sho, così quest'ultima decide di diventare a sua volta una Saintia nella speranza di poter fermare la guerra imminente senza che Kyoko venga uccisa. Conquistata l'armatura grazie al suo cosmo innato, Sho viene progressivamente affiancata da altre Saintie ma si ritrova coinvolta nelle manovre di Saga contro Atena. Anche dopo la sconfitta del Cavaliere dei Gemelli per mano di Seiya il conflitto contro Eris continua a crescere e finisce per coinvolgere i Cavalieri d'Oro superstiti e persino lo spirito di Saga, apparentemente risorto come dio della guerra Ares. Saintie e Cavalieri d'Oro sono quindi costretti a unire le forze mentre l'intero pianeta rischia di essere distrutto da giganteschi meteoriti.

Ancora una volta i Cavalieri d'Oro – e in particolare Milo dello Scorpione – sono per lunghi tratti protagonisti della storia, mentre le Saintie – un concetto creato appositamente per questa serie della cui effettiva necessità si potrebbe discutere – per oltre metà serie sono relegate in disparte nel loro stesso manga. Alla lunga però si ritagliano un loro spazio e vengono approfondite una per una attraverso appositi flashback e combattimenti. SHOKO del Cavallino è la classica protagonista impulsiva, avventata, un po' insicura ma anche piena di buona volontà e spirito di sacrificio, pronta a tutto per salvare la sorella. MII del Delfino è la compagna saggia che antepone il dovere ai propri desideri personali finché non si rende conto che le due cose essenzialmente coincidono; la piccola XIAO LING dell'Orsa Minore è l'elemento apparentemente esuberante del gruppo che nasconde un passato tragico e un profondo senso di inferiorità; KATYA della Corona Boreale è una combattente fredda e determinata che si trova costretta a fare i conti sia con il proprio passato che con dei sentimenti che le stanno nascendo dentro; ELDA di Cassiopea è la più aggressiva e combattiva, a lungo carica di astio verso Death Mask del Cancro e di rabbia per non essere stata lei a sconfiggerlo.

Pro e contro: *Saintia Sho* si barcamena abbastanza bene nel suo periglioso ruolo di midquel, riuscendo a incastrare e utilizzare i Cavalieri d'Oro senza eccessive forzature. Le Saintie hanno personalità ben definite e approfondite con i flashback. I disegni sono tra i più belli dei manga di *Saint Seiya* e la trama riesce a incorporare anche elementi di *Next Dimension* in maniera efficace. Pur avendo un quintetto femminile di protagoniste la trama non scivola mai nel melenso. La serie infine è lunga il giusto ed è tra le pochissime a concludersi al momento buono senza dilungarsi eccessivamente. Per contro, la prima parte è molto debole, con le Saintia a lungo ospiti nel loro stesso manga e la deviazione durante l'arco delle Dodici Case che appare forzata. I nemici sono nella stragrande maggioranza piatti e dimenticabilissimi.

Consigliata a: chi vuole vedere ancora una volta in azione i Cavalieri d'Oro classici, ai fan di Scorpio, a chi non disprezza elementi *shojo* o storie con protagoniste femminili.

Serie pubblicata integralmente in Italia da Panini Comics (manga). Periodicamente disponibile in Italia su Crunchyroll e altre piattaforme streaming (anime, solo sottotitolata). https://www.panini.it/

CINQUE DOMANDE CON: FRANCESCA ROMANA GUARRACINO

Ho chiacchierato un po' con la deliziosa Francesca Guarracino, attuale supervisore dei Cavalieri per Panini Comics da *Lost Canvas Extra* in poi.

Ciao, Francesca! Partiamo dalle origini: conoscevi già la serie storica dei Cavalieri dello Zodiaco e le serie già pubblicate da Panini Episode G e Lost Canvas o ti sei trovata catapultata in un universo tutto nuovo?

FG: *Faccio parte della generazione – magistralmente descritta da Zerocalcare – cresciuta con la serie tv classica e intrappolata in quel loop senza via d'uscita che fermava la messa in onda delle puntate alla Casa del Leone per ripartire inesorabilmente dalle Galaxian Wars. Ho passato tutta l'infanzia a giocare ai Cavalieri dello Zodiaco con i miei amici e compagni di scuola, a fare confronti di forza tra Saint e costellazioni, scontando peraltro il fatto di essere della Bilancia e, quindi, di essere stata a lungo l'unica a non poter dimostrare che anche il suo Cavaliere era forte e valoroso come gli altri, perché Dohko non si era ancora rivelato (ma il tempo mi ha dato ragione!).*

Ricordo anche i pomeriggi a casa di un mio amico che aveva gli storici modellini dei Gold Saint con le armature in metallo, collezione che gli invidiavo da morire, e mentre sua mamma insisteva per invitare noi bambine a giocare con le bambole della figlia, io rimanevo lì, inamovibile, con i Cavalieri, a immaginare epiche battaglie per salvare il mondo. Da adolescente, ho successivamente recuperato il manga di Masami Kurumada, ma per molto tempo non mi sono interessata agli spin-off. Poi, nel 2010, per caso e per vie traverse, l'incontro con Lost Canvas. Ricordo di aver provato inizialmente una certa diffidenza, faticavo a entrare nell'ottica di una generazione di Saint diversa da quella che tanto amavo, era come se non fossero i "veri Cavalieri", quindi ho seguito le "nuove serie" in modo non assiduo... Ammetto di averci messo un po' ad appassionarmi. In ogni caso, per rispondere alla tua domanda, quando ho avuto l'opportunità di lavorare su questo universo, ci sono arrivata che già possedevo un ricco bagaglio da fan di Saint Seiya, e non mi sono mai sentita spaesata.

Se non sbaglio, il tuo primo lavoro sui Cavalieri sono i numeri speciali di Lost Canvas chiamati gaiden o extra, non il più semplice degli esordi visto che riprendono personaggi e spesso anche concetti pre-esistenti e Cavalieri d'Oro molto amati. Quali sono state le difficoltà maggiori di questo lavoro e con quali gaiden ti sei divertita maggiormente?

FG: *Non ti sbagli, a pochi mesi dal mio arrivo in Panini come editor Planet Manga, mi è stato chiesto di subentrare a Gianluca nell'editing di Lost Canvas Extra. Ho ricordi vividissimi di quella prima, fatidica assegnazione che ha segnato l'inizio della mia avventura da editor in questo universo: luglio 2013, volume sette, Regulus di Leo. Lavorativamente parlando, prendere in mano una serie curata fino a quel momento da un'altra persona non è mai facile e indolore, tantomeno se hai a che fare con un mondo narrativo articolato come quello di Saint Seiya, così ricco di personaggi, termini specifici e una pre-*

cisa mitologia. Per quanto puoi conoscere bene il franchise, la verità è che seguire un'opera da semplice lettore è molto diverso dal farlo come curatore editoriale, ciò a cui devi prestare attenzione si moltiplica e va al di là della storia in sé, ma il fatto di aver già affrontato sfide simili su altri titoli mi ha permesso di capire come approcciarmi al lavoro da subito, quindi ho mi sono rimboccata le maniche, ho recuperato tutto ciò che mi serviva per seguire i gaiden al meglio, e mi sono messa all'opera contando sulla mia passione di fan e tanta buona volontà.

Il fatto che gli Extra sono sostanzialmente volumi autoconclusivi che approfondiscono eventi e personaggi con linee narrative spesso svincolate dalla serie principale è di  certo stato un elemento che mi ha aiutata a trovare la quadra. Parlando di difficoltà... ricordo molto bene che il volume otto dedicato ad Asmita è stato uno dei più complicati da editare. Abbiamo dovuto fare i conti con alcune criticità tipiche di tutti i Saint di Virgo, che, si sa, sono quelli sempre un po' più filosofi e mistici, e tirano in ballo concetti culturali e/o religiosi complessi, che in giapponese vengono facilmente espressi con pochi kanji, ma che in italiano vanno esplicitati, spiegati, sviscerati, senza mai dimenticare la fluidità e la chiarezza. E, per farlo, hai a disposizione "un minuscolo spazio vitale": ecco, con Asmita ho scoperto che in Lost Canvas Extra i balloon sono davvero molto piccoli! Ho questo ricordo di infiniti scambi con la traduttrice per limare e sistemare i testi in modo da lasciarli fedeli all'originale senza però eccedere in lunghezza per agevolare il letterista. Le innumerevoli ricerche e gli sforzi compiuti per cercare di essere il più coerente e corretta possibile sono stati un'ottima palestra per tutti i lavori che ho svolto, e ancora oggi fa parte del mio bagaglio di "trucchi del mestiere", se così si può dire.

Per quanto riguarda invece i gaiden per me più divertenti... Be', ammetto che io mi affeziono a prescindere a ogni titolo su cui lavoro, ma gli Extra mi sono davvero piaciuti tutti. Posso però dirti che, oltre alla storia di Regulus, che è stata la prima e quindi per me sarà sempre indimenticabile, un posto speciale nel mio cuore lo occupano di sicuro il volume dedicato a Taurus e i numeri dedicati a Shion e ai gemelli anziani. Il modo in cui la maestra Shiori Teshirogi ha chiuso il cerchio mi ha proprio fatto emozionare. Forse è stato lavorando a queste storie che si è cementato in modo definitivo il mio apprezzamento per Lost Canvas, e lo spin-off ha finalmente preso il suo posto da parigrado accanto all'opera originale.

E' stato poi il turno di Saintia Sho, una serie che ancora oggi divide i fan per via dell'introduzione della nuova casta delle Santia. Ora che si è conclusa – almeno per quanto riguarda le uscite regolari – che opinione ti sei fatta di quest'opera?

FG: Saintia Sho è stata la prima serie di Saint Seiya che ho curato dall'inizio alla fine. Quando venne annunciata in Giappone, ricordo di non esserne stata particolarmente sorpresa, pensai che un'interpretazione in chiave femminile dei Saint fosse in linea con i tempi e con i gusti della nuova stagione editoriale, per cui, da fan, non ne sono mai rimasta turbata, l'ho sempre vista come una sorta di naturale sviluppo delle tante possibilità offerte dall'universo di Kurumada sensei. Da editor, sono stata felice di poterla prima annunciare e poi curare per il pubblico italiano, ma è stata una sfida tostissima, che mi ha costretta a mettere in discussione tutto e a fare scelte parecchio difficili, consapevole dei tanti rischi che ci stavamo assumendo.

Credo che Saintia Sho sia di per sé un'opera molto ambiziosa, la cui forza, così come le sue (presunte) debolezze, a mio modo di vedere risiedono non tanto nel fatto di aver introdotto la casta delle Saintia, quanto nella scelta ardita di farlo innestando le avventure di Shoko e compagne nella timeline della serie classica. Da un lato – forse memore della me stessa bambina che giocava ai Cavalieri – mi viene da dire che cercare di rispondere all'esigenza del pubblico femminile di vedere finalmente delle donne vestire le Cloth e combattere in prima persona senza limitazioni di femminilità, sia stata una mossa ben pensata. Ho personalmente trovato coerenti e credibili le scelte di design, le caratterizzazioni e le costellazioni delle Saintia, un sincero omaggio speculare ai Bronze Saint del maestro Kurumada. Da questo punto di vista, a mio avviso, Chimaki Kuori ha superato la prova, perché, se mi perdonate la franchezza, sarà sempre meglio una Saintia creata a posteriori rispetto a un Andromeda trasformato in donna per inspiegabili esigenze di "copione con quote rosa".

Di contro, bisogna ammettere che la serie classica, con i suoi quasi quarant'anni di vita, si porta dietro un fandom internazionale talmente consolidato, informato e anche un po' fossilizzato in certi aspetti, che qualsiasi variazione sul tema degli eventi e dei suoi protagonisti iconici, anche se fatta con estremo rispetto, per nostalgia o per abitudine, per alcuni sarà sempre e comunque una forzatura.

Non si può non parlare dei Cavalieri senza una domanda sull'adattamento, argomento sempre caldo e polarizzante tra i fan (ci sono personaggi che sono arrivati ad avere sei nomi diversi tra tutte le opere uscite ufficialmente in Italia). È qualcosa di più complesso e spinoso da gestire nelle opere di Saint Seiya rispetto ad altre serie? Ho apprezzato l'utilizzo alternato di termini come "Cavaliere" e "Saint", "armatura" e "Cloth" o il tradurre i colpi giapponesi lasciando intatti quelli in altre lingue, ma immagino sia quasi un campo minato. Sono mai state prese in considerazione soluzioni diverse?

FG: *Quante pagine abbiamo a disposizione? Vi confido una cosa: l'argomento adattamento non sarà mai tanto caldo e polarizzante quanto lo è tra gli addetti ai lavori. Quando si dibatte della questione, visioni e sistemi di valori entrano in collisione, altro che cosmi che bruciano! Battute a parte, è un tema davvero complicato da affrontare, soprattutto per Saint Seiya, ma proverò a rispondere nel modo più chiaro e conciso possibile.*

Parto dal presupposto che la "localizzazione" di un'opera non è mai semplice, a volte può essere meno complicata di altre, ma mai facile e immediata. La ricetta universale, giusta e infallibile non esiste, bisogna procedere caso per caso. Personalmente, il principio fondante a cui mi ispiro sempre nell'editing è essere rispettosa dell'originale e del lettore, quando non posso esserlo sul piano letterale, cerco di fare in modo che i testi italiani trasmettano quanto più possibile la sensazione dell'originale, mantenendone inalterato lo spirito e l'inten-

zione, così che l'esperienza di chi fruisce dell'opera tradotta possa essere la stessa di chi può fruirne nella lingua d'origine. Aggiungo anche che, nonostante qualcuno creda il contrario e attribuisca pigrizia ai curatori delle varie edizioni, non c'è una naming list ufficiale e condivisa, altrimenti il problema non si porrebbe o sarebbe comunque di più facile soluzione, per quanto si cerchi sempre di reperire materiali ufficiali a cui fare riferimento.

Detto questo, Saint Seiya è di sicuro un universo tra i più complicati da gestire a livello di scelte di traduzione e adattamento. Da un lato, c'è una ragione che possiamo definire "oggettiva". La difficoltà risiede nel fatto che Saint Seiya è un'opera che si basa su un preciso world building, cioè dà vita a un mondo immaginario con regole proprie e una terminologia specifica, sostanzialmente non esistente al di fuori di quel mondo. In media, un'opera con caratteristiche del genere, risulta sempre più impegnativa di una che non ricorre a questa struttura narrativa, perché bisogna appunto prendere la mano con i termini (perlopiù neologismi o combinazioni non usuali) e adoperarsi attivamente affinché la traduzione prima e l'adattamento poi siano coerenti con le regole del mondo creato dall'autore. Regole, che, va detto, non sempre sono prive di incongruenze. Dall'altro lato, c'è una ragione che definirei "storica". Saint Seiya ha una difficoltà intrinseca tutta sua, dovuta alla sua peculiare storia di localizzazione nel nostro Paese, che, come sappiamo, è tutt'altro che univoca e uniforme. Anime, manga, videogiochi, film, spin-off, live action si sono susseguiti nel tempo, e sono licenze che in Italia non fanno capo a un unico soggetto, sono state pubblicate e localizzate da diversi editori, anche più volte nel corso degli anni, determinando in partenza una moltitudine di adattamenti differenti.

Si è così creata una sorta di stratificazione dovuta sia alle diverse stagioni editoriali (un manga adattato nel 2023 non segue gli stessi criteri di un'edizione degli anni Novanta, per intenderci), sia al fandom stesso, che è cresciuto di pari passo col franchise, ma in alcuni casi ha finito per fare da cassa di risonanza a certe scelte, perpetuandole e cristallizzandole al punto da farle vivere di vita propria senza un reale fondamento nei testi originali. È qui che entrano in gioco il fattore "nostalgia" e il fattore "purismo", la fazione del "preferivo i termini italianizzati" e la fazione del "bisogna lasciare tutto in giapponese". È ovvio che ci sono tante sfumature nel mezzo, ma per semplificare, direi che questo è il quadro, e le posizioni difficilmente possono essere conciliate. Alle forzature classicheggianti dell'anime anni Ottanta hanno più tardi fatto eco edizioni del manga lasciate con le espressioni in giapponese, mai completamente tradotte o tradotte sorvolando su alcuni elementi, affiancate da edizioni italianizzate per richiamarsi alla serie tv storica, ma più fedeli ai testi originali nelle traduzioni.

Insomma, sono entrate in gioco una marea di soluzioni, che in linea di principio possono essere tutte valide. Per come la vedo io, alla luce della stagione editoriale che stiamo vivendo, ritengo che per i manga e gli anime l'italianizzazione sia ormai un modello di localizzazione superato e non più attuale, per quanto ancora apprezzato. Tuttavia, lasciare termini e concetti in giapponese, se non specificatamente legati al Giappone, cozza con lo spirito multiculturale di Saint Seiya, dei suoi protagonisti radunati da ogni parte del mondo, delle sue ambientazioni anche europee e della sua mitologia, in larghissima parte derivata dalla matrice culturale occidentale, e che pertanto non hanno ragione di essere lasciate nella lingua dell'autore, proprio in un'ottica di rispetto della sospensione dell'incredulità. Da editor, se mi capita di leggere adattamenti curati da altri, sono in grado di intuire le ragioni che hanno portato a una certa scelta, la comprendo anche se magari non la condivido. Ciò che fatico ad accettare è accomodare traduzioni e traslitterazioni omettendo le parti "scomode" o scavalcando l'indicazione di lettura presente in originale, penso che sia una libertà che non ci si possa permettere. Sarebbe bello potersi coordinare e formulare un adattamento unico per tutto il franchise, ma non credo sia logisticamente fattibile e, in ogni caso, il giudizio del fandom finirebbe sempre per pesare, perché temo che accontentare tutti sia impossibile.

Nella mia esperienza, lavorando a Saintia Sho ho toccato con mano i limiti dell'italianizzazione della terminologia specifica di questo universo: il termine "Saint" se lo avessimo sempre e comunque adattato come "Cavaliere" avrebbe dato origine a gravi incongruenze nei dialoghi e nello sviluppo della storia. E anche inventare un adattamento per "Saintia" avrebbe portato a tradire l'originale. In Lost Canvas, abbiamo visto che lasciare il giapponese avrebbe finito per individuare alcuni luoghi in Giappone, determinando un'incoerenza con l'ambientazione dove si stavano svolgendo gli eventi... Per quanto mi riguarda, quindi, preferisco procedere lasciando la terminologia propria della serie senza italianizzarla, e trovare la traduzione esteticamente e semanticamente più corretta per ciò che invece deve essere tradotto. Rimanere fedeli al testo e alle sensazioni che vuole trasmettere è per me il giusto equilibrio, la bussola per prendere le decisioni, sperando sempre di fare cosa gradita ai fan.

In Giappone stanno attualmente uscendo nuovi volumi di Saintia Sho stile Extra, Episode G: Requiem che dovrebbe concludere la trilogia di Okada, il bizzarro incrocio Cavalieri/scuola Saint Seiya Dark Wing e da pochissimo anche Rerise of Poseidon. Hai visto qualcosa di queste serie, e secondo te potrebbero interessare anche al pubblico italiano o esiste un rischio saturazione?

FG: *Seguo sempre le novità e penso che Saint Seiya sia ormai un classico mondiale che continuerà a lungo a ispirare nuovi progetti, anche lontani dallo spirito iniziale della serie di Kurumada sensei. In fondo, quando ami una serie, vorresti che la sua magia non finisse mai, per cui, in linea di massima, la vitalità del franchise è un'ottima cosa per tutti gli appassionati. Non credo ci sia un rischio di saturazione in senso stretto, piuttosto, per i motivi di cui sopra, credo che il fandom sarà sempre diviso e animato dal dibattito su tutto ciò che non è la serie originale, senza per questo precludere l'arrivo di nuove pubblicazioni anche in Italia e decretarne l'eventuale successo o insuccesso a priori.*

DARK WING

Durante una gita scolastica nel Mediterraneo la nave che trasporta gli studenti prodigio di un liceo affiliato all'università internazionale privata della Fondazione Grado viene colpita da un'onda anomala causata da una colonna di luce. Un ragazzo di nome Shoichiro si tuffa in mare per salvare la compagna Yoruhime ed entrambi scompaiono tra le onde. Un anno dopo Shoichiro si sveglia insieme a Yoruhime nell'Elisio e scopre di essere la nuova incarnazione dello Spectre della Viverna mentre la ragazza è Pandora. Hades ordina loro di uccidere Atena, le cui azioni stanno sconvolgendo l'Elisio, ma quando Shoichiro raggiunge il Grande Tempio scopre che la dea è la sua amica d'infanzia Cattleya e che il Cavaliere dei Gemelli che la protegge è suo fratello Sojiro. Ben presto i vari studenti della scuola si riveleranno essere tutti Spectre o Cavalieri.

Il protagonista putativo SHOICHIRO ha una personalità spesso timida e imbarazzata, specie nei confronti di Yoruhime. Non ama particolarmente la violenza e tende ad anteporre il bene degli altri al proprio. Suo fratello SOIJIRO dei Gemelli invece è più aggressivo e determinato, oltre ad avere molto fascino tra le ragazze e numerosissime spasimanti o fidanzate. EITO del Capricorno compare inizialmente come primo antagonista, spietato, desideroso di diventare sempre più potente e pronto a tradire anche Atena per i suoi fini. AIOROS del Sagittario invece è inizialmente l'unico personaggio proveniente dalla serie classica, e prima di morire e venir misteriosamente dimenticato da tutti ha una visione della sua battaglia con Shura, suggerendo che gli eventi di *Dark Wing* siano in qualche modo collegati a quelli storici ben noti.

Pro e contro: *Dark Wing* offre un approccio totalmente nuovo e fresco al mondo dei Cavalieri, calandoli non solo in un contesto scolastico ma anche in situazioni dal taglio comico o slice of life. L'aver ambientato tutto in un universo alternativo lascia abbastanza liberi gli autori di divertirsi. Per contro proprio questo approccio non è adatto a chi cerca epicità e battaglie monumentali, lo stile dell'umorismo non è per tutti e la storia tende a dipanarsi un po' troppo lentamente.

Consigliata a: chi vuole vedere i Cavalieri immersi in un contesto scolastico e umoristico con situazioni accademiche e momenti da commedia.

Serie al momento (dicembre 2023) inedita in Italia.

KNIGHTS OF THE ZODIAC

La giovane Seika, inseguita da un esercito di mercenari per la sua capacità di utilizzare il cosmo, viene salvata e poi rapita da Aiora del Leone davanti agli occhi di suo fratello Seiya. Anni dopo Seiya è un adolescente che risveglia a sua volta accidentalmente il cosmo, venendo ripreso in un video poi pubblicato online. Ciò attira l'attenzione di Mitsumasa Kido che, prima di essere a sua volta catturato e rapito dai mercenari, spiega a Seiya l'esistenza dei Cavalieri e lo invia in Grecia per essere addestrato e ricevere l'armatura. Anni dopo Seiya fa ritorno come Cavaliere di Pegasus e combatte con altri Cavalieri in un torneo clandestino organizzato da Saori, nipote di Mitsumasa, facendo amicizia in particolare con Long del Dragone, Magnus del Cigno e Shaun di Andromeda (che in questa versione è una ragazza). Quando il torneo viene interrotto da un attacco dei mercenari, Seiya e i suoi compagni si ritrovano a dover proteggere Saori sia dalle milizie private di Vander Guraad – un uomo che vuole usare la scienza contro la minaccia degli dei – che dagli attacchi dei sicari del Grande Tempio.

Anche se con nuovi nomi originali, i protagonisti di *Knights of the Zodiac* sono i personaggi storici, immersi in un contesto più aggiornato al ventunesimo secolo. La novità principale è sicuramente SHAUN, versione femminile di Andromeda che ne mantiene essenzialmente la personalità anche se un po' meno pacifista e un po' più pronta a usare l'astuzia quando serve. MAGNUS è invece un Cristal più emotivo e sbruffone, in linea tutto sommato con la versione iniziale del manga. Tra i nuovi personaggi, l'unico degno di nota è VANDER GURAAD, ex socio d'affari di Mitsumasa che a modo suo ritiene di dover proteggere l'umanità dal rischio che Atena la distrugga, come visto in una profezia mostrata dall'armatura della Coppa. A questo scopo, Vander crea un esercito personale di soldati e dei Cavalieri Neri che indossano armature per lo più robotiche simili a esoscheletri. Viene anche profondamente suggerito che MARIN possa essere davvero Seika in questo caso.

Dopo una prima stagione che si discosta abbastanza dagli eventi della versione classica, la seconda – che ha avviato la scalata del Grande Tempio – è molto più simile alla storia che conosciamo.

Pro e contro: *Knights* offre una nuova versione dei Cavalieri dal taglio moderno ma tutto sommato non lontanissima da quella classica, e in alcune cose è persino più fedele al manga originale dello stesso anime storico, mostrando ad esempio un Cristal inizialmente sicario del Grande Tempio. La trama sembra voler risolvere alcuni dei passaggi più deboli della serie storica, specie nella gestione dei Cavalieri d'Oro, e può essere un buon modo per introdurre una nuova generazione al mondo di *Saint Seiya*. Per contro la prima stagione è quasi totalmente da buttar via, la grafica al computer rende i personaggi troppo simili a pupazzetti e l'aver trasformato Shun in una ragazza non ha aggiunto nulla di buono.

Consigliato a: chi vuole rivedere la storia classica in un contesto più rapido e moderno, chi ha figli piccoli e vuole fargli conoscere *Saint Seiya* senza violenza eccessiva.

Serie disponibile in Italia su Crunchyroll (prima stagione doppiata, seconda solo sottotitolata). Attualmente in corso.

CINQUE DOMANDE CON: TERUMI NISHII

Veterana del mondo dell'animazione, la maestra Nishii ha collaborato in varie funzioni a tante delle nuove produzioni di Saint Seiya. E' stata disponibile per una breve intervista.

Iniziamo parlando della serie Saint Seiya originale. Ricorda quando l'ha vista per la prima volta e chi era il suo personaggio preferito? Cosa la colpì di più?

TN: *L'ho vista per la prima volta quando avevo circa 10 anni. Mi piaceva molto il design dei personaggi di Araki-san. Il mio personaggio preferito era Shun.*

Il suo primo lavoro su Saint Seiya è stato con Lost Canvas, un anime con uno stile molto diverso da quello classico di Shingo Araki. Com'è stato lavorare su questa serie?

TN: *Il character design di Iwasawa-san era davvero fantastico, e mi piaceva anche il manga originale. È stato un lavoro piuttosto divertente.*

Poi c'è stata Saint Seiya Omega, una serie spesso criticata dai fan ma che personalmente ho apprezzato. Cosa ricorda di quel lavoro e che opinione ha di quella serie?

TN: *Anche se per me la trama non era molto coinvolgente, ho apprezzato il character design di Umakoshi-san. Era un mio mentore e ho molto rispetto per il suo lavoro.*

In seguito ha lavorato su Saintia Sho, una serie che non è stata ripresa dopo la prima stagione e in cui molti disegni sono stati successivamente corretti per l'edizione home-video. Quali sono state le difficoltà di quel progetto?

TN: *Sfortunatamente, avevamo una scadenza molto stretta, quindi non avevamo abbastanza tempo per rifinire i disegni come avremmo voluto.*

Di recente è stata la character-designer di Knights of the Zodiac, una serie interamente in CGI. Quali sono stati gli ostacoli più impegnativi da superare, e la rivedremo per la terza stagione?

TN: *Lavorare in CGI è molto diverso dal tradizionale disegno a mano. Ad esempio, la gestione dei capelli è molto più complessa. Se ci sarà una terza stagione dipenderà dalla popolarità della serie, ma mi piacerebbe sicuramente continuare.*

TIME ODYSSEY

Durante il periodo della battaglia tra i Cavalieri di Lady Isabel e i Cavalieri d'Argento, il dio Chronos – desideroso di essere accettato sull'Olimpo – invia i suoi sicari per uccidere Ikki, destinato a diventare incarnazione di Hades e a vincere la guerra sacra contro Atena. Sull'Isola di Kanon, Ikki viene attaccato dalle Moire e trascinato nel Tartaro, dove apprende la verità sul suo maestro Guilty e, pur uscendo vincitore, vede il suo destino irrimediabilmente spostato su suo fratello Shun. Nonostante Chronos abbia raggiunto il suo scopo, Zeus gli nega l'ingresso sull'Olimpo, facendo di lui un nemico desideroso di vendetta. Per avere la sua rivalsa, Chronos approfondisce i segreti delle catene di Andromeda e libera Prometeo.

Nel primo volume, il personaggio più importante è il solito IKKI, reso abbastanza bene nel periodo solitario della prima parte della serie classica. Abbastanza ammantati di mistero i nemici, con CHRONOS che comanda un esercito di migliaia di guerrieri divisi in tre schieramenti, i più forti dei quali sono le dodici Aura corrispondenti alle ore (i loro sottoposti corrispondono invece a minuti e secondi). La parte più interessante è però sicuramente quella incentrata su GUILTY, il maestro di Ikki di cui vengono svelate reale identità e retroscena, con un background che coinvolge anche Saga, Death Mask e Shura. Nel secondo invece scopriamo i retroscena della catena di SHUN e l'origine dei suoi poteri, e facciamo conoscenza con la sorella perduta di APHRODITE dei Pesci.

Pro e contro: *Time Odyssey* sposa i Cavalieri con il fumetto europeo presentando volumi pregiati a colori su carta di alta qualità in quello che da questo punto di vista è il miglior prodotto del franchise finora. I disegni sono classici ma belli, la regia delle tavole è adeguatamente televisiva e la trama propone degli apprezzabili colpi di scena. Per contro il costo dei volumi è sicuramente atipico per il panorama italiano, alcuni passaggi della storia sono un po' semplicistici e la scelta di basarsi sulla continuity manga inserendo però diversi elementi dell'anime è un po' spiazzante.

Consigliato a: chi vuole un fumetto dei Cavalieri totalmente a colori in formato prestigioso, chi ha familiarità con i fumetti franco-belga, i fan dei protagonisti classici, chi non ha un budget limitato.

Serie in corso di pubblicazione da Star Comics in doppia edizione *regular* e *collector edition*. La seconda aggiunge ventiquattro pagine extra di dietro le quinte e un racconto aggiuntivo.

CINQUE DOMANDE CON: JÉRÔME ALQUIÉ

Nonostante l'agenda fittissima, Jérôme Alquié si è reso disponibile per un'intervista in cui ripercorre la storia della sua passione per Saint Seiya e come questa sia sfociata nel progetto Time Odyssey.

Ciao Jérôme! Partiamo dal passato. Com'è nata la tua passione per Saint Seiya?

JA: *Sono nato nel 1975, quindi sono cresciuto in Francia negli anni '80 con le prime serie animate giapponesi che sono arrivate in televisione, come Goldrake, Ulisse 31, Capitan Harlock... I Cavalieri dello Zodiaco sono stati una rivelazione per me, appassionato di mitologia greca, quando sono arrivati nell'aprile 1988. Sono stato subito attratto da queste storie fantastiche di eroi che indossano armature scintillanti!*

La mia passione è continuata a crescere durante la trasmissione della serie televisiva. Ho persino imparato a disegnare guardandola! Quando la serie si è interrotta dopo l'arco di Poseidone, ammetto che volevo sapere di più su cosa sarebbe successo dopo. Ed è lì che, negli anni '90, ho scoperto il manga del Maestro Kurumada e ho letto per la prima volta Hades, la parte mai resa in animazione. Ne sono stato così appassionato che nel 2001 ho persino realizzato un mini trailer con alcuni amici che erano anche fan come me. Un piccolo regalo dei fan per gli altri fan della serie. Il character designer Shingo Araki era addirittura presente nella stanza durante la sua proiezione e ha ricevuto l'unica copia di questo piccolo filmato da portare in Giappone. È stato un grande momento da condividere con lui. Alcuni mesi dopo, tutti i fan erano entusiasti di apprendere che la serie sarebbe continuata con l'arco di Hades. Da allora sono state realizzate altre serie, manga spin-off e adattamenti anime, che continuano ad arricchire il favoloso franchise di Saint Seiya creata dal Maestro Kurumada. Per la nostra gioia. E oggi, con Time Odyssey, stiamo anche contribuendo all'universo di Saint Seiya!

Secondo te come mai Saint Seiya è ancora così amato in Europa a quasi quarant'anni dalla sua creazione?

JA: *Saint Seiya è una storia epica e senza tempo, basata sui principi dello shonen (e più specificamente del neketsu). Questi principi non sono cambiati per decenni, e gli shonen di oggi, anche se i temi differiscono da quelli del passato, si basano sulle medesime cose: i valori che trasmettono! Coraggio, sacrificio, miglioramento personale, cadere e rialzarsi, l'amicizia tra il gruppo di eroi... Tutti questi valori sono molto positivi, e la violenza che alcuni osservatori criticano in queste serie serve a magnificare i valori di giustizia e libertà. Per noi, bambini degli anni '80, questi valori erano la base su cui abbiamo costruito noi stessi! E sono sicuro che shonen di domani saranno altrettanto straordinari! E nel caso di Saint Seiya, quando si aggiungono le armature basate sulle costellazioni che possono essere indossate sul corpo o assemblate come oggetto, lo sfondo della mitologia greca (che è una fonte inesauribile di storie epiche ispiratrici) e le incredibili tecniche di combattimento, si ha un mix potente ed esplosivo! Saint Seiya è un'opera magnifica nata dalla mente del Maestro Kurumada, che ha gettato basi eccezionali, ispirando nuove generazioni di artisti e lettori in modi diversi. Non c'è dubbio che questa serie ha ancora molti anni davanti a sé.*

Passiamo a parlare del tuo progetto attuale, Time Odyssey. Puoi raccontarci la sua genesi? Avevi in mente sin dall'inizio di usare Chronos o hai creato la storia dopo aver avuto il nulla osta dal Giappone?

JA: *Prima di tutto, non sono da solo in questa avventura, e la storia è condivisa con* il mio amico Arnaud Dollen. Quando abbiamo ricevuto il via libera, non avevamo ancora la storia. È stata costruita sulla base del fatto che personalmente volevo che i nostri volumi mostrassero i Cavalieri di Bronzo in periodi diversi della storia originale, tra le altre cose, in modo da poterli vedere con armature diverse. Allo stesso modo, volevo l'apparizione, anche molto brevemente, di ogni Cavaliere d'Oro in un momento o nell'altro della storia. Di fronte a queste "vincoli", Arnaud ha avuto l'idea di introdurre il dio del tempo, Crono, per permettere alla nostra storia di saltare tra periodi diversi della storia del Maestro Kurumada. Il primo volume si svolge prima della battaglia delle Dodici Case, il secondo subito dopo, e il terzo sarà dopo la battaglia contro Poseidone. E così via... È stato molto eccitante costruire la storia in questo modo, con linee tratteggiate nella storia originale, facendo riferimenti, naturalmente, ma spiegando anche cose lasciate nell'ombra nella storia originale del Maestro Kurumada attraverso nuove intuizioni nei personaggi o nelle azioni nei nostri volumi. Ad esempio, nel primo volume scopriamo chi è Guilty, il maestro di Ikki nell'Isola della Regina Nera, o perché l'ultima fiamma della meridiana dello zodiaco nella battaglia al Santuario è durata un po' più a lungo delle altre... Mi fermo qui, altrimenti, vi rovinerei la sorpresa!

Qual è la sfida più impegnativa dello scrivere e disegnare Time Odyssey?

JA: *Penso che la sfida più grande nella sceneggiatura derivi dal fatto che la nostra storia deve essere perfettamente in linea con ciò che il Maestro Kurumada ha sviluppato nella sua opera originale. Quando "inventiamo" qualcosa, dobbiamo assicurarci che non metta in discussione nulla di quanto creato dal Maestro, ed è essenziale (e quindi impegnativo) mantenere questa coerenza in ogni momento. Il Maestro Kurumada e la sua casa editrice Akita Shoten in Giappone ci aiutano anche a mantenere questa coerenza generale. A volte, le nostre idee devono essere riviste per assicurarsi che siano "canoniche", come si dice. Per quanto riguarda la parte grafica, personalmente mi impongo un livello molto alto e faccio del mio meglio per garantire che il layout e il dinamismo siano presenti, anche se il formato franco-belga a volte si presta un po' meno rispetto al manga. Ma credo di esserci riuscito abbastanza bene. La sfida più significativa per me rimane la creazione delle nuove armature, che richiedono molto lavoro. È una sfida emozionante ma molto difficile! A volte, gli amici vengono persino a darmi una mano. Ed è proprio questo che rende il tutto ancora più eccitante!*

Abbiamo avuto il primo volume su Ikki e il secondo su Shun. Solitamente l'ordine dei protagonisti è Seiya – Shiryu – Hyoga – Shun – Ikki. Possiamo ipotizzare che tu l'abbia capovolto e che il prossimo sarà Hyoga o avremo sorprese?

JA: *Non vi svelerò oggi chi sarà il prossimo! Posso solo dirti che finiremo con Seiya. Quindi potrebbe essere Hyoga, potrebbe essere Shiryu. Vedrai! Lo sveleremo a Natale! Come avrai capito, l'idea è mettere in luce ciascuno dei cinque principali Cavalieri di Bronzo lungo tutta la storia. La scelta non si basa su un ordine predefinito, ma esclusivamente sulle esigenze del nostro scenario. Ad esempio, Ikki nel primo volume è il fattore scatenante della nostra storia, e abbiamo anche ritenuto che, in quel punto della storia, fosse il più potente dei Cavalieri di Bronzo, in grado di fronteggiare gli antagonisti. Per Shun, è stata fatta per la necessità di lavorare sulla catena di Andromeda, che trattiene un personaggio chiave nella nostra storia. Le versioni da collezione dei nostri volumi vanno ancora più nel dettaglio, presentando, ad esempio, una mitologia specifica per le cinque armature di bronzo, come la caratteristica unica dell'armatura del Phoenix nel Volume 1, o il segreto delle catene di Andromeda nel Volume 2. Ma tornando al personaggio in primo piano, ogni volta è legato a ciò che dobbiamo raccontare. Spero che il prossimo volume ti riservi le sorprese che ti aspetti! Ne abbiamo ancora alcune in serbo che potrebbero sorprenderti notevolmente...!*

RERISE OF POSEIDON

Poco dopo la vittoria dei Cavalieri contro Hades, Nemesis dea della vendetta vuole distruggere l'umanità che ha portato alla morte di ben due divinità e per questo bombarda il pianeta con una pioggia di meteoriti. Ritenendo che gli esseri umani vadano soggiogati e non distrutti in modo da preservare la paura della morte, lo spirito di Hades libera Poseidone dal sigillo di Atena e riporta temporaneamente in vita i suoi Generali caduti in battaglia. I sei si riuniscono con Sorrento, Shaina e Kiki, che nel frattempo erano stati catturati dai seguaci di Nemesis. Per aiutarli nel combattimento, Poseidone bagna le loro armature del proprio sangue divino, riparandole e risvegliando il potere di mutarsi nella loro forma originale, le Arch Scale. I Generali, stavolta difensori dell'umanità, devono quindi scontrarsi con Nemesis e i suoi Spirit, eroi mitologici che l'accompagnano in battaglia.

I pochi capitoli usciti finora sono stati incentrati su SORRENTO (Sirya), KRISHNA (Krisaore) e KAYSA (Lemuri), approfondendone le motivazioni e il passato con piccole rivelazioni come un incontro tra il secondo e Shaka da bambini. L'intenzione sembra essere il mostrare nuovi lati caratteriali positivi dei Generali, giustificando il loro passaggio dalla parte della giustizia e facendone a tutti gli effetti dei potenziali alleati dei Cavalieri di Atena nonché difensori del pianeta. In tal senso, diverse battute li vedono comportarsi in maniera più cavalleresca, riflettere sugli errori del passato e persino dichiarare di voler proteggere l'umanità.

Pro e contro: *Rerise* è la prima serie in tanti anni a riprendere in mano i Generali degli Abissi e la possibilità che questi personaggi vengano finalmente approfonditi è certamente affascinante. Lo stile dei disegni è il più vicino a quello originale di Kurumada tra i vari spin-off, ma si arricchisce di nuove prospettive e idee registiche. Gli Spirit sembrano un concetto originale e interessante come avversari. Per contro, la natura commerciale dell'opera è evidente.

Consigliato a: amanti della serie classica e dei suoi personaggi, nostalgici dello stile di Kurumada, fai dei Generali degli Abissi.

Serie al momento (dicembre 2023) inedita in Italia.

GIGANTOMACHIA

Secoli fa Atena e i suoi cavalieri dovettero affrontare i Giganti in una lunga e difficile battaglia, la Gigantomachia. Alla fine la vittoria arrise ad Atena, che imprigionò i giganti ed il loro sovrano Tifone in Sicilia. La storia poi passa al giorno d'oggi, quando, poco tempo dopo la vittoria su Saga, i Cavalieri si godono il meritato riposo finché una notte non avviene un delitto e del sangue viene versato. Ben presto si scopre che i Giganti sono tornati e, grazie alla loro armature chiamate "Diamantine" sono ancora più forti. Il loro duplice scopo è uccidere Atena e liberare Tifone. Per attirare la Dea i Giganti rapiscono una ragazza di nome Yulij, cavaliere di bronzo della costellazione del Sestante, obbligando Atena ed i Cavalieri ad una missione di salvataggio. Saori e i Cavalieri si recano in Sicilia e iniziano lo scontro con i nuovi nemici. Per risvegliare Tifone è infatti necessario un sacrificio "di Cosmo e di sangue" ed i Giganti sono pronti a tutto per ottenere il loro scopo. Ma in Sicilia i Cavalieri non sono soli, proprio lì infatti anni prima fu inviato uno degli orfani della Grande Fondazione, un ragazzo di nome Mei, che possiede l'armatura sacra della Chioma di Berenice, che non è né d'oro, né d'argento e né di bronzo.

Se i due volumi del romanzo utilizzano i personaggi classici che ben conosciamo, l'aggiunta più interessante è sicuramente MEI, loro compagno all'orfanotrofio e discepolo di Death Mask del Cancro, nonché portatore di una delle quattro armature di materiale sconosciuto citate nell'Ipermito. Timido e remissivo ma anche coraggioso e pronto al sacrificio, Mei fa da contraltare a TIFONE, nemico principale del romanzo che compare solo nelle battute finali ma riesce comunque a farsi ricordare per qualche battuta, accusando Atena di dominare e manipolare i Cavalieri attraverso l'amore proprio come lui fa con la paura. Molto più dimenticabili gli altri Giganti, utili solo per impegnare Seiya e compagni in scontri che, privi di un supporto grafico, non lasciano il segno.

Pro e contro: il primo romanzo dedicato ai Cavalieri offre un nuovo approccio narrativo e la scelta di dedicare molto spazio a Mei è sicuramente originale. La trama è scorrevole, i combattimenti sono descritti abbastanza bene e Tifone è un avversario con punti di vista interessanti. Per contro la maggior parte degli altri Giganti è totalmente dimenticabile, pesa la totale mancanza di illustrazioni, persino nelle copertine, e non si può dire che lo stile di scrittura del romanzo – ricco di evitabili divagazioni – sia particolarmente evocativo.

Consigliato a: i fan più accaniti e completisti, a chi vuole sperimentare i Cavalieri in un formato diverso da quelli classici, a chi è incuriosito da un'avventura in Italia.

Romanzo pubblicato in due volumi da Kappa Edizioni nel 2008. http://www.edizionikappa.it/

LA LEGGENDA DEL GRANDE TEMPIO

La giovane orfana Isabel scopre di essere la reincarnazione della dea Atena appena prima di essere attaccata da un gruppo di assassini inviati per ucciderla. A salvarla arrivano Seiya, Sirio, Cristal e Shun, giovani Cavalieri appena tornati dall'addestramento nel quale hanno conquistato le armature di bronzo. I quattro sono pronti ad affiancarla nella guerra contro il Grande Tempio ma Isabel fa fatica ad accettare la nuova realtà e la situazione peggiora ulteriormente quando il Cavaliere d'Oro Ioria del Leone attacca la sua villa e sconfigge facilmente Seiya e gli altri. Ciò risveglia il cosmo divino di Isabel e convince Ioria a ritirarsi, ma la ragazza fa appena in tempo ad accettare il suo destino che una freccia la colpisce al cuore, ferendola mortalmente. Per salvarla i Cavalieri si recano al Grande Tempio, dove devono affrontare i potenti Cavalieri d'Oro.

I ben noti personaggi classici vengono presentati in salsa leggermente diversa, in particolare ISABEL, che in questa versione è molto più attiva e partecipa lei stessa alla scalata delle Dodici Case, convincendo Mur ad aiutarli e collaborando alla vittoria finale su Saga. Il cambiamento più interessante però è SCORPIO, che in questa versione è una donna dai capelli rossi, combattiva e aggressiva fino a sconfiggere Seiya, ma anche abbastanza fedele ad Atena da appoggiare Isabel dopo averla riconosciuta. Un po' modificati anche SHURA, che combatte e sconfigge Ikki, sopravvive e partecipa alla battaglia finale, DEATH MASK, mutato in una macchietta che entra in scena cantando insieme alle teste della quarta casa, e SHAKA, che intuisce la verità e aiuta i protagonisti contro Ioria posseduto.

Pro e contro: il grosso budget del film si fa valere negli effetti speciali e nella resa dei colpi segreti, forse i più spettacolari mai visti. Alcune idee della trama sono apprezzabili, specie il ruolo molto maggiore di Isabel e lo scontro tra Shaka e Aioria. Per contro il voler inserire le Dodici Case in un unico film che introduca anche la serie produce un risultato affrettatissimo, ulteriormente imbruttito da opinabili scelte di design e caratterizzazione.

Consigliato a: chi è incuriosito da una diversa versione degli eventi e uno stile grafico sperimentale.

Film disponibile in Italia in DVD e BluRay da Lucky Red (doppiato).

KNIGHTS OF THE ZODIAC (2023)

Seiya è un orfano che tira avanti combattendo su ring clandestini mentre cerca informazioni su sua sorella Patricia, rapita oltre un decennio prima da misteriosi uomini mascherati. Durante uno scontro con il gestore del ring, Cassios, Seiya risveglia accidentalmente il suo cosmo e diventa il bersaglio di Guraad, una donna che sta dando la caccia a tutti coloro in grado di manipolare questo tipo di energia. L'ex marito di Guraad, Alman di Thule, salva Seiya e gli presenta sua figlia adottiva Isabel, una ragazza nel cui corpo è destinato a risvegliarsi lo spirito della dea Atena. Guraad ritiene che Atena porterà l'umanità alla distruzione e vuole privarla del cosmo e ucciderla con l'aiuto di Nero, Cavaliere della Fenice, mentre Alman è convinto che Atena sia una forza positiva e vuole proteggerla insieme a Seiya, destinato a diventare Cavaliere di Pegasus. A tale scopo, un riluttante Seiya viene inviato a essere addestrato da Castalia, Cavaliere d'Argento, per poter risvegliare il potere dell'armatura di Pegasus.

Trattandosi della prima vera trasposizione cinematografica live action, i personaggi in questo li fanno gli attori. MACKENYU è un Seiya comprensibilmente schivo e diffidente, meno ostile rispetto alla controparte cartacea e molto meno cavalleresco di quella animata, ma spesso frustrato e vittima degli eventi. Non è sempre adeguatamente carismatico ma trasmette spesso una certa vulnerabilità che pur lontana dalla spavalderia del personaggio classico tutto sommato ben si addice a questa versione.

MADISON ISEMAN è una Isabel molto più umana e spontanea di quella classica, priva sia della freddezza di quella del manga che della spocchia di quella dei primi episodi dell'anime, ma più simile alla versione successiva che gradualmente si affeziona ai Cavalieri. Ha il difetto di essere spesso una principessa da salvare e di non prendere quasi mai in mano la situazione, ma mantiene una certa empatia e riesce a rimanere graziosa e credibile con i capelli viola nel finale.

DIEGO TINOCO è pessimo nei panni Phoenix, per di più penalizzato da una sceneggiatura che non accenna mai ad alcuna ragione o motivazione dietro le sue azioni. Ridotto spesso a uno scagnozzo sullo sfondo, non mostra mai alcuna traccia del carisma del personaggio e pur provando a portare in scena il Phoenix cattivo della prima parte della serie non riesce praticamente mai nell'intento, finendo per diventare una delle note più deboli del film.

Molto meglio fanno SEAN BEAN e FAMKE JANSSEN nei panni di Alman e Guraad. I due attori di maggior esperienza del cast riescono per lo più a elevare i personaggi che gli vengono affidati, interpretando entrambi con una certa duplicità. Nel caso di Alman, attraverso la rivelazione che non tutte le sue azioni passate furono prive di macchia, con sensi di colpa mostrati abbastanza bene attraverso la sola mimica facciale, e nel caso di Guraad con un contrasto interiore tra la testa e il cuore nei confronti di Isabel.

Il vero MVP del film però probabilmente è MARK DACASCOS, un Mylock che smette i panni di maggiordomo per indossare quelli di assistente e guardia del corpo di Alman, rubando spesso la scena agli altri personaggi con vere e proprie imprese smargiasse da duro della situazione. Del personaggio classico mantiene praticamente solo il nome e la capigliatura assente, ma in questo caso è certamente un miglioramento.

Il cast principale si conclude con CAITLIN HUTSON praticamente anonima nei rigidi panni di Castalia, penalizzata oltremisura da una sceneggiatura che la rende poco più di un espediente narrativo, e con NICK STAHL, a lungo in scena come un Cassios totalmente riscritto rispetto all'originale ma che in questo caso perde qualunque vera motivazione per odiare così tanto Seiya e che quindi finisce per apparire forzato.

SAINT SEIYA: UN FILM IMPOSSIBILE?

Se c'è una cosa che sia *La leggenda del Grande Tempio* che *Knights of the Zodiac* hanno dimostrato è l'enorme difficoltà di convertire Saint Seiya in un film di successo. Le ragioni sono molteplici, e in larga parte endemiche a buona parte dei manga: serie lunghe, con storie che si sviluppano spesso nel corso di anni e numerosi protagonisti che per avere una ragion d'essere necessitano ciascuno di tempo, spazio e approfondimenti. Una formula perfetta per tenere attaccato un lettore settimanale, ma totalmente inadatta a un film che non possa superare i centoquaranta minuti. Lo ha dimostrato bene il franchise di *Avengers*, i cui protagonisti sono stati presentati separatamente nel corso di anni prima di essere riuniti con successo, ma in quel caso c'erano personaggi con decenni di storie individuali alle spalle e quindi in grado di reggere film dedicati, cosa raramente applicabile ai co-protagonisti dei manga.

A tutto ciò si possono aggiungere alcuni problemi esclusivi dei Cavalieri, in particolare la difficoltà di portare le armature sul grande schermo mantenendole credibili nonostante molto spesso agiscano più come una seconda pelle che come rigido metallo, e al fandom dei manga in generale. Laddove i lettori di fumetti – svezzati da decenni di autori e caratterizzazioni diverse – accettano abbastanza tranquillamente modifiche anche estremamente profonde a storie o personaggi, i fan dei manga richiedono storie il più fedeli possibile e sono generalmente intolleranti verso i cambiamenti.

Di fronte a tutte queste difficoltà, *La leggenda del Grande Tempio* e *Knights of the Zodiac* hanno scelto approcci totalmente opposti. Il primo ha sostanzialmente scavalcato la fase di introduzione, presentando tutti i protagonisti nei primissimi minuti e poi schiacciando l'acceleratore fino all'arco delle Dodici Case – da sempre considerato l'isola felice in grado di soddisfare il pubblico. Il secondo al contrario ha eliminato tre protagonisti su cinque e si è sforzato di concentrare la storia il più possibile sui soli Seiya e Isabel, agendo di fatto da grosso antipasto e non da piatto principale. Un approccio probabilmente più coraggioso e lungimirante, che è stato purtroppo frustrato da un budget chiaramente inadeguato e da alcuni errori di casting e sceneggiatura, che per non alzare mai troppo il piede da un ritmo d'azione continuo ha finito per sacrificare la creazione di un *mondo* di Saint Seiya e privato lo spettatore del senso di meraviglia ed emozione che dovrebbe accompagnare la conoscenza con questi personaggi.

Ci sono poi i tanti progetti amatoriali, alcuni anche di matrice italiana, che si contraddistinguono invece per la fedeltà dell'approccio, con armature riprodotte il meglio possibile considerando le poche risorse a disposizione. È spesso il tipo di impostazione preferito dai fan, anche se per sua stessa natura più adatto a video brevi per un pubblico ristretto di conoscitori – un po' come gli spettacoli teatrali degli SMAP in Giappone negli anni ottanta – che a veri lungometraggi che dovrebbero in teoria conquistare anche un pubblico generalista che dei Cavalieri non sappia granché e che non cerchi necessariamente solo combattimenti. In tal senso, la debolezza dei primi archi narrativi della serie – Guerra Galattica e Cavalieri Neri – rende particolarmente complessa la conversione in qualcosa di convincente.

È quindi una battaglia senza speranza? In tanti sono convinti che la serie debba restare solo un anime e che non valga neppure la pena di tentare una conversione a live action. D'altra parte i film Marvel hanno dimostrato che il salto dalla carta alla pellicola è fattibile, e se c'è una cosa che i Cavalieri insegnano è che nulla è impossibile se l'impegno è adeguato. Le pecche di *Knights of the Zodiac* non sono necessariamente irrimediabili e al netto dei tanti difetti il suo evitare di ricalcare troppo da vicino la serie storica è stato probabilmente l'approccio meglio calcolato, anche se per superare le ritrosie dei fan verso un eventuale seguito (se mai arriverà) sarà sicuramente necessario aggiustare il tiro, almeno su quegli aspetti immediatamente distintivi come il design delle armature, e magari affidarsi a del personale più competente.

Nell'attesa, l'anime è sempre solo ad un tasto play di distanza.

INTERVISTA A TOMEK BAGINSKI

Non capita tutti i giorni di intervistare un regista di Hollywood. Sono riuscito a mettermi in contatto con Tomek Baginski, il regista di Knights of the Zodiac, che si è dimostrato una persona immensamente disponibile. Abbiamo chiacchierato un po' sulla creazione del film, le difficoltà di adattare i Cavalieri e le possibilità per il futuro.

Salve Signor Baginski e grazie del tempo che ci dedica per quest'intervista. Per cominciare, ci può raccontare com'è avvenuto il suo ingresso nel progetto su Saint Seiya The Beginning? Ci sono state delle selezioni o fu contattato direttamente dai produttori?

TB: *Ci conoscevamo da un altro progetto e avevamo collaborato in modo eccellente. In passato avevo fornito loro alcune soluzioni che non avevano ottenuto da nessun altro. Successivamente, i produttori mi hanno suggerito di dare un'occhiata a 'Saint Seiya', che all'epoca era già in sviluppo da diversi anni. L'obiettivo era perfezionare la sceneggiatura per renderla fattibile. Saint Seiya è un mondo vasto, con molti personaggi e numerose trame narrative. Abbiamo dovuto trovare un modo per navigare attraverso l'immensità di questo mondo e i relativi requisiti di bilancio senza esserne sopraffatti.*

Se non sbaglio la serie animata di Saint Seiya è stata trasmessa in TV in Polonia, anche se con pesanti censure. Conosceva già Saint Seiya prima di accettare questo incarico, e ha avuto modo di leggere il manga e guardare l'anime integralmente prima o dopo aver avuto il ruolo? So che spesso i produttori non vogliono che i registi di film basati su fumetti siano eccessivamente influenzati dal materiale originale.

TB: *Sì, la serie è stata trasmessa in Polonia molto tempo fa, ma ho iniziato a guardarla di nuovo quando abbiamo iniziato a lavorare sull'adattamento. Non c'erano restrizioni in questo senso da parte dei produttori. Personalmente, non riesco a immaginare il lavoro di un regista o sceneggiatore senza la conoscenza del materiale originale. Non ho letto il manga, ma ho guardato di nuovo la serie durante il lavoro, sia la versione animata originale che l'ultimo reboot.*

Saint Seiya è una serie con un enorme numero di fan in America Latina ed Europa Occidentale. Che tipo di pressione crea l'avere a che fare con un prodotto che ha definito l'infanzia di un'intera generazione?

TB: *Certo. Per molte persone, questa serie è molto importante. Molti sono cresciuti con questi personaggi. Molti lo vivono in modo molto personale. Ho avuto un'esperienza simile con 'The Witcher', che ha anche fan molto devoti e vocali. È un grande vantaggio, ma anche una pressione enorme perché è impossibile accontentare tutti.*

Mi piace interagire con i fan. La maggior parte delle decisioni che prendo è ben ponderata, anche se sembrano controverse. Mi piace discuterne. Naturalmente, se i fan sono interessati a una reale conversazione :-D Ognuno ha la propria visione di questo mondo.

Ha mai avuto modo di incontrare l'autore di Saint Seiya – il signor Masami Kurumada – durante le riprese o la preparazione del film? È stato coinvolto nel processo creativo?

TB: *Non ci siamo mai incontrati durante la produzione del film. Abbiamo scambiato commenti attraverso i produttori giapponesi. I commenti di Masami Kurumada mi sono stati molto utili diverse volte. L'ho incontrato personalmente solo alla première in Giappone. È stata un'esperienza commovente.*

Mettendo da parte discorsi di budget, quali sono le difficoltà principali di adattare una serie come Saint Seiya al formato live-action?

TB: *La sfida principale nell'adattamento è che questo mondo è veramente vasto. Molte trame, molti personaggi, è difficile inserire persino l'introduzione a questo mondo all'interno del quadro di un film di due ore. Volevamo che il film fosse comprensibile e chiaro non solo per i fan che conoscono questo mondo da decenni, ma anche per i nuovi spettatori che stanno scoprendo adesso Saint Seiya.*

È essenziale sottolineare che le prime storie, la prima stagione dell'anime, sono, da un lato, una storia semplice su una competizione di arti marziali (semplificando un po'), ma, d'altro canto, dense di personaggi, retrospezioni, trame aggiuntive e con alcune incongruenze. Saint Seiya si sviluppa pienamente negli archi successivi. Abbiamo dovuto trovare una chiave per questo inizio, raccontarlo in modo diverso ma trasmettere ciò che è più importante. Nel nostro caso, abbiamo deciso di concentrare la storia sulla relazione tra Seiya e Saori.

Il budget, ovviamente, conta, ma dal punto di vista della produzione, nel nostro caso, forse la sfida più grande è stata il tempo. Stavamo preparando il film per molti anni, eravamo pronti per le riprese. Tutto era quasi pronto, e poi è arrivato il Covid, che ha colpito pesantemente non solo il nostro film ma l'intera industria cinematografica. Abbiamo dovuto posticipare le riprese di quasi un anno, cambiare la location delle riprese e proprio quando stavamo girando il film anche tutti gli altri studi sono tornati a lavoro, obbligandoci a competere spesso con produzioni più grandi per avere a disposizione troupe, location e attrezzature. Questa situazione si è ripresentata durante la post-produzione. Siamo riusciti a riunire davvero persone fantastiche intorno al film, ma, ad esempio, abbiamo avuto una situazione in cui una delle località cruciali per le riprese è saltata per motivi di sicurezza appena due settimane prima dell'inizio delle riprese. Ci sono capitati molti problemi di questo tipo.

Personalmente ho apprezzato il concentrare il film sul rapporto tra Seiya e Saori anche se questo ha obbligato a sacrificare tre protagonisti molto amati dai fan come Shiryu, Hyoga e Shun. La loro presenza è stata mai valutata nel corso della preparazione del film?

TB: *Certo. Gli altri Cavalieri erano presenti nelle prime versioni della sceneggiatura, ma ogni volta ci rendevamo conto che il rapporto tra Seiya e Saori ne usciva indebolito perché riceveva meno tempo nella sceneggiatura. Inoltre gli altri Cavalieri sono davvero personaggi fantastici, a modo loro più interessanti persino di Pegasus stesso, giusto? Però volevamo che Seiya fosse il protagonista principale, e che almeno nel primo film l'attenzione fosse interamente concentrata su di lui.*

Sono rimasto positivamente colpito dalla qualità delle coreografie durante i combattimenti corpo a corpo. Si è trattato di un qualcosa di impegnativo da realizzare?

TB: *Avevo un eccellente coreografo per le scene di combattimento e direttore della seconda unità, Andy Chang. Inoltre, ho un'ampia esperienza nel lavorare con stunt performer sia* dai miei progetti precedenti in Polonia che da The Witcher. Mi trovo molto bene con gli stunt performer, capisco come lavorano; avevamo un sistema ben sviluppato fin dal primo giorno. Le scene di combattimento sono sempre molto impegnative, ma con una squadra esperta, è un piacere. Inoltre, Mackenyu è molto ben preparato fisicamente, quindi abbiamo potuto lavorare sulle scene di combattimento davvero rapidamente, il che è utile per ottenere un buon risultato.

La produzione del film se non sbaglio è stata interrotta dalla pandemia del Coronavirus. Questo evento ha avuto un impatto sul film e costretto a fare dei cambiamenti?

TB: *La location delle riprese è cambiata (inizialmente avremmo dovuto girare in un paese diverso un anno prima), e come ho accennato, quando l'industria cinematografica ha ripreso, tutte le produzioni sono tornate. La nostra squadra ha gareggiato con Borderlands, Halo, Moon Knight e molte altre serie per studi e location, causando ulteriori ritardi e costi. La pandemia ha avuto un impatto significativo anche sulla post-produzione, ma è un argomento lungo.*

L'elemento più divisivo del film sono state probabilmente le armature. Cosa ha spinto a optare per il look finale, e sono mai state prese in considerazione delle versioni diverse più fedeli al look originale?

TB: *Avevamo dozzine di disegni di look diversi, ma è stato ben presto chiaro che 'la carta tollera tutto' - armature di questo tipo, specialmente a causa delle spalliere voluminose, devono essere testate fisicamente sugli attori. Anche piccoli cambiamenti alterano completamente le proporzioni generali. Non è un film animato in cui si ha il controllo sulle proporzioni dei personaggi. Inoltre la sicurezza è una preoccupazione significativa. L'attore deve essere al sicuro durante le acrobazie. Quindi inizialmente abbiamo realizzato armature di carta, poi di metallo, e solo successivamente sono emerse versioni indossabili. È stato necessario apportare dei cambiamenti in ogni fase. Credo che più ci si avvicinava alla fine del processo creativo e migliore l'armatura sembrava, si adattava meglio agli attori e le proporzioni miglioravano. Questo è particolarmente evidente nell'armatura di Nero, creata successivamente e intenzionalmente più pesante per adattarsi meglio.*

Ritengo che l'approccio generale, la costruzione di prototipi fisici, l'uso di soluzioni meccaniche da vere armature storiche, fosse corretto e complessivamente la giusta direzione da prendere. Però il diavolo è nei dettagli e so che le armature sono state controverse, quindi sono contento che alla fine (spoiler), l'armatura di Seiya venga distrutta, così potremo tornarci in futuro con la conoscenza tecnica acquisita in questo film.

Il film purtroppo non è andato molto bene al box office. Quali sono secondo lei le ragioni, e com'è la situazione per un eventuale seguito?

TB: *Spero in un seguito anche se, naturalmente, sarà più difficile ora. Per quanto riguarda le ragioni, non posso parlare di tutto. Solo i miei capelli grigi e i produttori ne sono a conoscenza :-)*

Il senno del poi ha sempre ragione. Ripensando ora al film, quali ritiene siano stati i punti più forti e più deboli? Di cosa è più soddisfatto?

TB: Credo che il cast abbia funzionato davvero bene. Sono stato estremamente fortunato con gli attori. Anche quando abbiamo trovato attori fisicamente diversi dall'originale (Cassios), sono riusciti a portare qualcosa di interessante e fresco ai personaggi. Sono molto soddisfatto di Mark Dacascos come Mylock (Tatsumi), ma anche di Sean, Madison, Famke, Mackenyu e Diego: tutti hanno dato al film un pezzo della loro anima.

Penso che le scene d'azione, le lotte e le coreografie siano riuscite bene. Anche i rapporti tra i personaggi principali. Mi piacciono le scene dell'allenamento sull'isola di Marin. Mi piace molto e ho lottato duramente per la scena (spoiler) in cui Seiya incontra se stesso. Sono soddisfatto della scena finale quando Seiya cammina verso Atena e combatte con il suo potere.

Per quanto riguarda i punti deboli, ci sono molte questioni tecniche che, nonostante gli sforzi veramente dedicati di molte persone, non hanno potuto essere risolte in tempo. Il film ha oltre 1400 immagini con effetti speciali, ma alcune sono meno riuscite e si notano. Penso che qualche settimana in più di lavoro sulle armature avrebbe aiutato. E sarebbe stato molto più facile girare senza Covid. :-D Queste sono tutte lezioni per il futuro.

Di recente la serie live-action di One Piece (con Mackenyu nei panni di Roronoa Zoro) è stata un grande successo su Netflix. Pensa che questo tipo di formato sarebbe più adatto di un film per Saint Seiya?

TB: Sì, ci sto pensando.

Infine, il dio Chronos la manda indietro nel tempo permettendo di cambiare una sola cosa del film: cosa sarebbe?

TB: Ahahah, lo so ma non posso dirlo, sono vincolato da un NDA. [Non-disclosure Agreement, i contratti che vietano di svelare dettagli di un progetto].

La ringrazio tantissimo per il suo tempo e la sua disponibilità!

E SE VINCO ALLA LOTTERIA?

Come abbiamo visto, i Cavalieri nacquero essenzialmente per vendere modellini – un'anima commerciale comune a quasi tutte le serie di successo di quegli anni – e non si può dire che non ci siano riusciti. Dal 1986 ad oggi il merchandise di *Saint Seiya* ha espanso il suo cosmo in ogni direzione, raggiungendo settimo, ottavo e nono senso e conquistando il profondo Averno come l'alto Empireo. Con prodotti per tutti i gusti e tutte le tasche, vediamo cosa può scegliere il fan collezionista.

I MODELLINI DIE-CAST

I *"die-cast"*, così soprannominati dal nome del metallo usato per le armature – il nome corretto sarebbe *Saint Cloth Series* – sono stati i primi modellini dei Cavalieri dello Zodiaco ad essere creati. Furono prodotti dalla Bandai a partire dal 1987 e pubblicizzati per la prima volta nel numero 16 di Weekly Shonen Jump di quell'anno. Sono basati sulle armature viste nell'anime piuttosto che su quelle del manga, e anzi fu proprio la Bandai a chiedere che nella trasposizione queste ultime venissero modificate o ridisegnate, in modo da aver un maggior numero di pezzi di corazza da allegare ai modellini. Alti 12 cm circa, uscirono in Italia divisi in tre serie, corrispondenti alle parti dell'anime (Grande Tempio, Asgard, Nettuno) e vennero pubblicizzati sia sulle riviste che in TV, con appositi promo.

I corpi, quasi completamente di plastica, possiedono vari snodi che danno loro una discreta potabilità, mentre le armature, composte da una quindicina di pezzi, sono prevalentemente in metallo con alcuni pezzi in plastica. Nel complesso, questi modellini rispecchiano abbastanza fedelmente i personaggi raffigurati e soprattutto le loro corazze. Queste ultime, oltre a poter essere montate sul personaggio, possono anche essere assemblate nel cosiddetto "totem" o "object", ovvero il simbolo della costellazione (chi non ricorda la pubblicità della Giochi Preziosi «*trasforma il tuo eroe nel suo simbolo vincente!*»?).

Ne esistono varie serie ed edizioni, talmente tante che si è venuta a creare persino una numerosa community di appassionati italiani riuniti sulla pagina Facebook *Saint Seiya Vintage Legend Italia*. In Italia, sono stati commercializzati verso il 1990 dalla succitata "Giochi Preziosi" divisi in due serie. La prima contiene i cinque protagonisti ed i dodici Cavalieri d'Oro, la seconda i protagonisti con le nuove armature, Castalia, Nettuno, quattro generali (Cavallo del Mare, Kira, Dragone del Mare e Sirya) e quattro cavalieri di Asgard (Orion, Luxor, Artax, Mizar). Per varie ragioni, gli altri personaggi non vennero mai commercializzati.

Alcune edizioni rimangono estremamente collezionabili ancora oggi, in particolare le prime serie giapponesi e in misura minore le prime uscite Giochi Preziosi.

Negli anni, in Giappone e Italia sono uscite diverse ristampe di questi modellini, minate però da problemi di vernici e con alcune piccole differenze. Nel 2002, in occasione dell'uscita dell'Hades Sanctuary, venne prodotta una serie del tutto nuova, con personaggi nel complesso più dettagliati. Dopo circa tredici uscite però, tra cui i primissimi Spectre e le Surplici dei Cavalieri d'Oro rinnegati, la serie è stata definitivamente sospesa per concentrare tutte le risorse sui Myth Cloth.

I MODELLINI MYTH CLOTH

Considerati i modellini definitivi, i modellini della *Saint Myth Cloth Series*, o più semplicemente Myth, esistono dal 2004, anno in cui Bandai mise in commercio i primi cinque personaggi, i protagonisti con le armature V2, con l'intenzione di realizzare una linea deluxe più adatta al collezionismo da vetrina che al gioco. In origine la linea, realizzata per sfruttare l'uscita della serie animata Hades Sanctuary, avrebbe dovuto comprendere appunto solo questi cinque modellini, ma l'enorme successo delle vendite spinse Bandai ad andare oltre e pensionare contemporaneamente la storica linea "diecast", producendo progressivamente tutti i personaggi della serie con un livello di dettaglio sempre maggiore. I protagonisti furono così seguiti dai Cavalieri d'Oro, dagli Spectre e da centinaia di altre uscite che proseguono ancora oggi, a quasi vent'anni di distanza.

Di base, la caratteristica dei Myth è l'incredibile livello di dettaglio presente nelle armature e nei visi, i cui calchi sono appositamente scolpiti per riprodurre il personaggio dell'anime con la massima fedeltà. Ciascun Cavaliere, alto circa 18 centimetri, possiede numerosissimi snodi, vari set di mani e capelli intercambiabili. Oltre all'armatura, prevalentemente in metallo, ogni confezione contiene anche il necessario per montare l'object, e spesso alcuni extra particolari, come teste aggiuntive e in alcuni casi oggetti tipici del personaggio.

Raccapezzarsi tra i modellini Myth non è però facile. Essenzialmente, ne esistono tre linee: *Saint Myth Cloth Series* è quella storica originale e ad oggi comprende i protagonisti con praticamente qualsiasi armatura, i Cavalieri d'Oro, Neri, di Bronzo, d'Acciaio, di Asgard, i Generali degli Abissi, i Rinnegati, qualche divinità, alcuni personaggi degli spin-off (Tenma e Kagaho da Lost Canvas, Koga, Eden e Seiya del Sagittario da Omega, Kyoko, Sho e Ares da Saintia Sho), parte dei Cavalieri d'Argento e degli Spectre, oltre ad alcune appendix migliorative per i primi modelli usciti, resesi necessarie perché negli anni il livello di dettaglio e la qualità della realizzazione è andato continuamente migliorando. Persino i corpi hanno ricevuto varie evoluzioni, aumentando il numero di articolazioni e la già elevata posabilità. Questa serie originale continua a sfornare nuovi personaggi – prevalentemente Cavalieri d'Argento, Spectre e ristampe migliorative della categoria Revival – ma ormai ad un ritmo ridotto visto l'inevitabile calo delle vendite nei decenni e il costante aumento dei prezzi, che in origine oscillava tra i venti e i quaranta euro, ma oggi raggiunge e spesso supera facilmente i cento. Se un modellino ha semplicemente la dicitura "*Myth*", appartiene a questa serie.

C'è poi la linea *Saint Myth Cloth Series EX*, spesso abbreviata in Myth EX, ovvero una nuova edizione di personaggi già usciti in precedenza, con corpi un paio di centimetri

 più alti e totalmente ridisegnati con snodi maggiori per incrementare le pose. Hanno un po' diviso i fan perché al netto delle varie migliorie non sempre i visi sono all'altezza dei Myth originali, ma rappresentano anche un punto d'accesso per i collezionisti della seconda ora, per i quali recuperare tutti i Myth originali sarebbe impossibile. Iniziano comunque a essere numerosi anche loro, visto che coprono i protagonisti in V2 e V3, i Cavalieri d'Oro normali e divini, i Generali degli Abissi, qualche divinità, i tre Giudici degli Inferi, i Rinnegati, altri personaggi degli spin-off e la maggior parte dei Cavalieri di Asgard. Anche per gli EX stan poi iniziando a uscire i Revival visto che nel frattempo il look dei primi appare ormai superato. Costano mediamente più dei classici arrivando a superare regolarmente i cento euro e se un modellino ha la dicitura "*EX*" appartiene a questa serie.

Sia ai Myth regolari che agli EX vanno poi aggiunte svariate versioni alternative, come gli OCE (*Original Color Edition*, ovvero con i colori del manga), le versioni da anniversario tra cui alcune placcate in vero oro ventiquattro carati.

Una storia molto diversa è quella della terza linea, la *Saint Myth Cloth Crown* o semplicemente Crown, affondata miseramente dopo due sole uscite. Si trattava di enormi figure da trenta centimetri totalmente posabili e con armature coperte di fregi, ma anche interamente in plastica per ragioni di stabilità e per mantenere un prezzo contenuto. Vennero messi in commercio solo Pegasus con l'armatura del Sagittario e Nettuno prima che il costo – che arrivava a raggiungere i trecento euro nel caso del secondo – non ne decretasse il fallimento impedendo l'uscita dei già previsti Sirio della Bilancia e Cristal dell'Acquario.

A parte rarissime eccezioni, tutti i modellini Myth possono essere acquistati esclusivamente online o nel circuito delle fumetterie.

GASHAPON, MINIATURE E BUSTI

Un prodotto molto più abbordabile sono i *gashapon*, miniature interamente in plastica di pochi centimetri che in Giappone vengono messe come premi all'interno di particolari macchinette a gettoni. Vera e propria tradizione del paese del Sol Levante, ne esistono a migliaia su praticamente qualunque cosa esistente – persino i dinosauri – e i Cavalieri ovviamente non fanno eccezione. Trattandosi più di una curiosità da ovetto Kinder che di materiale da collezione variano ampiamente in stile, qualità e dettaglio, ma è possibile trovarli online per pochi spiccioli.

Chi invece cerca miniature di miglior qualità può orientarsi su varie serie prodotte su licenza, ma attenzione che siano complete, visto che sovente i collezionisti si ritrovano ad acquistare qualcosa solo per poi scoprire che la produzione è stata interrotta per scarse vendite. È questo il caso di figure anche belle, come la *Cosmos Burning Collection* di Kids Logic (personaggi super deformed di tredici centimetri su piedistallo – esistono solo i protagonisti e circa metà Cavalieri d'Oro), i busti della Medicos (tre protagonisti e tre Cavalieri d'Oro) o quelli Bandai della serie *Saint Mask Chronicle* (due protagonisti e cinque Cavalieri d'Oro).

Incompleti anche i *Saint Dynamic Diorama Panoramation*, che nelle intenzioni di Bandai avrebbero dovuto formare un diorama componibile delle Dodici Case con i protagonisti, i Cavalieri d'Oro e vari effetti speciali per i colpi. Purtroppo le dimensioni ridotte e il prezzo elevato per modelli interamente in plastica han portato a chiudere baracca dopo più o meno due terzi di uscite.

Per fortuna però ci sono anche delle linee che a termine sono arrivate. La più nota, anche se qualitativamente mediocre, è quella degli *Agurama*, figure statiche in plastica con base dei cinque protagonisti e i dodici Cavalieri d'Oro, ma una citazione la meritano anche gli *Es Gokin* della Fewture, modellini snodabili di circa undici centimetri con base dei protagonisti in V1, Castalia e Tisifone. Ben più belli per livello di dettaglio sono comunque i minuscoli totem della Medicos raffiguranti sempre le corazze d'oro, quella di Atena e quelle dei protagonisti in versione V3 ma stavolta in versione object.

Chi invece ama i famosi Funko Pop americani può gioire della recente aggiunta di *Saint Seiya* alle migliaia di figure esistenti con il classico stile capoccione. In corrispondenza della prima stagione della serie *Knights of the Zodiac* sono infatti usciti i cinque protagonisti in V3 e Seiya del Sagittario, cui a fine 2023 si aggiungeranno gli altri quattro protagonisti in armatura d'oro, col vantaggio aggiuntivo del costo estremamente contenuto – circa una quindicina di euro, e dell'agevole reperibilità.

Altre aggiunte recenti sono le deludenti action figure Bandai della serie *Anime Heroes* – modellini di diciassette centimetri interamente in plastica e pensati più come giocattoli che altro, ma purtroppo molto poveri per livello di dettaglio, e le statuine Banpresto della serie *Saint Seiya Cosmo Memoir*, alte diciotto centimetri e dedicate ai personaggi in abiti civili.

STATUE

Se budget e spazio non sono un problema, esiste poi un vero mondo di statue in resina, prodotte su licenza da vari studi sparsi per il mondo. Veri e propri capolavori estremamente dettagliati che spesso superano i dieci o anche quindici chili di peso e i sessanta centimetri di altezza, al costo di varie centinaia di euro e spesso ben oltre il migliaio. Lo studio più noto è probabilmente Tsume – che a sua volta manda avanti parallelamente varie linee diverse per dimensioni e livello di dettaglio – ma esistono anche UP Studio, Queen Studios, GK e il personale preferito di chi scrive, Foc Studios. I soggetti più comuni sono i protagonisti in V1 o V3, i Cavalieri d'Oro, Atena e in casi più rari Generali o Cavalieri di Asgard. La visione dei rispettivi siti è consigliata solo a chi è munito di ottimo autocontrollo.

Da notare che spesso queste statue sono acquistabili solo in preordine versando una caparra uno o due anni prima dell'uscita effettiva, e che trattandosi prevalentemente di studi orientali ai costi del prodotto vanno aggiunti quelli di spedizione e gli oneri doganali.

Ma in fondo, c'è davvero bisogno dell'automobile nuova quando al suo posto si possono avere un paio di statue dei propri Cavalieri preferiti?

ARTBOOK

Neanche chi non ama statue o modellini può dirsi al sicuro. Spostandoci sul cartaceo, ed escludendo le varie edizioni dei manga di cui abbiamo già parlato, il prodotto più interessante sono sicuramente i databook e gli artbook. I primi – noti anche come *mook* – sono un misto di illustrazioni inedite, interviste e materiale accessorio, mentre i secondi sono prevalentemente raccolte di sole immagini. Ne esistono diversi, purtroppo quasi tutti inediti in Italia e quindi da recuperare online o nelle fiere del fumetto.

Per chi preferisce l'anime, i più ricercati sono sicuramente i tre volumi della *Jump Gold Selection*, l'*Hades Visual Remix* e *Hikari*. I primi in particolare risalgono agli anni ottanta e oltre a splendide illustrazioni di Shingo Araki e Michi Himeno contengono bozzetti di produzione, poster, sondaggi e storie extra, anche se la qualità della carta è spesso bassa. *Hikari*, che celebra il contributo di Araki-Himeno all'anime è di qualità ben più pregiata anche se privo di illustrazioni inedite, mentre l'*Hades Visual Remix* ha delle immagini nuove e delle cartoline illustrative in allegato, ma è totalmente incentrato sulla serie Hades Sanctuary.

I sostenitori del manga possono invece cercare *Cosmo Special*, *Burning Blood* e *Sora*. Anche in questo caso il primo è il più interessante visto che uscì quando la serie era ancora in corso e contiene il famoso Ipermito, mentre gli altri due, nonostante la carta di miglior qualità, sono per lo più raccolte di illustrazioni già note create negli anni da Kurumada.

Pregevoli anche l'artbook di *Lost Canvas*, con le belle illustrazioni a colori di Shiori Teshirogi finalmente su grande formato (trattasi tra l'altro dell'unico artbook pubblicato ufficialmente in Italia e quindi più reperibile) e *Precious Artworks*, che raccoglie centinaia di immagini uscite in Giappone per il *Galaxy Card Game*, un gioco di carte collezionabili dei Cavalieri per cellulare.

E ancora *Pia*, databook dedicato a *Saint Seiya Omega*, il piccolo *Saintia Sho Art Collection* sulla serie eponima, *Sanctuary* per festeggiare i trent'anni del manga, *Daikaibo* per riassumere la serie classica prima del lancio di *Knights of the Zodiac* e persino svariati volumi speciali che festeggiano gli anniversari dei modellini Myth raccogliendone in foto tutte le uscite.

Il prezzo degli artbook è molto variabile, ma se le *Jump Gold Selection* o *Cosmo Special* si trovano spesso a cifre abbastanza abbordabili, preparatevi a spendere un bel po' per *Hikari*, probabilmente il volume più raro e costoso di tutti che può tranquillamente superare i duecento euro.

Una menzione speciali infine va a *Hitomi to Tamashii*, artbook dedicato alla memoria e alla carriera di Shingo Araki, pubblicato postumo da suo figlio e contenente illustrazioni provenienti dalle serie principali cui il leggendario artista ha collaborato nel corso dei decenni. Edito a tiratura limitata, è estremamente difficile da trovare e spesso a diverse centinaia di euro.

CEL, DOUGA E SETTEI

Se avete qualche centinaio di euro da parte – o anche diverse migliaia in certi casi – e il vostro sogno proibito è possedere un vero pezzo di *Saint Seiya*, esiste un mercato anche per questo. Le *cel*, abbreviazione di *celluloid*, sono infatti i rodovetri originali utilizzati per animare la serie. Fogli di plastica trasparente, forati per facilitarne la conservazione, sui quali sono letteralmente dipinti uno per uno tutti i fotogrammi dell'anime, mostrando in sequenza i quali venivano creati gli episodi. Non tutte le cel sono perfette – risalendo a oltre trent'anni fa sono spesso danneggiate o prive delle bocche o dello sfondo originale, in ambo i casi disegnati su un altro rodovetro per evitare di doverli riprodurre continuamente. Inoltre una sequenza di animazione possiede relativamente pochi fotogrammi chiave e molte intercalazioni – cel deformate o abbozzate perché destinate a restare in scena solo per frazioni di secondo per simulare il movimento, ma nonostante tutto ogni singola cel rimane un pezzo unico ed estremamente collezionabile.

Il mercato delle cel è cambiato profondamente negli anni. In origine erano considerate poco più che scarti dalle case produttrici e buttate o date via in massa per pochi spiccioli. Poi l'avvento del collezionismo, specie franco-belga, e delle aste online ha fatto levitare immensamente i prezzi, che oggi variano da poco meno di un centinaio di euro per una cel danneggiata o incompleta ad anche decine di migliaia per una scena iconica disegnata da Araki e Himeno.

Leggermente più economici, ma neanche troppo, sono i *douga*, in pratica i disegni a matita che una volta riprodotti su rodovetro e colorati formano le cel. Essendo ancora privi di colore mostrano il disegno originale nella sua forma più pura, spesso evidenziando un pregevole lavoro di ombre e riflessi. I douga sono sempre privi di sfondo e possono mancare anche di occhi, bocca o capelli se questi elementi erano disegnati su un foglio a parte per favorirne l'animazione, ma è più difficile che siano danneggiati o rovinati, e molti tra i collezionisti li preferiscono persino alle cel, contribuendo a spingerne in alto il prezzo. Occorre però fare attenzione alle copie: a differenza delle cel, che per loro stessa natura non possono essere copiate, con i douga esiste anche un mercato delle fotocopie, spesso messe in circolo dai membri stessi dello staff. Di solito sono chiaramente indicate, costano pochi spiccioli e agevolano il collezionista squattrinato, ma essendo un mercato per lo più online i truffatori che cercano di far passare copie per originali sono in agguato.

Versione più abbozzata dei douga sono i *genga*, disegni simili a quelli finali ma che contengono ancora note a matita o piccole correzioni. Ci sono poi i bozzetti, sui quali la figura è appena accennata, e gli *storyboard*, solitamente raccolte di pagine che lo sceneggiatore ha preparato per gli animatori, contenenti uno schizzo molto basilare sulla sinistra e una descrizione testuale della scena sulla destra. Se per i genga è ancora possibile procurarsi un originale, per gli storyboard circolano praticamente solo fotocopie e il loro valore è più storico che artistico.

Infine ci sono i *settei* o *model sheets*, cioè i disegni dei personaggi che vennero creati dal disegnatore principale e distribuiti a tutti i gruppi di animatori per assicurare una coerenza grafica. Mostrano qualunque cosa, dai rapporti tra le altezze dei personaggi alle sfumature esatte di colore da usare per ogni elemento, dalle espressioni del viso da tutte le angolazioni al corpo frontale e di spalle, e ne esistono per qualunque elemento debba comparire in più di una scena, inclusi luoghi, animali, veicoli o danni delle armature. Essendo materiale di produzione solitamente gli originali non escono dagli archivi Bandai e il mercato è composto esclusivamente da fotocopie, ma di recente alcuni set sono comparsi sui siti di aste online raggiungendo rapidamente un costo di migliaia di euro.

VINILI E CD

Per il fan appassionato di musica, le opzioni sono essenzialmente due. I CD dei Cavalieri sono oltre un centinaio, e si avvicinano ai duecento se al conto vengono aggiunte le edizioni con le sigle locali dei vari mercati mondiali, ma il nucleo base sono gli otto CD con l'OST, abbreviazione di *Original Soundtrack* ovvero i brani della colonna sonora della serie classica e dei film. Con una durata tra i trenta e i cinquantacinque minuti, contengono tutte le musiche iconiche composte da Seiji Yohohama, abbellite da splendide illustrazioni di copertina realizzate da Araki e Himeno. Molte delle immagini più belle che probabilmente avete visto in rete provengono da qui.

Per chi invece preferisca qualcosa di più vintage, l'alternativa sono i vinili. Qui la scelta è più ridotta: sette LP di OST, quattro Collection con i brani cantati (tutti totalmente rimossi dalla versione italiana dell'anime) e tre mini da 45 giri con altrettanti singoli contenenti le sigle di apertura e chiusura o canzoni giapponesi della serie – peraltro già presenti tra le OST. Oltre al fascino del vinile il bello di questa versione è il formato, con le illustrazioni particolarmente d'impatto sui cartoncini di grosse dimensioni, ma col passare degli anni stanno diventando progressivamente più rari e il prezzo per ciascun disco varia tra i cinquanta e i quasi trecento euro.

Tornando ai CD, oltre a quelli con l'OST sono presenti sigle, canzoni cantate, compilation, collezioni, colonne sonore dei videogiochi e degli spin-off e alcuni drama, ovvero CD recitati in giapponese in cui i doppiatori originali interpretano un dialogo tra i rispettivi personaggi. Anche in questo caso il prezzo è molto variabile e i drama in particolare sono rari da trovare, ma con un po' di pazienza è possibile reperirli presso diversi negozi giapponesi di aste online o prodotti usati.

CARD

Il mercato delle card da collezione è uno dei più fiorenti e ricchi al mondo, e ovviamente i Cavalieri non fanno eccezione. Possono essere idealmente divise in due grossi filoni: le *trading card*, ovvero card che formano una serie senza alcuna funzione aggiuntiva, e le *gaming card*, cioè quelle card che oltre ad essere collezionate possono essere utilizzate per appositi giochi da tavolo. Esistono numerose serie di entrambe, anche se tra le due sono decisamente più ricercate e collezionabili le prime, ma anche più rare e costose.

Tra le trading card, vale la pena di ricordare le *Movie Cards* prodotte da Amada. Sono due serie prodotte nel 2002 e incentrate sui quattro film dell'anime. La prima serie copre i primi due film, e la seconda il terzo e il quarto. Ogni serie è composta da 212 cards, di cui 180 normali, 28 olografiche e 4 speciali. Le 180 cards normali e le 28 olografiche ristampano fotogrammi dei film, diversi sul fronte e sul retro (tranne le card olografiche della prima serie, che ristampano lo stesso fotogramma). Il fotogramma sul fronte solitamente prende l'intera card, mentre quello sul retro è più piccolo e lascia spazio a del testo. A volte, sul retro ci sono anche tre o quattro fotogrammi diversi. Le card speciali sono rarissime e online possono essere vendute anche a quasi 100 euro l'una perché al posto del fotogramma c'è un disegno inedito di Araki-Himeno.

Ancora più ricercata è la serie di trading card *Saint Seiya Paradise*, note per lo più come card SD, abbreviazione di *Super Deformed* per via dello stile fumettoso in cui sono resi i personaggi basato sul gioco per Game Boy *Saint Paradise*. Sono un gruppo di 126 carte – di cui 18 olografiche – divise in tre mazzi, prodotte dalla Bandai tra il 1991 ed il 1992 e ristampate proprio quest'anno con l'aggiunta di sette nuove card olografiche. Le card mostrano i personaggi della prima parte della serie e del primo film, e se quelle regolari possono essere pazientemente cercate e collezionate una per una, le olografiche originali sono invece rarissime e possono arrivare a costare anche diverse decine di euro ciascuna. Per di più esistono delle versioni aggiuntive che proseguono le serie con i personaggi delle saghe di Asgard e Nettuno, ma in questo caso si tratta di materiale cinese non ufficiale.

Sempre tra le trading card meritano di essere segnalate la serie Amada del 2000, che raccoglie tutti i personaggi della serie classica, e quella del 2003, che ripercorre invece le scene principali della serie classica e dell'Hades Sanctuary. Ci sono poi diverse serie di card italiane per lo più prodotte nei primi anni duemila, in corrispondenza del ritorno della serie in TV. Le più note sono le Lamin Card della Edibas e le Metall Card (volutamente con doppia elle perché metalizzate...) della Preziosi Collection.

Passando alle *gaming card*, le più note sono quelle della serie Crusade, gioco Bandai per il quale sono state create card praticamente da qualsiasi anime esistente. I Cavalieri sono stati sfruttati a più riprese con card dalla serie classica, Omega e persino Legend of Sanctuary. Da citare anche la serie *Card Game Collection* della Amada, 186 card divise tra mazzo base ed espansioni prodotte nel 2004 con un misto di fotogrammi della serie animata e disegni inediti che non sono però opera di Araki-Himeno. Le card con disegni inediti sono abbastanza ricercate ed esistono in doppia versione normale e olografica, il che rende la serie particolarmente difficile e costosa da completare.

Ci sono poi un gioco di carte in italiano prodotto da Preziosi Collection, un mazzo di carte da poker, card telefoniche e abbastanza serie minori da poter riempire un libro da sole.

VIDEOGIOCHI

Considerato il successo che i Cavalieri dello Zodiaco hanno avuto nel mondo, sono stati loro dedicati relativamente pochi videogiochi ufficiali, e per lo più si è trattato di cose per GameBoy e Nintendo usciti sul finire degli anni ottanta. I videogiochi moderni si sono inizialmente limitati ad un Typing Game per PC, impreziosito da splendide illustrazioni inedite di Araki ma purtroppo disponibile solo in Giapponese, e due giochi per Playstation 2 intitolati rispettivamente *I Cavalieri dello Zodiaco - Il Santuario* e *I Cavalieri dello Zodiaco - Hades*. Realizzati da Bandai Namco, appartengono al genere picchiaduro, ovvero incentrato completamente sui combattimenti tra i personaggi. Il primo gioco è ambientato sulla parte delle Dodici Case e per vincere è necessario sconfiggere uno per uno tutti i Cavalieri d'Oro in una serie di scontri, fino a raggiungere le stanze del Grande Sacerdote. Il secondo copre invece la prima metà della serie di Hades e mette il giocatore di fronte ai Cavalieri d'Oro rinnegati e ai tre Comandanti di Ade. La grafica è interamente in 3D, è possibile riprodurre tutti i colpi segreti visti nella serie, la colonna sonora è dinamica ed evocativa e ciascun gioco include svariate modalità, tra cui persino una in cui si gioca dalla parte dei "cattivi". Per contraltare, i personaggi presenti sono abbastanza pochi e mancano le serie di Asgard e Nettuno. Entrambi i giochi sono stati commercializzati in Italia dalla Atari, anche se l'audio è disponibile solo in Giapponese e Francese.

L'avvento della Playstation 3 ha poi visto uscire *I Cavalieri dello zodiaco - Cronache di guerra*, gioco di genere *musou* in cui bisogna sempre scalare le Dodici Case e sconfiggere i Cavalieri d'Oro, ma tra un tempio e l'altro ci sono da affrontare e spazzare via anche centinaia di soldati semplici o Cavalieri Neri. Pur coprendo principalmente l'arco delle Dodici Case, questo gioco ha iniziato a sondare il territorio per le saghe successive rendendo giocabili Sirya, Kanon Dragone del Mare, Pegasus con l'armatura di Odino e Radamante.

L'esperimento dev'essere andato parzialmente a buon fine visto che nel 2013 sempre Bandai ha fatto uscire *Saint Seiya: Brave Soldiers*, abbandonando il genere *musou* a favore di un ritorno ai picchiaduro classici ma rendendo giocabili non solo varie versioni dei protagonisti e dei Cavalieri d'Oro ma anche tutti i Generali degli Abissi, i tre Giudici di Ade, Hades, Hypnos, Thanatos e qualche personaggio extra come Asher dell'Unicorno, Castalia, Tisifone e Orfeo.

L'unica grossa carenza restante, i Cavalieri di Asgard, è stata colmata dal gioco successivo uscito nel 2015 col titolo *Saint Seiya: Soldiers Soul*. Primo gioco dei Cavalieri per Playstation 4 e primo picchiaduro per PC, si tratta essenzialmente di un seguito di *Brave Soldiers* con in più i Cavalieri di Asgard e le versioni divine delle armature d'oro viste in *Soul of Gold*. A oggi, è l'ultimo grande gioco per console a essere uscito su Saint Seiya. A oggi, è l'ultimo grande gioco per console a essere uscito su Saint Seiya, se si esclude la presenza di Pegasus e Sirio in *Jump Force*, videogame che fa coesistere tutti i protagonisti delle principali serie Bandai.

Nel mondo del portatile invece, dopo una serie di giochi per Game Boy e simili, il primo prodotto interessante è stato *Saint Seiya Ultimate Cosmo*, uscito nel 2013 per PSP e basato su *Saint Seiya Omega*, con una storia inedita e persino alcuni nuovi segmenti animati. A differenza dei vari giochi per Playstation citati finora, non è mai uscito in Italia.

La grossa esplosione però è arrivata con i *mobile games*, giochi per cellulare che sfruttano la potenza sempre maggiore dei telefoni portatili. Dopo alcuni giochi essenzialmente di card inediti fuori dal Giappone ma contraddistinti dalla bellezza delle illustrazioni – in particolare il *Galaxy Card Game* del quale è stato poi creato l'artbook *Precious Artworks* citato in precedenza – sono usciti nel giro di qualche anno *Saint Seiya Cosmo Fantasy* (2016), *Saint Seiya: Awakening* (2019), *Saint Seiya: Galaxy Spirits* (2019), *Saint Seiya Shining Soldiers* (2020) e *Saint Seiya: Legend of Justice* (2023). Giochi tutti diversi tra loro ma accomunati dal sistema delle microtransazioni che facilitano l'acquisto delle risorse necessarie per potenziare sempre di più i propri personaggi e affrontare sia i nemici della modalità storia che altri giocatori in match online. Tra questi, solo Awakening della ditta cinese Tencent e il recente Legend of Justice di Bandai sono ancora attivi.

E NON FINISCE QUI

Artbook, modellini, sculture, busti, gashapon, videogiochi e card sono solo una piccola parte dell'enorme merchandising dedicato ai Cavalieri dello Zodiaco. Con in bella vista il logo dei nostri eroi esistono calendari, giochi di scacchi, puzzle, sculture, bicchieri, accendini, giochi da tavolo, maschere di Carnevale, tavolette plastificate, orologi, scarpe, poster, tagliacarte, anelli, carte da gioco, cards, cartoline e persino asciugamani, borse in poliestere, boxer, liquori e t-shirts. Insomma, se c'è una stanza vuota che proprio non sapete come usare, è arrivato il momento di riempirla.

Le ultime due interviste del libro non sono ad addetti ai lavori, ma a due belle realtà nate dalla passione dei fan, che partendo proprio dal merchandise elencato finora hanno saputo creare progetti in grado di formare attorno a loro vere e proprie rigogliose community di appassionati che bruciano dentro di sé il cosmo dei Cavalieri dello Zodiaco. Si tratta di Saint Seiya Vintage Legend Italia, gruppo nato attorno alla passione per il collezionismo dei vecchi modellini die-cast, e di Saint Seiya Il Mito, ambizioso e ammirevole progetto di videogioco tutto italiano.

CINQUE DOMANDE CON: SAINT SEIYA VINTAGE LEGEND ITALIA

Saint Seiya Vintage Legend Italia è una bella realtà di collezionismo sui Cavalieri che ha portato persino alla creazione di un bel volume. Tu che ne sei il fondatore, Frank, puoi raccontarci com'è nato?

FC: *Ciao Roberto, voglio iniziare col ringraziarti per l'invito.*

Hai proprio ragione, siamo una bella realtà e anche una grande famiglia, con più di 10.000 iscritti, un record a livello mondiale per quanto riguarda i gruppi a tema. Il progetto, ovvero il libro "L'universo vintage su Saint Seiya", in realtà è nato due anni fa con un primo volume di 50 pagine (che in teoria non avrebbe dovuto avere un seguito), uscito a maggio 2021.

Tale progetto è nato soprattutto in risposta alle tante richieste dei nostri iscritti, i quali molto spesso mi scrivevano, su Messenger, su WhatsApp o anche sul gruppo stesso, chiedendomi qualcosa in tal senso. Questo primo volume, dedicato principalmente ai neofiti, a chi aveva voglia di iniziare a collezionare e a chi voleva fare un tuffo nel passato, conteneva molte informazioni importanti, tra cui ad esempio le Arene e i personaggi più rari o anche come evitare di prendere fregature sull'acquisto di pezzi sfusi e no, spiegando anche le differenze tra le varie edizioni. Il successo di questo primo volume fu tale che ne dovemmo realizzare ben tre stampe.

Dopo l'uscita dell'ultima ristampa (febbraio 2022), visto il successo ottenuto, decisi di ampliare la cosa e di annunciare la realizzazione di un secondo volume, di ben 223 pagine, il quale poi uscì ufficialmente a maggio 2022. Inoltre, all'inizio l'opera non aveva un nome ben preciso ma si intitolava semplicemente SAINT SEIYA VINTAGE LEGEND ITALIA – IL LIBRO; dalla terza ristampa del primo volume e con la realizzazione del secondo, alla fine decisi di dare un nome vero e proprio a tutta l'opera, ossia "L'universo vintage su Saint Seiya" Vol.1 e Vol.2.

Altro particolare interessante è che i primi due volumi furono stampati in un numero limitato di copie, in base alle richieste degli iscritti/appassionati in genere e che per averli era necessario contattare lo staff del gruppo, in quanto non erano disponibili da prenotare su piattaforme di e-commerce, librerie, ecc... Nonostante questo e considerando anche che furono scritti solo in lingua italiana, i due volumi furono acquistati non solo in Italia ma anche in altre nazioni, come Francia, Spagna, Brasile, Perù e persino in Texas.

Il tutto doveva poi finire lì, anche se in verità non ero del tutto soddisfatto: volevo fare in modo di rendere l'opera sempre disponibile e non dover aspettare un certo numero di richieste prima di poter mandare il tutto in stampa. Nel frattempo, aumentavano anche gli iscritti, con una media di dieci al giorno; di conseguenza aumentavano anche le richieste e quindi decisi che era arrivato il momento di fare un qualcosa in più. In primis, ho unito i due volumi in un unico libro "migliorato", in quanto non mi sono limitato a fare semplicemente copia e incolla: innanzitutto ho migliorato la qualità delle foto, questo perché la fotocamera che avevo all'epoca delle prime stesure non era ad alta risoluzione; ho aggiornato poi i vari capitoli con nuove info sulle ultime scoperte ed infine ho risistemato il tutto in ordine cronologico. Il risultato finale fu un'opera di ben 314 pagine con indice e prefazione inclusi.

Il mio vero obiettivo però, come già detto, era di poter rendere "sempre disponibile" la mia opera, quindi non più attendere un certo numero di richieste per stampare poi un numero di copie limitato, ma poter far affidamento su un editore che pubblicasse il tutto e che avrebbe consentito agli appassionati di poterlo acquistare senza vincoli tramite store on-line, librerie, cartolibrerie e fumetterie. Tutto questo è stato possibile grazie a un caro amico che mi ha consigliato il sito Youcanprint, grazie al quale il nostro desiderio è divenuto realtà, facendo felici anche tantissime persone.

Devo confessare che sono rimasto di stucco perché, come già detto per i volumi precedenti, anche quest'ultimo è stato acquistato non solo in Italia ma in diverse parti del mondo, nonostante sia scritto solo in italiano (persino a Hong Kong!); inoltre, non pensavo che potesse avere così tanto successo, visto che si parla dei vintage a 360 gradi ma non dei Myth, delle varie serie animate o dei Cavalieri in generale; questo perché in Italia il collezionismo dei modellini vintage rappresenta purtroppo un popolo di nicchia.

Il gruppo Facebook invece nacque due anni prima, precisamente il 18 maggio del 2018. All'inizio ero da solo a gestire il tutto ma poi col tempo si aggiunsero altre persone allo "Staff", tra tutti mia moglie Alessandra e il mio carissimo amico Leonardo, il quale mi aiuta sia nella realizzazione di video per il nostro canale Youtube che nelle varie esposizioni che abbiamo fatto e che continuiamo a fare, quando possibile, in varie zone d'Italia; il tutto fatto a titolo totalmente gratuito, in quanto nulla di ciò che esponiamo viene messo in vendita (purtroppo per il dispiacere di tanti che, vedendo le nostre collezioni, pensano di poter acquistare qualcosa e tutte le volte ci rimangono male).

Personalmente, da quando ho creato il gruppo, non immaginavo che in meno di quattro anni arrivasse a diventare la community più grande al mondo sui modellini vintage dedicati ai Cavalieri, proprio perché, come già detto, siamo un popolo di nicchia; inoltre, gli stranieri spesso e volentieri snobbano i gruppi italiani, in quanto la maggioranza di loro vende e preferisce farlo in patria. Far crescere il gruppo non è stato per nulla facile e chi mi conosce sa quanto mi sono impegnato in tal senso.

In cinque anni abbiamo creato anche il sito e soprattutto il canale Youtube (primo ed unico in Italia) i quali, a differenza del gruppo Facebook che è privato, sono pubblici e quindi chiunque può consultarli per sapere molte cose sui vintage senza per forza essere iscritto al nostro gruppo, il che non è da tutti, credimi.

Sul nostro canale Youtube è possibile non solo visionare i dossier relativi ai vari modellini, ma anche le interviste realizzate con i doppiatori della serie TV, ossia: Dania Cericola (Lady Isabel), Adriana Libretti (Castalia), Ivo De Palma (Pegasus), Andrea De Nisco (Andromeda), Alberto Sette (Loki nel film "L'ardente scontro degli Dei, Gemini nel film "La leggenda dei guerrieri scarlatti" e Mur dell'Ariete nella serie di Hades) e l'immancabile Stefano Cerioni, dialoghista del periodo storico, il quale è stato anche graditissimo ospite in molte altre nostre live, assieme anche a De Palma; In una di queste ultime ho avuto addirittura l'occasione e l'onore di interpretare, assieme allo stesso De Palma, una scena della serie, ovvero quella dove Pegasus (interpretato da lui) e Sirio (interpretato da me) si trovano all'entrata della quarta casa di Cancer, ricevendo i complimenti da tutti, Cerioni e De Palma compresi. Infine, tutti i doppiatori, compreso lo stesso Cerioni, hanno realizzato dei video promozionali per il libro.

Personalmente, come fan storico dei cavalieri, non potevo desiderare di meglio: una grande gioia, nonché una enorme soddisfazione personale.

In Giappone ho visto die-cast originali dei Cavalieri superare anche i quarantamila yen. Secondo te cosa li rende così ricercati e collezionabili? Qual è la figure più rara in assoluto?

FC: *Oggi esistono alcuni Myth in "limited edition" e la maggior parte crede sia una cosa solo attuale. In realtà, Bandai già all'epoca produsse diversi modellini vintage sui Cavalieri in edizione limitata ma solo per il mercato giapponese. Purtroppo, ancora oggi leggo di persone che credono sia stata per colpa di Giochi Preziosi se in Italia non arrivarono tutti i personaggi; in realtà non è assolutamente così, in quanto gli stessi personaggi arrivati e distribuiti nel nostro paese furono gli stessi anche in Spagna e in Francia. I modellini vintage in edizione limitata si ottenevano solo tramite concorsi: per alcuni personaggi, come ad esempio tipo Megrez, Crisaore, Lemuri ecc. bastava ritagliare e raccogliere i bollini posti nella parte posteriore dei box Japan; per altri personaggi invece bisognava acquistare anche le VHS della serie; in realtà è un discorso abbastanza lungo da affrontare ma, per fortuna, è possibile trovare tutte le informazioni necessarie nel libro.*

Anche in Italia nel 1990 fu indetto un concorso ma la cosa era diversa: il premio in palio era l'Arena dei Cavalieri e per ottenerla bisognava ritagliare e raccogliere i codici a barre sui box, spedire una foto della propria collezione e sperare di essere uno dei fortunati vincitori.

Tornando alla tua domanda, i modellini più rari in assoluto sono: il Grande Sacerdote, il Sagittarius Fake Galaxian War, la Odin God Robe, i Black Saint V1, i Memorial Gold V1 e i Black Saint V2.

Occorre precisare però che i Memorial Gold V1 e i Black Saint V2 furono, in realtà, degli extra creati apposta da Bandai (le ragioni sono spiegate all'interno del libro), ed ovviamente non arrivarono mai da noi; all'epoca però, nel nostro paese circolavano, nei negozi di giocattoli, nelle cartolerie ed anche su alcune bancarelle, alcune edizioni "Fake" dei vintage, in particolare dei Memorial Gold V1. Ad oggi sono praticamente introvabili, specie per quanto riguarda Pegasus e Phoenix, quest'ultimo in Italia non arrivò; all'epoca il più comune in Italia, quindi il meno costoso, era Hyoga.

Ritornando al discorso precedente, purtroppo, essendo dei veri e propri modellini in Limited Edition ed essendo passati più di 30 anni sono, in primis, difficilissimi da reperire e quindi chi li vende, al di là delle condizioni, propone dei prezzi troppo, troppo alti. Nel 2022, con un po' di fortuna un Black V1 lo si poteva acquistare per 700-800 € al massimo (con il bollino sul retro del box ancora intatto). Ad oggi, con il bollino o senza, chi li vende tenta di approfittarsene, pur consci che potrebbero restare invenduti per anni ed anni. D'altronde, i venditori sanno che in nazioni come Argentina, Brasile e Messico ci sono collezionisti disposti anche a spendere cifre folli come quelle attuali; in parole povere, aspettano solo di trovare chi ha soldi da spendere. Purtroppo, per quanto riguarda noi italiani, la faccenda è molto diversa: se già si faceva fatica a spendere 700€ per un singolo personaggio, figurarsi oggi che vengono venduti anche a 5.000 € cadauno; la cosa buffa è che, da 700€ a 5.000€, la differenza è enorme e il tutto è avvenuto nell'arco di pochi mesi e non di anni.

In Italia con Giochi Preziosi ci sono state diverse versioni dei die-cast dei Cavalieri – scatole blu, scatole a tempio, le ristampe degli anni duemila. A parte la confezione che non sempre è presente nei prodotti usati, su cosa bisogna basarsi per distinguerle?

FC: *Grazie all'edizione 2000/2001, la quale fu una collaborazione tra Giochi Preziosi e Yamato, siamo l'unica nazione al mondo ad avere avuto ben quattro edizioni dei modellini vintage sui Cavalieri, ovvero la prima edizione datata 1990, con scatola azzurra; la seconda edizione, sempre nel 1990, con scatola a tempio (ebbene sì, due edizioni nello stesso anno); l'edizione datata 2000/2001 e l'edizione datata 2007/2008.*

A differenza però delle prime due (e dell'ultima edizione del 2007/2008), l'edizione del 2000/2001 non è stata prodotta da Bandai, ma è bensì un prodotto Made in China. Per realizzare i Cavalieri d'Oro furono utilizzati gli stessi stampi dei SendoSeya (altro prodotto Made in China non ufficiale risalente proprio al 2000), mentre per i Cavalieri di Bronzo V1 vennero utilizzati quelli dei Saint Fighter (prodotti anch'essi Made in China ma risalenti al periodo storico, ovvero gli anni 80/90). Come è facile intuire, questi prodotto furono, per così dire, "una copia della copia" e questo spiega perché, oltre alle colorazioni, anche la qualità risulta estremamente carente. L'unica cosa che fece Giochi Preziosi in questo caso fu quella di pagare per i diritti d'immagine; in questo modo sui box del 2000/2001 furono stampati i disegni originali, cosa che invece non avvenne nel 1990, nonostante fossero, come già detto, prodotti ufficiali Bandai.

Purtroppo, molti venditori se la giocano con i meno esperti insistendo sul fatto che, siccome ci sono i diritti d'immagine accompagnati dal logo Giochi Preziosi, allora sono comunque da considerarsi un prodotto ufficiale, cosa assolutamente non vera.

Per rispondere all'ultima parte della tua domanda, il mio consiglio è, innanzitutto, quello di acquistare il libro, che è nato anche per questo, per spiegare bene tutto quanto ed evitare possibili "fregature" da parte dei venditori o presunti tali (privati e no), nonché di contattare me o i ragazzi dello Staff per qualsiasi dubbio o domanda.

Secondo te l'esplosione della serie Myth ha impattato in qualche modo il mondo di collezionisti di die-cast dei Cavalieri o li ritenete prodotti diversi per generazioni diverse?

FC: *Solo in parte. I primi Myth Cloth, specie i Bronze Saints V2, non erano propriamente uno spettacolo dal punto di vista estetico. Inoltre, nello stesso periodo, Bandai stava proponendo le ristampe dei modellini vintage, prodotte per suo conto dalla delegazione cinese con sede a Hong Kong (edizione Bandai HK). Purtroppo però, se da un lato ci furono delle modifiche e delle migliorie (come ad esempio la creazione di personaggi inediti), dall'altro la qualità generale del prodotto era veramente molto scadente: ad esempio potevano capitare omini con le articolazioni delle ginocchia rotte, corpi che si rompevano al minimo tocco, pezzi dell'armatura con il colore già scrostato e puntinato ancor prima di aprire il blister di plastica trasparente; considerato poi il costo abbastanza elevato ed il fatto che per montarli bisognava avere una precisione chirurgica, si può tranquillamente dire che il gioco non valeva la candela. I Myth Cloth, al contrario, erano un prodotto di ottima qualità, dalle colorazioni ai materiali e questo incise non poco sul cambiamento di rotta. Infine, fu proprio scarso successo nelle vendite delle ristampe HK, dovuto appunto alla pessima qualità e ai prezzi elevati, a segnare il definitivo passaggio ai Myth Cloth a discapito dei vintage.*

L'anno prima del Covid-19, in Giappone, pur di liberarsene, li vendevano a prezzi bassissimi, anche ad esempio a 15 € cadauno. Ad oggi sono molto difficili da reperire, specie in buone condizioni e alcuni personaggi sono ancora molto richiesti: ad esempio, il Pope e il Sagittarius Fake (si esatto, gli stessi citati prima tra i personaggi inlimit ededition).

Essendo però delle ristampe, rispetto agli originali storici hanno un costo molto minore e molti collezionisti si accontentavano già allora pur di avere certi personaggi nella propria collezione (e si accontentano ancora oggi). Ovviamente anche per le ristampe vale lo stesso discorso già affrontato in precedenza: se fino a due anni fa un Pope lo si poteva trovare a 90€, oggi lo si trova anche a 500€; anche in questo caso non è detto che si trovi qualcuno disposto a spendere certe cifre, ma meglio 500€ piuttosto che 5000 € dico io (poi ognuno è libero di scegliere come gli pare).

Per concludere, volevo dire che vintage e Myth Cloth possono si essere visti come prodotti diversi per diverse generazioni, ma che comunque sono legati indissolubilmente e rappresentano l'evoluzione di un collezionismo.

Quali sono i die-cast italiani più rari e ricercati? C'è un tesoretto che i fan dovrebbero cercare in soffitta?

FC: *Fino al 2021, tutto sommato, era abbastanza facile reperire modellini vintage in generale: questo vale sia per le prime edizioni, scatole azzurre e a tempio, sia per le ultime, con box che senza. Purtroppo, dal 2022 fino ad oggi le cose sono molto cambiate (in peggio aggiungerei).*

Se fino a poco tempo fa si potevano trovare personaggi con box perfetto, completi di tutti i pezzi ed in condizioni ottimali, ad un prezzo ragionevole, oggi purtroppo avviene l'opposto: oggetti il cui valore reale sarebbe di 50€, li puoi trovare anche a 100€ e non necessariamente in condizioni; quindi, se qualcuno pensa che, trovando in soffitta uno o più modellini, possa avere in mano un tesoro e fare soldi facili, beh, sbaglia di grosso. A causa appunto dei pezzi troppo pompati, sono in pochissimi al giorno d'oggi quelli che acquistano modellini vintage dei Cavalieri e questo è purtroppo un dato di fatto. Troppe volte ho cercato di farlo capire ai venditori, ma a causa delle tante richieste molti ne hanno approfittato e questo purtroppo ha scoraggiato molte persone dall'intraprendere questo collezionismo; altri invece hanno preferito dedicarsi ad altre serie vintage come He-Man, Batman TAS, ecc... rendendo, quindi, ancor più di nicchia il collezionismo dei modellini vintage dei Cavalieri.

I modellini più rari e ricercati ad oggi in Italia sono: Pegasus V1 con scatola azzurra; Pegasus V1 con scatola a tempio; Phoenix V1 con scatola a tempio; Andromeda V1 con scatola a tempio; Cancer con scatola a tempio; Andromeda la notte (V2); tutti i Generali degli Abissi, compreso Poseidone (Nettuno).

Tutti i personaggi restanti sono comunque, ad oggi, molto difficili da reperire, ma i più rari in assoluto sono quelli sopra citati; inoltre, è scontato dire che anche quelli che non sono stati menzionati, in breve, anzi, brevissimo tempo, diventeranno sempre più rari e quindi costosi.

Ci possiamo solo augurare che tutto torni come qualche anno fa, anche se personalmente ne dubito fortemente. Qualcosa sta iniziando a muoversi, ma molto lentamente e, al di là del prezzi, il vero problema è che sono pochi quelli che se ne privano. Ad esempio, io stesso mi priverei dei Myth Cloth ma mai dei miei modellini vintage.

Infine, una domanda bis. Visto che sul vostro libro ci sono sicuramente tutte queste informazioni e anche di più, dove lo si può acquistare?

FC: *Il nostro libro può essere ordinato in ogni libreria, fumetteria o cartolibreria d'Italia e in tutti gli Store On Line: Youcanprint, Amazon, La Feltrinelli, Mondaddori, Kobo e Ibs.*

CINQUE DOMANDE CON: SAINT SEIYA IL MITO

Ciao! Per prima cosa potete presentarvi e raccontarci com'è nata l'idea e l'origine del vostro progetto, e quali sono state le maggiori difficoltà da superare.

SST: *Ciao, siamo il Saint Seiya Team, composto da vari membri, partendo da quelli più anziani e presenti nel progetto: KingSeiya, Tux, Alabaster, Zell, Sarednab, Arséne Lupin, ecc... fino ad arrivare ai vari beta-tester (il cui elemento più esperto è Scorpio Caesar). Inizialmente i più anziani di noi lavoravano per il MUGEN, motore sviluppato della ElecByte per creare picchiaduro in 2D per PC Windows, ma anche per Saint Seiya Densetsu su RPGMaker 2000 della EnterBrain, interfaccia di sviluppo per creare giochi di ruolo (sempre per Windows). Con il tempo abbiamo valutato come poter fondere i due aspetti in un unico gioco, così è nato Saint Seiya -Il Mito-, usando il più nuovo RPGMaker 2003. Grazie al supporto di EasyRPG, progetto amatoriale e open-source di un gruppo di lavoro principalmente spagnolo, siamo riusciti a far funzionare -Il Mito- anche su dispositivi Android (è disponibile sul Google Play Store) e speriamo a breve anche su Linux, macOS e iOS (giustamente abbiamo tanti fan che usano prodotti Apple, tutti devono poterci giocare, se lo vogliono). Le idee erano (e sono) tante, vorremmo poterle concretizzare tutte, ma purtroppo dobbiamo far fronte al nostro più grosso problema: la mancanza di tempo da poter dedicare al gioco. Ma anche la difficoltà a reperire validi collaboratori (programmatori, grafici, traduttori, ecc...). Le difficoltà sono tante, non vorremmo sembrare presuntuosi, ma abbiamo sempre trovato il modo di andare avanti: abbiamo tutti accumulato esperienza e capacità sia con RPGMaker 2003 che con programmi esterni per realizzare audio, grafica e tutte le risorse necessarie al progetto; crediamo che ormai non ci sia praticamente più nulla che non siamo in grado di realizzare per -Il Mito-... ma si sa, la vita può stupirti sempre e non si smette mai di imparare!*

Quali sono secondo voi le cose più fondamentali da tenere a mente per creare un bel videogioco sui Cavalieri?

SST: *Tralasciando il discorso puramente grafico, pensiamo che sia il caso di dare molta importanza alla colonna sonora: spesso una musica azzeccata crea da sola l'atmosfera giusta e trasmette immediatamente qualcosa al giocatore. Ci sono delle basi su cui si fonda l'intera saga di Saint Seiya e vanno assolutamente rispettate: ovviamente la storia (senza necessariamente copiarla pari pari). Ma soprattutto gli eroi "giocabili" - e in generale un po' tutti i personaggi - vanno caratterizzati senza fermarsi al puro aspetto estetico, specialmente in un Action JRPG (Japanese Role Play Game) come il nostro. I punti di forza di Saint Seiya sono le armature, i colpi segreti, la mitologia, i combattimenti, i dialoghi durante gli scontri, le costellazioni e l'evoluzione dei protagonisti durante lo svolgersi degli eventi. Più alcuni "dettagli" da non trascurare, come ad esempio la regola per cui "un colpo segreto non è efficace se lanciato una seconda volta contro un Cavaliere/Saint"; oppure le regole della cavalleria, che prevedono scontri ad armi pari uno contro uno; o ancora il Cosmo e il rango dei personaggi, che ne determinano, in parte, la forza. Se queste cose non venissero considerate... ci troveremmo di fronte ad un gioco qualunque, travestito da Saint Seiya.*

Altro punto che riteniamo importante è la giocabilità e ri-giocabilità; in altre parole, la domanda da porsi è: quanto il giocatore è invogliato a giocare ancora dopo aver completato il gioco la prima volta? Una cosa utile al fine di raggiungere tale scopo è creare dei "bivi", in modo che, giocando più volte, sarà quasi sempre possibile vedere e scoprire cose nuove.

Ovviamente siete partiti adattando la serie classica, anime incluso. In futuro pensate di espandervi a includere anche qualcosa dagli spin-off o per ora sono fuori programma? Qual è la vostra visione finale per il gioco?

SST: *Ci siamo basati sulla serie classica anime/manga, un mix di entrambi con l'aggiunta di alcune parti originali inventate da noi. Il nostro obiettivo primario è completare la storia fino al termine della Corsa alle 12 Case (Capitolo 8) ma, tempo permettendo, vorremmo andare anche oltre (ad esempio buona parte della serie di Asgard è già inserita nel progetto). Attualmente sono già presenti numerosi riferimenti a Lost Canvas, Episode G, Episode 0, Origins, Gigantomachia e Saintia Sho. Sono tutti elementi che vanno ad arricchire e completare la storia originale, eliminando alcuni "buchi di trama". Il gioco completo dovrebbe contenere 18 capitoli che, nel limite delle nostre possibilità, copriranno tutto l'arco narrativo della serie tv, degli OAV, dei vari manga, e dei racconti narrati su Shonen Jump, mantenendo sempre come protagonisti i cinque Cavalieri di Bronzo principali.*

Tanti progetti di videogiochi anime amatoriali una volta arrivati a buon punto sono stati fermati dalle ingiunzioni "cease and desist" di Bandai e soci. Avete mai avuto contatti con i detentori dei diritti ed è qualcosa che temete o magari sarebbe possibile una collaborazione?

SST: *Abbiamo avuto e stiamo avendo contatti con Bandai Europe e Bandai Italia (ovviamente), ci piacerebbe molto in futuro vedere il nostro gioco pubblicato anche in Asia e soprattutto in Giappone, dove è nato Saint Seiya grazie al genio di Masami Kurumada. Ma sappiamo quanto questo sia difficile... Tuttavia sarebbe una grandissima soddisfazione per noi, che da tanti anni lavoriamo a -Il Mito- solo per passione, senza alcuno scopo di lucro.*

Cosa ne pensate dei giochi ufficiali dei Cavalieri usciti negli anni, sia per console che per mobile?

SST: *Nessuno di noi è mai rimasto completamente soddisfatto dai giochi per console, dai vari picchiaduro per PS2-3-4 e PSP. Stessa cosa possiamo dire sui giochi per smartphone, tablet, ecc.. Esteticamente sono bei giochi, questo è innegabile, ma nessuno è stato in grado di trasmetterci le emozioni e le "vibrazioni" dell'anime e del manga... e il motivo per cui è nato Saint Seiya -Il Mito- è anche questo: lo creiamo principalmente per noi stessi, perché è il tipo di gioco su Saint Seiya a cui noi avremmo sempre voluto giocare. Come scritto precedentemente, non è sufficiente far "indossare" la grafica di Saint Seiya ad un gioco... per renderlo un vero gioco su Saint Seiya. Detto che comunque anche questa, come tutto del resto, è una valutazione puramente soggettiva.*

CHE CI ASPETTA IN FUTURO?

Siamo arrivati alla fine di questo viaggio, ma c'è ancora tempo per dare un'occhiata nell'armatura della Coppa e provare a sbirciare il futuro. Dal punto di vista cartaceo, il 2024 segnerà l'annunciata fine di *Saint Seiya Next Dimension*, ma la serie ha introdotto talmente tanti elementi che sembra impossibile vengano risolti tutti in un unico volume. E' quindi plausibile che dopo una pausa più o meno lunga un'altra serie arriverà a raccoglierne l'eredità e una recentissima immagine sembra anticipare proprio la saga di Zeus. Ma chi ci sarà alle redini? Kurumada sta per compiere settant'anni e anche con l'aiuto degli assistenti un nuovo progetto a lungo termine potrebbe essere poco realistico, ma d'altra parte un seguito in mano solo ad altri autori non godrebbe della stessa considerazione da parte del pubblico. La soluzione potrebbe essere una collaborazione simile a quella tra Akira Toriyama e Toyotaro su *Dragon Ball Super*, con Kurumada che collabora alla sceneggiatura ma disegni interamente in mano a qualcun altro, e la presenza di autori in grado di replicare il suo stile come Tsunagami Suda di *Rerise of Poseidon* o molto amati come la sempre affidabile Shiori Teshirogi di *Lost Canvas* potrebbe portare a un team vincente in grado di portare avanti la serie ancora per molti anni e offrire ai fan l'attesissima Saga dei Cieli.

Sul fronte spin-off, a parte qualche sporadico capitolo occasionale sia *Lost Canvas* che *Saintia Sho* possono considerarsi praticamente conclusi. *Dark Wing* non sembra raccogliere un gran riscontro di pubblico mentre sia *Rerise of Poseidon* che *Time Odyssey* sono palesemente serie brevi che mirano a un numero molto limitato di uscite. Anche la trilogia di Okada è al capitolo finale, sebbene la conclusione di *Episode G: Requiem* non sembri vicinissima. È probabile quindi che verrà annunciata qualche nuova serie, per mantenere una presenza fissa mensile di fumetti del brand.

Per quanto riguarda gli anime, la creazione di una nuova serie è praticamente una certezza, con *Rerise of Poseidon* e *Next Dimension* come opzioni più plausibili. La prima ha un'impostazione fortemente commerciale e potrebbe essere adattata in una serie breve stile *Soul of Gold* mentre la seconda è pur sempre il seguito ufficiale della serie classica realizzato da Kurumada. I produttori della serie in CGI *Knights of the Zodiac* auspicano di arrivare a coprire gli eventi del Next in qualche futura stagione, ma è probabile anche una serie animata tradizionale, magari seguendo il format delle stagioni di OAV che sta avendo molto successo con *Demon Slayer* o *Jujutsu Kaisen* e non quello di una serie televisiva settimanale vecchia maniera.

La grossa incognita è ovviamente il riscontro economico. Toei pubblica annualmente i propri rendiconti finanziari e *Saint Seiya* è quasi costantemente indicata come la terza o quarta serie più remunerativa soprattutto nel mercato internazionale grazie ai pesanti introiti provenienti dai videogiochi mobile e dal Sud America. Siamo però anni luce indietro rispetto a *Dragon Ball* o *One Piece* il che comporta budget più ridotti, maggiori critiche dei fan e così via in un circolo vizioso. In questo senso si spiegano i continui tentativi di sfondare nel ricco mercato nord americano, che effettivamente hanno più che raddoppiato gli introiti facendoli balzare dai 371 milioni di yen del 2019 a quasi un miliardo e mezzo di yen nel 2023, ma a fronte anche di maggiori costi. Resta da vedere se questi sforzi prima o poi verranno premiati o se qualche nuova serie emergente spingerà Toei a investire altrove e mettere da parte le avventure di Pegasus e compagni.

Qualunque cosa il destino abbia in serbo, le note di Massimo Dorati e le scene iniziali di "*Pegasus l'invincibile*" resteranno sempre solo a un tasto play di distanza.

APPENDICI

CRONOLOGIA EDITORIALE

26/11/1985	Pubblicazione del primo capitolo di *Saint Seiya* su Weekly Shonen Jump
15/09/1986	Pubblicazione del primo volume del manga in Giappone
11/10/1986	Trasmissione del primo episodio dell'anime in Giappone
18/07/1987	Trasmissione nei cinema giapponesi del primo film dell'anime
12/03/1988	Trasmissione nei cinema giapponesi del secondo film dell'anime
06/04/1988	Trasmissione in Francia del primo episodio di *Chevaliers du Zodiaque*
23/04/1988	Trasmissione del primo episodio della saga di Asgard in Giappone
23/07/1988	Trasmissione nei cinema giapponesi del terzo film dell'anime
19/11/1988	Trasmissione del primo episodio della saga di Poseidone in Giappone
18/03/1989	Trasmissione nei cinema giapponesi del quarto film dell'anime
01/04/1989	Trasmissione dell'ultimo episodio dell'anime in Giappone
26/03/1990	Odeon TV trasmette il primo episodio dei Cavalieri dello Zodiaco in Italia
06/11/1990	Italia 7 trasmette il primo episodio del Ritorno dei Cavalieri dello Zodiaco
12/12/1990	Pubblicazione dell'ultimo capitolo e fine di *Saint Seiya* in Giappone
11/04/1991	Italia 7 trasmette l'ultimo episodio del Ritorno dei Cavalieri dello Zodiaco
07/1992	Granata Press inizia a pubblicare il manga in Italia
06/1994	Granata Press conclude la pubblicazione del manga in Italia
06/2000	Star Comics inizia a pubblicare la versione ritradotta del manga in Italia
01/2001	Italia 1 inizia la trasmissione di una versione pesantemente censurata dell'anime
11/2001	Jérôme Alquié mostra a Shingo Araki il fan *trailer* della saga di Hades
28/08/2002	Viene pubblicato in Giappone il romanzo *Gigantomachia*
09/11/2002	Trasmissione in Giappone del primo episodio della serie *Hades Sanctuary*
19/12/2002	Inizia in Giappone la pubblicazione di *Saint Seiya Episode G*, primo *spin-off* di *Saint Seiya*.
12/04/2003	La serie *Hades Sanctuary* termina in Giappone
14/02/2004	Il film *Tenkai-Hen Overture* esce nei cinema giapponesi
28/10/2004	Panini Comics inizia la pubblicazione di *Episode G* in Italia
17/12/2005	Trasmissione in Giappone del primo episodio della serie *Hades Meikai*
27/04/2006	Inizia in Giappone la pubblicazione di *Saint Seiya Next Dimension*
24/08/2006	Inizia in Giappone la pubblicazione di *Saint Seiya The Lost Canvas*
10/01/2008	Panini Comics inizia la pubblicazione di *Lost Canvas* in Italia
07/03/2008	Trasmissione in Giappone del primo episodio della serie *Hades Elysion*
06/2008	Il romanzo *Gigantomachia* viene pubblicato in Italia da Kappa Edizioni
14/09/2008	Prima trasmissione italiana delle serie *Hades Sanctuary* e *Hades Meikai*

24/06/2009	Vengono pubblicati in Giappone i primi episodi della serie animata di *Lost Canvas*
14/07/2010	JPop inizia la pubblicazione di *Next Dimension* in Italia
06/05/2011	*Lost Canvas* si conclude in Giappone
19/05/2011	Inizia in Giappone la pubblicazione di *Lost Canvas Extra*
20/07/2011	Si conclude in Giappone la serie animata di *Lost Canvas*
01/04/2012	Viene trasmesso in Giappone il primo episodio di *Saint Seiya Omega*
19/04/2012	*Lost Canvas* si conclude in Italia
29/11/2012	Panini Comics inizia a pubblicare *Lost Canvas Extra* in Italia
19/06/2013	*Episode G* si conclude in Giappone
19/07/2013	Inizia in Giappone la pubblicazione di *Saint Seiya: Saintia Sho*
30/03/2014	*Saint Seiya Omega* termina in Giappone
05/04/2014	Inizia in Giappone la pubblicazione di *Episode G: Assassin*
21/06/2014	Trasmissione nei cinema giapponesi di *Saint Seiya – Legend of Sanctuary*
26/07/2014	*Episode G* si conclude in Italia
15/10/2014	Prima trasmissione italiana della serie *Hades Elysion*
08/01/2015	*Legend of Sanctuary* esce nei cinema italiani
11/04/2015	In contemporanea internazionale inizia la trasmissione di *Soul of Gold*
30/04/2015	Panini Comics inizia a pubblicare *Saintia Sho* in Italia
26/09/2015	Si conclude la trasmissione di *Saint Seiya Soul of Gold*
12/03/2016	*Lost Canvas Extra* si conclude in Giappone
09/03/2017	Panini Comics inizia a pubblicare *Episode G: Assassin* in Italia
22/06/2017	*Lost Canvas Extra* si conclude in Italia
10/12/2018	Trasmesso in Giappone il primo episodio della serie animata di *Saintia Sho*
18/02/2019	La serie animata di *Saintia Sho* si conclude in Giappone
19/07/2019	Inizia la trasmissione internazionale di *Knights of the Zodiac*
27/08/2019	*Episode G: Assassin* si conclude in Giappone
20/01/2020	Inizia in Giappone la pubblicazione di *Episode G: Requiem*
27/08/2020	*Episode G: Assassin* si conclude in Italia
19/12/2020	Inizia in Giappone la pubblicazione di *Saint Seiya Dark Wing*
08/06/2021	Inizia in Giappone la pubblicazione della *Final Edition*, ristampa della serie originale
19/07/2021	*Saintia Sho* si conclude in Giappone
11/08/2022	*Saintia Sho* si conclude in Italia
16/09/2022	*Rerise of Poseidon* debutta in Giappone
30/09/2022	Pubblicato in Francia e Italia il primo volume di *Time Odyssey*
28/10/2022	Star Comics inizia a pubblicare anche in Italia la *Final Edition*
28/04/2023	Il film live *Saint Seiya: The Beginning* esce nei cinema giapponesi
26/06/2023	*Saint Seiya: The Beginning* esce per tre giorni nei cinema italiani

TITOLI DEGLI EPISODI

1. Pegasus l'invincibile	38. Il dubbio
2. Il torneo inizia	39. Una prova da superare
3. Un temibile rivale	40. Preparativi a Nuova Luxor
4. Pegasus contro Dragone	41. Al Grande Tempio
5. Dura lotta	42. Il settimo senso
6. Phoenix	43. La seconda casa dello Zodiaco
7. Il furto della sacra armatura	44. Gemini
8. L'inseguimento	45. L'altra dimensione
9. I Cavalieri Neri	46. La migliore difesa è l'attacco
10. Una decisione difficile	47. Addio a un amico
11. Pegasus e Pegasus Nero	48. Una guarigione sofferta
12. Lotta per la causa	49. L'ira del Dragone
13. Il ritorno di Dragone	50. Una duplice vittoria
14. La resa dei conti	51. Sorpresa alla quinta casa
15. Il mistero svelato	52. Il malvagio potere di Arles
16. L'attacco di Docrates	53. Nobile Cassios
17. Lady Isabel è in pericolo!	54. I discepoli di Virgo
18. La regina degli inganni	55. Dalla parte di Atena
19. L'isola di Morgana	56. Una lotta impari
20. Missione in Grecia	57. Ritorno dall'Ade
21. Battaglia tra i ghiacci	58. Addio, fratello!
22. Un aiuto insperato	59. Speranza nella settima casa
23. Il Cavaliere d'Argento	60. La Cuspide Scarlatta
24. Il segreto di Castalia	61. Un aiuto inaspettato
25. In nome di Atena	62. Quale destino per Cristal?
26. Amici o nemici?	63. Eufonia
27. Lo scudo di Medusa	64. Il ritorno di Micene
28. Una vittoria a caro prezzo	65. Excalibur
29. Un attacco deciso	66. La Pienezza del Dragone
30. L'ira di Tisifone	67. Battaglia senza vincitori
31. Due fratelli alleati	68. La dodicesima casa
32. Ritorno all'Isola Nera	69. Bellezza fatale
33. Sirio, ritorna!	70. La rosa nera
34. Un amico ritrovato	71. Arrivo alle stanze di Arles
35. L'Acqua della Vita	72. Scontro finale
36. I Cavalieri d'Oro	73. Chi ha vinto?
37. Il sacrificio di Tisifone	74. I cavalieri di Asgard

75. L'anello del Nibelungo	112. Il mistero rivelato
76. Prima battaglia	113. La freccia d'oro
77. I sette zaffiri	114. Il trionfo della giustizia
78. Verso Asgard	115. L'inizio di una nuova guerra sacra
79. Fede negli uomini	116. Lacrime di sangue
80. Duplice battaglia	117. Oltre la vita
81. Per amore di Flare	118. Redenzione inattesa
82. Una tragica fine	119. Un fugace incontro
83. Una triste melodia	120. L'antico guerriero
84. La vera natura di Mime	121. Oscura adunanza
85. Folken e Mime	122. Un attimo d'esitazione
86. Risveglio da un incubo	123. Orgoglio e infamia
87. Il Cavaliere senza pietà	124. Il colpo proibito
88. Una scelta difficile	125. Il Santuario del terrore
89. Le anime della natura	126. L'armatura di Atena
90. L'Orsa Maggiore	127. L'alba della decisione finale
91. Doppia configurazione	128. Il traghettatore di anime
92. L'ombra si rivela	129. Il tribunale silenzioso
93. Affetto fraterno	130. Il Cavaliere leggendario
94. Raggio di sole in Asgard	131. Requiem doloroso per Orpheo
95. Cavaliere senza punti deboli	132. I Giudici degli Inferi
96. L'artiglio del drago	133. I fili del burattinaio
97. Nettuno signore dei mari	134. La Grande Eclisse
98. La voce di un dio	135. Un cosmo pieno di dolore!
99. Fine o inizio?	136. La vita di Atena!
100. Pericolo dagli abissi	137. Il Muro del Lamento
101. Le colonne dei sette mari	138. Le Armature d'Oro!
102. La prima vittoria	139. Addio, Cavalieri d'Oro!
103. Un dono giunto da lontano	140. Destinazione: Elisio
104. Secondo Cavaliere d'Oro	141. Hypnos e Thanatos
105. La ricomparsa di Excalibur	142. La potenza di Thanatos
106. Voci dal passato	143. La leggendaria armatura divina
107. Le apparenze	144. Il risveglio del sommo Ade
108. La vendetta di Abadir	145. Un mondo di luce
109. Una sconcertante verità	
110. L'origine delle forze oscure	
111. Un aiuto giunto da lontano	

SHARE TV DEGLI EPISODI IN GIAPPONE

Nº episodio	Share	Trasmissione	Nº episodio	Share	Trasmissione
Episodio 1	8%	11/10/1986	Episodio 37	10%	11/07/1987
Episodio 2	8,2%	18/10/1986	Episodio 38	12,1%	18/07/1987
Episodio 3	10%	25/10/1986	Episodio 39	11,4%	25/07/1987
Episodio 4	6,3%	01/11/1986	Episodio 40	8%	01/08/1987
Episodio 5	6,7%	15/11/1986	Episodio 41	10,2%	08/08/1987
Episodio 6	8,4%	22/11/1986	Episodio 42	7,4%	15/08/1987
Episodio 7	7,3%	29/11/1986	Episodio 43	10,4%	29/08/1987
Episodio 8	8,7%	06/12/1986	Episodio 44	12,1%	05/09/1987
Episodio 9	8,4%	13/12/1986	Episodio 45	10,8%	12/09/1987
Episodio 10	7,1%	20/12/1986	Episodio 46	11,6%	19/09/1987
Episodio 11	9,2%	27/12/1986	Episodio 47	12,4%	26/09/1987
Episodio 12	8,4%	10/01/1987	Episodio 48	10,3%	03/10/1987
Episodio 13	9,6%	17/01/1987	Episodio 49	13,2%	10/10/1987
Episodio 14	10,7%	24/01/1987	Episodio 50	10,8%	17/10/1987
Episodio 15	11,2%	31/01/1987	Episodio 51	12,7%	24/10/1987
Episodio 16	10,4%	07/02/1987	Episodio 52	10,1%	31/10/1987
Episodio 17	10,3%	14/02/1987	Episodio 53	12,1%	07/11/1987
Episodio 18	10,2%	21/02/1987	Episodio 54	11,9%	14/11/1987
Episodio 19	8,8%	28/02/1987	Episodio 55	10,5%	21/11/1987
Episodio 20	10,3%	07/03/1987	Episodio 56	10,8%	28/11/1987
Episodio 21	8,6%	14/03/1987	Episodio 57	12,1%	05/12/1987
Episodio 22	7,8%	21/03/1987	Episodio 58	11,5%	12/12/1987
Episodio 23	8,1%	28/03/1987	Episodio 59	9,1%	19/12/1987
Episodio 24	9,4%	11/04/1987	Episodio 60	10,2%	26/12/1987
Episodio 25	10,6%	18/04/1987	Episodio 61	9,1%	09/01/1988
Episodio 26	9,9%	25/04/1987	Episodio 62	9,6%	16/01/1988
Episodio 27	11%	02/05/1987	Episodio 63	10,1%	23/01/1988
Episodio 28	10,8%	09/05/1987	Episodio 64	10,8%	30/01/1988
Episodio 29	9,5%	16/05/1987	Episodio 65	11,5%	06/02/1988
Episodio 30	11,4%	23/05/1987	Episodio 66	10,8%	13/02/1988
Episodio 31	10,5%	30/05/1987	Episodio 67	10,1%	20/02/1988
Episodio 32	10,5%	06/06/1987	Episodio 68	10,2%	27/02/1988
Episodio 33	11,1%	14/06/1987	Episodio 69	11,3%	12/03/1988
Episodio 34	10,8%	20/06/1987	Episodio 70	10,6%	19/03/1988
Episodio 35	8,7%	27/06/1987	Episodio 71	10,5%	26/03/1988
Episodio 36	10,9%	04/07/1987	Episodio 72	10,6%	09/04/1988

Episodio 73	10,5%	16/04/1988	Episodio 94	7,5%	17/09/1988
Episodio 74	10,3%	23/04/1988	Episodio 95	8,3%	15/10/1988
Episodio 75	9,8%	30/04/1988	Episodio 96	8,5%	22/10/1988
Episodio 76	10,8%	07/05/1988	Episodio 97	7,5%	29/10/1988
Episodio 77	11,1%	14/05/1988	Episodio 98	8,9%	05/11/1988
Episodio 78	10%	21/05/1988	Episodio 99	8,6%	12/11/1988
Episodio 79	7,8%	28/05/1988	Episodio 100	9,5%	19/11/1988
Episodio 80	9,3%	04/06/1988	Episodio 101	7,6%	26/11/1988
Episodio 81	9,9%	11/06/1988	Episodio 102	7,9%	03/12/1988
Episodio 82	9%	18/06/1988	Episodio 103	7,8%	10/12/1988
Episodio 83	9,3%	25/06/1988	Episodio 104	9%	17/12/1988
Episodio 84	9%	02/07/1988	Episodio 105	8%	24/12/1988
Episodio 85	7,9%	09/07/1988	Episodio 106	7,2%	14/01/1989
Episodio 86	9,6%	16/07/1988	Episodio 107	8,7%	28/01/1989
Episodio 87	8,8%	23/07/1988	Episodio 108	8,4%	11/02/1989
Episodio 88	6,5%	30/07/1988	Episodio 109	8,9%	18/02/1989
Episodio 89	5,4%	13/08/1988	Episodio 110	7,4%	25/02/1989
Episodio 90	6,3%	20/08/1988	Episodio 111	5,7%	11/03/1989
Episodio 91	5,9%	27/08/1988	Episodio 112	7%	18/03/1989
Episodio 92	6,2%	03/09/1988	Episodio 113	6,5%	25/03/1989
Episodio 93	8,1%	10/09/1988	Episodio 114	6,6%	01/04/1989

DOPPIATORI ITALIANI PRINCIPALI

Nota: Molti personaggi hanno avuto più di un doppiatore in base alla disponibilità del cast. Si indicano qui quelli principali per rilevanza o numero di episodi. La dicitura "Hades" indica il nuovo doppiatore nell'adattamento del capitolo di Ade.

Si ringrazia l'eccellente blog di Antonio Genna

PEGASUS	Ivo De Palma
SIRIO IL DRAGONE	Marco Balzarotti
CRISTAL IL CIGNO	Luigi Rosa
ANDROMEDA	Andrea De Nisco
PHOENIX	Tony Fuochi
LADY ISABEL / ATENA	Dania Cericola / Roberta Laurenti
CASTALIA DELL'AQUILA	Adriana Libretti
TISIFONE DELL'OFIUCO	Roberta Laurenti
ASHER DELL'UNICORNO	Felice Invernici
ASPIDES DELL'IDRA	Antonello Governale / Luca Sandri
GEKI DELL'ORSA	Massimiliano Lotti
BLACK DEL LUPO	Diego Sabre
BAN DEL LEONE MINORE	Roberto Colombo
MUR DELL'ARIETE	Diego Sabre / Enrico Carabelli
TORO	Tony Fuochi
GEMINI	Enzo Tarascio (Arles) / Maurizio Scattorin
CANCER	Orlando Mezzabotta / Mario Zucca (Hades)
IORIA DEL LEONE	Gabriele Calindri
VIRGO	Felice Invernici
DHOKO DI LIBRA	Enrico Carabelli / Oliviero Corbetta / Patrizio Prata (Hades)
SCORPIO	Enrico Carabelli / Diego Sabre (Hades)
MICENE DI SAGITTARIO	Felice Invernici / Stefano Albertini (Hades)
CAPRICORN	Antonio Ballerio
AQUARIUS	Felice Invernici / Alessandro Rigotti (Hades)
FISH	Enrico Carabelli / Luca Bottale (Hades)
KIKI	Marcella Silvestri / Anna Bonel
MYLOCK	Sante Calogero
ILDA DI POLARIS	Donatella Fanfani
ORION	Maurizio Scattorin / Orlando Mezzabotta / Luca Sandri
ARTAX	Luca Semeraro
THOR	Tony Fuochi

MIME	Enrico Carabelli
MEGRES	Flavio Arras / Massimiliano Lotti
LUXOR	Felice Invernici
ALCOR	Orlando Mezzabotta
MIZAR	Luca Semeraro
FLARE	Marina Massironi
JULIAN / NETTUNO	Gabriele Calindri
CAVALLO DEL MARE	Luca Semeraro
KIRA DI SCILLA	Massimiliano Lotti
KRISAORE	Tony Fuochi
ABADIR	Federico Danti
LEMURI	Sergio Romanò
KANON DRAGONE DEL MARE	Paolo Marchese
SIRYA	Enrico Carabelli / Alberto Mancioppi
SHIN DELL'ARIETE	Alessandro D'Errico
RADAMANTE	Simone D'Andrea
EACO	Gianluca Iacono
MINOSSE	Massimiliano Lotti
PANDORA	Patrizia Mottola
HYPNOS	Mario Zucca
THANATOS	Raffaele Farina
HADES	Paolo De Santis
NARRATORE	Mario Scarabelli
DIRETTORE DEL DOPPIAGGIO	Enrico Carabelli / Ivo De Palma (Hades)
STUDIO DI DOPPIAGGIO	STUDIO P.V. - Milano
TRADUZIONE	Tiziana Tosolini e Stefano Cerioni
ADATTAMENTO	Stefano Cerioni / Ivo De Palma (Hades)

CRONOLOGIA NARRATIVA

Nota: manga e anime seguono timeline separate, con alcuni spin-off che si incastrano solo in una o nell'altra, e altri che possono funzionare in entrambi. La seguente cronologia non tiene conto di cosa sia o non sia canonico ma è presentata per indicare il periodo storico in cui ciascuna serie è ambientata. *Lost Canvas* e *Time Odyssey* non sono propriamente in continuity ma inseriti comunque per completezza. *Dark Wing* può essere collocato ovunque. *La Leggenda del Grande Tempio*, *Knights of the Zodiac* e il film live *I Cavalieri dello Zodiaco* sono linee temporali alternative.

Manga	Anime
Lost Canvas Extra	Jump Gold Selection 2 Side Story
Next Dimension / Lost Canvas	Serie classica fino alle Dodici Case
Episode Zero (capitoli speciali)	Film 1 (Eris) e 2 (Balder)
Episode G	Film 3 (Abel)
Serie classica fino alle Dodici Case	Serie classica (Asgard e Nettuno)
Time Odyssey vol. 1 e 2	Film 4 (Lucifero)
Origins (capitoli speciali)	Serie classica (Hades)
Saintia Sho	Soul of Gold
Destiny (capitoli speciali)	Film 5 (Artemide)
Serie classica (Poseidone)	Saint Seiya Omega
Gigantomachia	
Serie classica (Hades)	
Rerise of Poseidon	
Next Dimension	
Episode G: Assassin	
Episode G: Requiem	

SOMMARIO

Masami Kurumada e la nascita di Saint Seiya..................6

L'anime e l'esplosione di Saint Seiya..................10

La fine di Saint Seiya..................16

La serie in Italia..................19

Il rinascimento..................25

Il giocattolo si rompe..................31

Guerra e pace..................34

L'era degli spin-off..................38

Saint Seiya alla conquista del mondo..................43

Esplode il multiverso..................48

Kurumada torna in azione..................53

Italia, trent'anni dopo..................57

La storia..................62

Intervista a Takao Koyama..................66

Un anime progettato per il successo..................70

Anime e manga a confronto..................73

Un best seller?..................78

Cinque domande con Masami Kurumada..................80

Intervista a Eisaku Inoue..................82

La versione italiana..................86

Cinque domande con Stefano Cerioni..................90

I personaggi..................92

Cinque domande con Ivo de Palma..................95

Cinque domande con Andrea De Nisco..................109

Le armature..................152

Cinque domande con Masaya Sasano..................160

La frattura Kurumada – Toei..................162

L'eredità di Saint Seiya..................164

Le tante anime di Saint Seiya..166

Cinque domande con Gianluca Bevere...176

Cinque domande con Francesca Romana Guarracino..........................184

Cinque domande con Terumi Nishii...191

Cinque domande con Jerome Alquie...193

Intervista a Tomek Baginski..202

E se vinco alla lotteria?...206

Cinque domande con Saint Seiya Vintage Legend Italia......................216

Cinque domande con Saint Seiya Il Mito..222

Appendici..225

Printed in Great Britain
by Amazon